主　编　王晓华

副主编　刘玲玲　吴　念　徐琳娜　郁云飞

编写组（以姓氏笔画为序）：

王　芳　朱纯甜　朱星然　朱　莹　刘　斐

刘芯妤　刘娅娅　李凝婳　陈凤娟　杨晓楼

郑　文　赵珣瑜　姜　旭　姚　怡　徐　文

顾嘉悦

生活 生态 生长
生 生 生

在『三生』课程中遇见最美的你·我·他

王晓华 编著

上海三联书店

目录

序

　　我国已经进入高质量发展阶段,建设高质量的教育体系是我国教育发展的重要方向。学前教育是高质量教育体系建设的起始阶段和重要组成部分,学前教育的质量对高质量教育体系的建设具有重要的奠基意义。提高学前教育质量需要政府持续的投入和支持,也需要幼儿园加强教师队伍建设和课程建设。建设科学适宜的幼儿园课程体系是幼儿园教育质量的重要保障。苏州工业园区翡翠幼儿园坚持课程建设,建立了生活、生态和生长为理念的幼儿园课程体系,为幼儿园教育质量的提升打下了坚实的基础,也促进了教师的专业发展。

　　儿童的身心发展特点决定了幼儿园课程是生活化和游戏化的。儿童学习的不是文字符号性的知识,因此幼儿园不完全是由系统知识和计划来决定的。儿童的生活是动态的、变化的,客观事物和儿童的兴趣、需要都是影响儿童生活进程的重要因素。幼儿园课程不像中小学课程那样是按照铃声来实施的,而是按照儿童心灵的自然节奏、按照活动目标的达成度来实施的。儿童在多样化的、动用多种感官的活动中获得新的经验。因此,活动的结束不是一个固定的时间节点,活动的达成度或儿童获得经验是活动是否完成的主要依据。从生活的意义上看幼儿园课程,儿童的生活的意义在于过程,在于体验,在于经验的获得,而不一定是实际的结果。因此,幼儿园课程就是要充分关注生活,充实生活,利用生活和创新生活,根本的目的在于充实儿童的经验。

　　儿童生活在一个广泛联系的世界中,客观世界的各个方面是相关联系和相互影响的,构成了生态系统。人与自然的关系是生态系统中最为核心的关系,亲近自然是养成生态文明的最佳途径。生态的可持续发展,取决于人的可持续发展。儿童不厌倦学习是可持续发展的基本前提。让儿童用适宜其身心的方式学习,让儿童在自然中学习,让儿童在行动中学习,让儿童在生活中学习,是促进儿童可持续发展的重要途径。让可持续发展的一代代新人去维护和促进世界的可持续发展。要落实生态的、可持续发展的理念,关键在课程改革。只有深化课程改革,转变课程观念,环境才能不断优化并转化为儿童多样化的活动,才能真正促进儿童的发展。幼儿园课程的改革需要更全面和高位的视角,需要更协同和整体的机制。让课程真正从文本里解放出来,从教师里解放出来,关注自然,关注社会,让课程更加丰富,更加多彩。

　　生长是教育的目的,也是儿童发展的必然结果。课程是为了生长的,也是必须促进儿童生长的。促进儿童生长的教育必须是依循发展规律的,不断为儿童的成长而积极创新的。美国卡罗尔·德韦克(Carol Dweck)认为,大多数人的思维模式分为两种:一部分是固定型思维模式,一部分是成长型思维模式。具有固定型思维模式的儿童会更多地给自己设限,在面对逆境时更容易放弃。具有成长型思维模式的儿童会更有韧性并能从错误中学习,他们拥有无限的可能性。德韦克也发现,儿童不太关注犯错本身,而关注"好"和"坏"。如果一个成人注意到儿童的错误并用某种方式进行批评,儿童就会更多地表现出无助并发展出固定型思维。因此,成人对儿童的回应很关键,会对他们的目标以及如何应对挫折的信念发展有一定的决定作用。因此,幼儿园课程建设应该为儿童的良好生长而不断努力。

相信翡翠幼儿园一定会继续深入地开展教师专业学习,继续深入地开展课程的探索和研究,不断优化课程结构,进一步增强课程的适宜性,不断提高教育质量。在课程建设中取得新的更大的成就。

2023 年 11 月

第一章
"三生"课程的基础

　　园本课程的根本特征在于课程满足儿童发展的本体需要以及社会发展需要。因此,幼儿园园本课程既要根植于幼儿园课程的社会现实背景,也要依据儿童发展理论、课程理论的指导,确保课程的科学性、规范性和可持续性。

　　基于园所课程建设背景和理论基础,如何建设适宜的有生命力的园本课程?园所和教师的教育理想和使命是什么,如何进行课程理念内涵的诠释以促进共识?

有光，有风的地方

有人是光
有人是种子
我愿成为最温暖的光
给小小的种子向阳而生的力量
努力生长

有人是风
有人是蒲公英
我愿化作最晴朗的风
送小小的蒲公英去有光的地方
茁壮生长

我们在相遇
像种子的光，像蒲公英的风
我们在寻找
寻找有光，有风，有爱的地方
共同生长

文／刘娅娅

第一节 "三生"课程建设背景

"三生"课程的建构背景坚持"顶天立地"原则,既着眼国家教育政策要求、地方学前教育发展需要,也深度挖掘幼儿园的现实条件和课程发展轨迹,在问题和思考中寻求课程建设方向。

一、"三生"课程的现实背景

(一) 立足生活:新时代幼儿园课程的价值趋向

随着社会的发展和进步,幼儿园课程的价值趋向正在发生着深刻的变化。中共中央、国务院 2018 年 11 月印发的《关于学前教育深化改革规范发展的若干意见》(以下简称《若干意见》),对新时代学前教育深化改革规范发展作出重大决策部署,进一步明确了学前教育改革发展的前进方向和重大举措。《若干意见》指出:"合理安排幼儿一日生活。""鼓励支持幼儿通过亲近自然、直接感知、实际操作、亲身体验等方式学习探索,促进幼儿快乐健康成长。"[①]这表明了幼儿的生活经验和情感需求对于幼儿全面发展的重要性。在这个信息爆炸的时代,幼儿需要学会应对复杂的现实生活和社会环境,而不仅仅是单纯地追求获得知识。因此,幼儿园将更加注重幼儿的生活技能、情感发展、社交能力和创造力等方面的全面发展,通过将课程与生活有机融合,为幼儿提供更贴近真实生活的学习体验,帮助他们获得丰富的学习发展经验,形成健康完整的人格。

1. 幼儿园课程应来自幼儿生活

杜威和陶行知都认为生活与教育应该合二为一。21 世纪初,《幼儿园教育指导纲要(试行)》(以下简称《纲要》)[②]的颁行,提出:"幼儿园应为幼儿提供健康、丰富的生活和活动环境,满足他们多方面发展的需要,使他们在快乐的童年生活中获得有益于身心发展的经验。"幼儿园生活教育日益受到关注,如何开展生活化的幼儿园课程以发挥生活教育的价值成为当下幼教工作者需要思考的重要命题。生活蕴含教育的价值,教育体现了生活的智慧。而《3—6 岁儿童学习与发展指南》(以下简称《指南》)[③]中也强调了幼儿园的课程应该紧密围绕幼儿的生活展开。其中提到:"幼儿园应以生活为基础,以生活为中心,以生

---

① 中共中央 国务院.中共中央 国务院关于学前教育深化改革规范发展的若干意见.(2018 - 11 - 07)[2023 - 12 - 25]. https://www.gov.cn/zhengce/2018-11/15/content_5340776.htm.

② 教育部基础教育司组织编写.《幼儿园教育指导纲要(试行)》[M].南京:江苏教育出版社,2002.

③ 教育部基础教育司组织编写.《3—6 岁儿童学习与发展指南》[M].北京:人民教育出版社,2012.

活为载体,以生活为活动,以生活为目标。""儿童学习与发展的本质是通过参与生活实践、积极体验和主动探索,逐步形成对世界的认识和理解,培养健全的人格和适应社会的能力。"2020年9月7日,教育部发布《中华人民共和国学前教育法草案(征求意见稿)》指出:"幼儿园应当以儿童的生活为基础,最大限度地支持和满足儿童通过亲近自然、实际操作、亲身体验等方式获取经验的需要,促进儿童在健康、语言、社会、科学、艺术各方面协调发展。"①这意味着幼儿园应该以幼儿的日常生活为核心,将生活情境融入到教育中,通过各种实际的生活活动来促进幼儿的综合发展。幼儿园应该关注幼儿的日常经验和生活实践,将幼儿的兴趣、需求和生活经验作为课程实施的重要依据,使幼儿在学习中能够获得积极的体验和有效的学习成果。

2. 幼儿园课程需在幼儿生活中进行

《指南》中明确指出:幼儿的学习是以直接经验为基础,在游戏和日常生活中进行的。教育部2022年2月印发的《幼儿园保育教育质量评估指南》对幼儿园办园方向提出要求,强调应"帮助幼儿学会生活"、"珍视生活和游戏的独特教育价值。"②因此,我们应立足于幼儿的生活,创设丰富适宜的教育环境,合理安排一日生活,最大限度地支持和满足幼儿通过直接感知、实际操作和亲身体验获取经验的需要,严禁"拔苗助长"式的超前教育和强化训练。幼儿生活蕴含丰富的教育价值,幼儿学习常规知识、养成良好习惯与形成自理能力都不能脱离生活而进行。充分尊重幼儿以直接感知、实际操作、亲身体验为主的学习方式和特点,将课程设计立足于生活过程和有意义的生活情境,支持幼儿以多样的生活方式与多元的生活资源互动,构建生活化的幼儿园课程实施体系。

3. 幼儿经验的生长是幼儿园课程质量评价的重点

幼儿园课程应该以儿童的发展为中心,关注幼儿在日常生活中的经验获得和成长过程,这也是评价幼儿园课程质量的重要方面。在幼儿园的教育中,通过丰富多样的活动设计和体验机会,幼儿可以参与各种生活情境和实践活动,积累经验、探索知识和发展能力。这些经验的获得和成长表现,反映了幼儿在课程中的学习效果和发展潜能。《幼儿园保育教育质量评估指南》强调要"发现和支持幼儿有意义的学习,拓展提升幼儿日常生活和游戏中的经验"。评价幼儿园课程质量时,评价者应观察和记录幼儿在各个领域的学习和发展情况,重点关注幼儿在生活中的经验积累和成长表现,例如,观察幼儿在生活自理、社交互动、情感表达、创造性思维等方面的表现,评估幼儿在这些领域中的经验积累和成长情况。评价者还可以通过观察幼儿的态度、动机和参与度等方面,判断幼儿在课程中的积极性和主动性,这些方面的发展都是幼儿园课程质量评价的重要内容,旨在关注幼儿在日常

---

① 教育部.教育部关于《中华人民共和国学前教育法草案(征求意见稿)》公开征求意见的公告.(2020-09-07)[2023-12-25]. http://www.moe.gov.cn/jyb_xwfb/s248/202009/t20200907_485819.html.

② 教育部.教育部关于印发《幼儿园保育教育质量评估指南》的通知.(2022-02-10)[2023-12-25]. https://www.gov.cn/zhengce/zhengceku/2022-02/15/content_5673585.htm.

生活中的学习和成长,并提供有针对性的教学支持和引导,从而促进幼儿全面发展和个体潜能的充分发挥。

(二) 融入生态:新时代背景下高质量幼儿教育发展的必然要求

2012 年,党的十八大把生态文明建设纳入中国特色社会主义事业"五位一体"总体布局,首次把"美丽中国"作为生态文明建设的宏伟目标,同时,审议通过《中国共产党章程(修正案)》,将"中国共产党领导人民建设社会主义生态文明"写入党章,作为行动纲领。由此,时代发展需要生态教育支持全社会形成一种新的生态自然观、生态世界观、生态伦理观、生态价值观、可持续发展观和生态文明观,实现人类、社会、自然的和谐发展,构建一个和谐的社会。

1. 宏观层面:国家生态文明建设目标需要各阶段生态教育的支撑

2022 年 6 月 24 日经江苏省人民政府第 108 次常务会议讨论通过《江苏省生态文明教育促进办法》,自 2022 年 9 月 1 日起施行。其中包括了"学校生态文明教育""家庭生态文明教育""社会生态文明教育""保障激励措施"等方面的内容。党的十九届五中全会提出了在"十四五"期间建设高质量教育体系的目标,并计划到 2035 年建成教育强国,体现了中国政府对于提升教育质量的重视以及对未来教育发展的战略规划。在高质量学前教育体系中,生态教育可以作为一个重要的组成部分被纳入到课程设计和教学实践中。儿童发展理论告诉我们,幼儿期是儿童个体发展的关键阶段,也是他们形成对自然环境、社会环境和人际关系的认知和态度的重要时期。因此,幼儿园课程应当融入生态教育,通过提供丰富的自然体验、培养环境保护意识和行为习惯,以及引导儿童尊重自然等方式,促进儿童对生态环境的理解和关注,从而形成积极的生态自然观和生态世界观。幼儿园阶段的生态教育不仅是为了当前的教育目标,更是为了培养具有生态意识和环保责任的未来公民。在幼儿园开展生态启蒙教育是国家发展所趋,也是幼儿园的社会之责。

2. 中观层面:幼儿健康和谐发展需要幼儿园、家庭、社会的共同努力

幼儿园不能闭门建课程、做教育。布朗芬布伦纳提出了著名的"人类发展生态学"理论,指出了环境对于个体行为心理发展有着重要的影响。人类发展生态学提出,学校、社会、家庭环境对幼儿的发展有着重要作用,它关注的核心问题是人类如何在不断变化的生态环境中实现全面发展。维果斯基的社会文化理论强调社会文化因素在人类认知功能的发展中发挥着核心作用,认为儿童的发展受到学校、家庭和社会文化环境的共同影响。因此,通过生态教育,幼儿可以学习如何与自然环境和社会环境交互,培养他们的环境责任感和社会参与意识。同时促进幼儿与自然、社会的和谐互动,培养良好的人际关系和可持续发展观念。《纲要》《指南》均强调了"与家庭社区密切合作""与小学衔接""综合各种教育资源"。鉴于此,我们必须调动园所、家庭和社会的积极合作,为幼儿创设温暖、关爱、平等的家庭和集体生活氛围,通过积极、健康的教育生态孕育良好的亲子关系、师生关系、同

伴关系、人与自然的关系,让幼儿在积极健康的自然、社会关系中获得幸福感,获得有益于个人全面发展、社会积极适应的基本经验。

3. 个体发展层面:幼儿的生态式发展是落实立德树人根本任务的具体体现

幼儿园教育的生态,是依靠和谐美好的教育关系实现立德树人的根本任务,促进每一位幼儿富有个性的全面发展。习近平总书记在全国教育大会的重要讲话中提出要"培养德智体美劳全面发展的社会主义建设者和接班人","努力构建德智体美劳全面培养的教育体系,形成更高水平的人才培养体系"。《纲要》《指南》也要求幼儿园课程要坚持儿童发展的整体观、个体差异观和持续发展观。由此可见,幼儿园阶段的课程建设必须以儿童和谐的发展生态为中心,在儿童成长过程中,充分考虑他们与周围生态环境的互动关系,并通过各种方式促进他们在认知、情感、社交、身体、创新思维和价值观等方面的发展。幼儿生态式发展中,教师和家长的角色也十分重要,他们需要成为引导者和支持者,为儿童创造安全、开放的学习环境,提供必要的指导和帮助,同时也要尊重和保护儿童的自主性和创造力。幼儿生态式发展是一种全面、综合的发展模式,它旨在培养具有良好生态文明素养的新一代公民,为社会可持续发展做出贡献。

(三) 支持生长:幼儿园课程建设的不懈追求

生长是儿童全面发展的关键,特别是在学前阶段。学前阶段的幼儿正在建立身份认同和价值观念,大脑快速发育,对世界的认知和理解力也在提升。因此,优质的幼儿园课程应该关注幼儿的身心健康、社交能力和思维发展,而不仅仅是传授知识。通过提供有意义的学习体验,培养幼儿的创造力和解决问题的能力,能够为幼儿的未来发展奠定坚实的基础。

1. 支持幼儿全面发展

课程建设是支持幼儿全面发展的重要手段。习近平总书记在全国教育大会的重要讲话中提出要"培养德智体美劳全面发展的社会主义建设者和接班人"。《幼儿园保育教育质量评估指南》基本原则中指出:坚持儿童为本。尊重幼儿年龄特点和成长规律,注重幼儿发展的整体性和连续性,坚持保教结合,以游戏为基本活动,有效促进幼儿身心健康发展。鉴于此,幼儿园课程需调动园所、家庭和社会的积极合作,全面考虑幼儿的认知、情感、社会、身体等各方面的需求。通过与幼儿互动、观察他们的学习过程和作品,了解他们的发展水平、兴趣和需求,这有助于教师为幼儿提供更加全面、可持续发展的的教育支持,促进幼儿的潜能发挥和全面发展。

2. 支持幼儿适宜发展

课程建设要支持幼儿适宜发展。每一位儿童发展都有其自然速率,适宜幼儿已有经验、适宜幼儿发展需要、适宜幼儿发展可能,才是符合科学规律、有生态性的发展。幼儿园课程建设内容必须以支持幼儿和谐的发展生态为中心,关注"每一位幼儿富有个性的全面发展"。《纲要》总则中指出:幼儿园教育应尊重幼儿的人格和权利,尊重幼儿身心发展的规律和学习特点,以游戏为基本活动,保教并重,关注个别差异,促进每个幼儿富有个性的发展。《指南》五大领域目标中也处处体现了尊重幼儿个性发展,如:在艺术领域中指出:引导幼儿学会用心灵去感受和发现美,用自己的方式去表现和创造美。不能为追求结果的"完美"而对幼儿进行千篇一律的训练,以免扼杀其想象与创造的萌芽。由此可见,每个幼儿都有自己独特的兴趣、特点和潜能。因此,我们必须充分理解和尊重幼儿在发展过程中的个别差异,并且支持和引导他们朝着更高水平发展。幼儿的发展进程应该按照他们自身的速度和方式,达到《指南》所呈现的发展"阶梯",而不是用同样的标准来衡量所有幼儿。因此,在幼儿园课程建设中,我们应该尊重幼儿发展的个体差异,支持他们适宜的发展。为了实现这一目标,我们需要创设适宜的学习环境,并提供多样化的学习机会,以便关注每个幼儿的个性表现和需求,从而为幼儿提供适宜的、个性化的支持和指导。

3. 支持幼儿可持续发展

在当前的时代背景下,可持续发展已成为全球共识。在幼儿教育阶段,幼儿园课程建设应注重幼儿的可持续发展,为他们的未来奠定坚实的基础。《指南》指出,幼儿的发展是一个持续、渐进的过程,并表现出一定的阶段性特征。每个幼儿在沿着相似进程发展的过程中,各自的发展速度和到达某一水平的时间不完全相同。因此,我们不仅要关注幼儿当前的发展水平,还要着眼于他们的未来发展。每个幼儿都有独特的发展节奏和特点,我们应根据他们当前的认知、情感、社交等各方面的实际发展水平,设计适合他们的活动,满足他们的学习需求,帮助他们提高各方面的能力。然而,仅仅关注幼儿的当前发展水平是不够的,我们还要着眼于他们的未来发展。教育的目标不仅是满足幼儿当前的需求,还要为他们的未来生活做准备。为此,我们需要培养幼儿的学习兴趣和习惯,激发他们的创新精神和实践能力,帮助他们形成良好的人格品质和社会责任感。这些都是他们在未来生活中必须具备的能力和素质。因此,在幼儿园课程建设中,我们应注重幼儿的可持续发展,为他们的未来打下坚实的基础。

二、"三生"课程的建设基础

(一)"三生"课程建设的资源条件

充足的课程资源条件对于有效实施课程至关重要,它为课程建设提供了有力保障,确保幼儿得到全面的培养和发展。

1. 丰富的自然生态环境

苏州工业园区翡翠幼儿园坐落在以"节能环保、绿色生活"为理念打造的苏州工业园区中新生态科技城内。作为园区实施"生态优化行动计划"的领头羊,生态科技城内不但最集中、最全面地体现出园区的节能环保、绿色生活理念,而且成为园区北部最具特色的集生态环保产业研发和制造、居住、商业等多功能于一体的宜居示范新城。我园作为中新生态科技城内的公益性事业单位,建筑也按照国家绿色建筑三星级标准建造,园所建造时使用了多种绿色环保节能设施:雨水回收系统、光诱导设备、墙体垂直绿化……这都为我园开展"三生"课程提供了得天独厚的条件。

不仅如此,我园周围优越的生态环境也为课程建设提供了良好的资源支持。"两湖四园"(青剑湖、阳澄湖、莲池湖公园、翡翠湖公园、仙樱湖公园、市政小公园)环绕在幼儿园周边三公里内,水草丰茂、植被繁盛、物产富饶、四时皆景,幼儿可以充分地亲近自然,同时植物、动物、沙石等资源也均能纳入到幼儿的生活中,为"三生"课程的实施提供了自然资源的基础。幼儿园得天独厚的自然生态环境是课程积淀的条件性资源。

2. 优质的社会生态体系

自 2012 年 9 月正式开园以来,我园的招生服务对象一直是居住在中新生态科技城内的居民子女。我们充分利用地处中新生态科技城的独特地理优势,挖掘了周边的生态环境资源,形成了苏州市大范围的生态启蒙教育资源库。在园内,我们拥有丰富的场室资源、文化资源(如图书、节日、信息资源等)以及人力资源(如班级家委会、家长志愿者等),这些资源都积极参与幼儿园各项活动,协助幼儿园管理幼儿上学、放学等事务。在园外,我们周边有着丰富的社会机构,例如邻里中心、社区居委会、青剑湖等社会实践基地,还有社区民警、外聘专家等社会人士为幼儿园提供丰富的社会文化资源。在这样的背景下,结合社会主义核心价值观,我园在工业园区"开放包容、现代时尚、精致和谐、创新创优"的文化氛围中,形成了自己独特的园所文化。优质的家长资源和丰富的社区文化资源使得幼儿园拥有优质的社会生态体系,为推进"三生"课程实施提供了有力保障。

(二)"三生"课程的建设历程

课程行进的过程是不断发现问题、解决问题,不断进步、反思的过程。回望十余年的探索与实践,我园的幼儿园"三生"课程建设基本分为以下四个阶段:

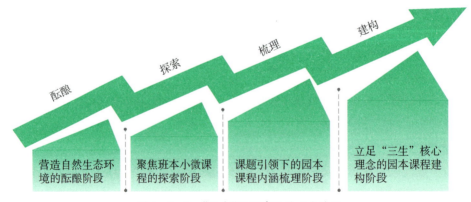

营造自然生态环境的酝酿阶段　聚焦班本小微课程的探索阶段　课题引领下的园本课程内涵梳理阶段　立足"三生"核心理念的园本课程建构阶段

图 1-1-1 "三生"课程建设的四个阶段

第一阶段:营造自然生态环境的酝酿阶段(2012 年—2015 年)

自建园以来我园始终践行生态启蒙教育,从初期自然生态环境建设入手,初步酝酿园本课程建设。在这阶段尤其注重环境对生态启蒙教育的影响,重视自然生态环境的构建。为表达积极的生命成长与可持续生态发展的共生共荣,我们在基本空间视觉设计中采用了悦动明快与怡然自得的色彩和符号。跃动的标志对应彩色的大门;葱郁欲滴的垂直绿化搭配鲜亮活泼的橙色建筑立面;中国红元素的大厅辅以绿色廊柱似参天大树为每个可爱的生命举托着稳定和安全……漫步在翡翠幼儿园里,随处都能找到生命的欢乐色彩和生态的怡然颜色,和谐巧妙的搭配潜移默化地缔造了这个幼儿园所孜孜追求的自然生态底蕴。随着园所生态启蒙教育的不断深入研究,园所自然生态环境也日渐丰富,充满生机的种植园地、热闹的小牧场是幼儿最喜欢的游戏场所。春天,幼儿在种植园地播下希望的种子,通过日常的细心照顾,总能在四季收获丰收的果实;小牧场中的兔子、鸭子、鹅是幼儿的好朋友,他们会给动物们取名字,给它们准备食物、打扫笼子。不仅如此,园所还丰富了各种植被,种植了大量的树木和花草,一年四季都能看到不同的自然景观。现如今,我园已拥有了较为优质的园所生态环境,这对生态启蒙教育课程的实施奠定了丰富、扎实的环境基础。幼儿每天都是在这样一个充满自然生态气息的环境中生活与游戏,经过多年生态启蒙教育的熏陶,幼儿具有了初步的生态环保意识和自发的生态环保行为。但在建设自然生态环境的过程中,对生态教育课程实施内容的深入挖掘、对课程实施路径的多样化方面还较为欠缺。

第二阶段:聚焦班本小微课程的探索阶段(2015 年—2018 年)

从自然生态环境建设入手的课程实践过程中,我们鼓励每位教师围绕生态启蒙教育开展班本小微课程,聚焦班本小微课程的实践探索。在这期间,每个班级都开展班级小专题,尝试进行班本的生态启蒙教育课程活动研究,如《小班师幼共创生态启蒙教育环境的研究》《结合生态环保节日,利用废旧材料开展大班幼儿美术创作宣传活动的研究》《中班幼儿在亲近自然中探秘昆虫的实践研究》等,这充分给予了教师自由探索课程实施的机会,调动了每位教师的积极性和能动性。每位教师在探究与实践中积累了经验,通过反思、梳理、归纳、总结,也为生态教育课程的实施提供了方法与思路。这些关于生态教育的班本小微课程,在开展的过程中都回归到幼儿生活,在幼儿一日生活的各环节中融入生态课程,如:在日常生活中收集树枝、报纸等自然资源和废旧材料,师幼共同创设生态环境;在世界地球日、世界无烟日等特殊节日中,利用废旧材料进行艺术创作;利用一日生活中的自由活动时间,观察、探索自然角中的昆虫等活动,这些都是幼儿生活的一部分。与此同时,园所的各省、市、区级立项课题也在进行持续深入的研究,在我园园本课程的基础上持续探索幼儿园生态启蒙教育实施路径,以期让幼儿活动基于生态并回归生活。

第三阶段:课题引领下的园本课程内涵梳理阶段(2018年—2021年)

从苏州工业园区"十二五"教育科研课题《幼儿园生态教育环境创设的实践研究》,到苏州市教育科学"十三五"普通规划课题《"我与自然,和谐共生"文化理念下幼儿园生态教育特色活动的实践》,再到江苏省教育学会"十四五"教育科研规划重点课题《后疫情背景下幼儿园生态启蒙课程的审思与再建构》、江苏省中小学教学研究第十四期课题《儿童哲学视域下幼儿园生命教育活动的实践研究》,关于幼儿园生态启蒙教育课程研究的广度和深度逐渐提高到了新台阶。在课题的带动下,幼儿园在一日生活各环节的教育教学实践中也开展了一系列丰富生动、形式多样的生态启蒙教育课程。在这个过程中,我园不仅融入生态、立足生活,更加注重幼儿的需要,以课题研究为抓手,在研究实践过程中,关注幼儿发展,支持幼儿生长。通过课题研究,形成的《学习故事集》《儿童档案袋案例集》《课程故事集》《主题活动集》等研究成果资料,帮助全体教师在日常教育教学的过程中,更好地观察幼儿行为、指导幼儿活动、评价幼儿发展,让幼儿在系统、科学、丰富的活动中得到身心全面和谐发展。我园把近十年的研究成果进行梳理,纵观全局、整体规划,明确了园本课程建构的基本内涵——立足生活、融入生态、支持生长。

第四阶段:立足"三生"核心理念的园本课程建构阶段(2021年—至今)

随着幼儿园及周边生态环境的不断优化,教师对课程实施和研发能力不断提高,教师们能及时捕捉幼儿的兴趣、需要,并能根据幼儿的兴趣和发展需要生成和构建新主题,使课程更丰富、更具生机活力,围绕"立足生活、融入生态、支持生长"理念所建构的"三生"课程也在不断丰富和完善。在"三生"园本课程建构的过程中,幼儿园依据《纲要》《指南》及《幼儿园保育教育质量评估指南》的精神,结合各领域发展的关键经验,以及课程核心理念,制定了课程目标:培养天真活泼、潜能多元、精神丰饶,充满生态活力的新时代儿童;梳理了建构园本课程所需的园内外环境、文化、幼儿生活中的教育因素等各类课程资源;将课程内容与自然、社会生活有机链接,形成自然链和生活链两大课程内容,为园本课程的实施奠定了坚实的基础。

(三)"三生"课程建设中的教育愿景

在课程建设中,教育愿景起着至关重要的作用,它既是对教育目标和价值观的明确表达,也反映了幼儿园的办学理念和对幼儿发展的期望。

1. 对"三生"课程的理念达成共识

园本课程建设是一种极具幼儿园教育特色,也符合幼儿园教育特点的课程类型。虞永平指出,园本课程是以幼儿园现实环境和条件为背景,以幼儿实际需要和经验为出发点,以教师为主体而构建的课程[①]。可见,教师对园本课程的情感认同程度也是衡量园本课程建设好坏的关键。基于此,我园针对全体教师开展了园所"三生"课程认同度的调查,

---

① 虞永平.园本课程建设之我见[J].幼儿教育,2004(9):4—5.

旨在了解教师是否认同"立足生活、融入生态、支持生长"的"三生"园本课程建设。

调查结果显示：90％的教师对"三生"园本课程建设持"非常认同"的态度，10％的教师持"基本认同"态度。由此可见，园所教师基本形成了对"三生"课程建设的共识，对"三生"课程的理念达成共识，以期为提高园所教育教学质量做出积极努力。

2. 对"三生"课程教育愿景的描述

针对"三生"园本课程建设的愿景，园长和教师们有不同角度的理解和阐释：

园长：作为"三生"课程建设的亲历者，我对它充满信心。立足生活的教育理念使我们不断关注幼儿的实际需求和生活经验，培养他们的学习兴趣和自主学习能力；融入生态的教育理念让我们珍视环境赋予的教育价值，让幼儿了解自然、尊重自然；支持生长的教育理念则致力于培养幼儿的个性发展和综合素养，让每个孩子在自身基础上尽情发展自己的潜力。通过"三生"课程建设，我们将为每个幼儿提供最适宜的教育环境和最丰富的学习经验，让他们在多元体验中享受成长的快乐。

教师A：一日生活皆课程，我们的"三生"课程来源于幼儿的生活，大自然、大社会都是儿童的课程，因此，"三生"课程将以生活和自然生态为起点，组织多样、感性、趣味的活动，促进幼儿富有个性的全面发展。

教师B：对幼儿来说，通过直接感知、实际操作和亲身体验获取的经验更深刻，因此，我们的"三生"课程也将创设丰富的生态、生活环境，鼓励幼儿动手动脑，实践探索，成为身心全面发展的人。

新教师：作为新教师，我希望自己能保持一颗童心，也能守护幼儿的童心，与幼儿在大自然和生活中共同游戏、学习，共同生长。喜儿童之所喜，思儿童之所思，和儿童一同透过"三生"课程看世界。

……

在平等、开放的对话交流中，管理者和教师对"三生"课程的理解逐渐达成一致，为课程理念的提升、阐释奠定了认知基础。

3. 对"三生"课程的积极行动

提高教师课程实践能力和思考力是"三生"课程实施和发展的重要方面。园所为教师提供有关"三生"课程的专业培训，包括课程设计、教学方法、幼儿发展等方面的专业知识，让教师能更好地理解和掌握"三生"课程的核心理念和实践知识，提高课程实践能力。同时定期组织教师进行沉浸式教研、年级组课程审议等多种形式的教学研讨和交流活动，分享"三生"课程实施中的经验和成果，讨论遇到的问题和困难，相互学习和借鉴，共同提高课程实践能力和思考能力。在这过程中教师主动参与"三生"课程的研发和设计，让自己更好地了解课程内容和目标，还积极参与教育科研项目，通过研究和实践相结合的方式，不断提高自身的专业素养，为更好地推动"三生"课程的实施和发展提供保障，为幼儿的全面发展作出积极贡献。

教师在课程实施过程中将"立足生活、融入生态、支持生长"的"三生"园本课程核心理念融入幼儿一日生活各环节,挖掘课程资源,创造性地开发和实施课程活动,如:从"自然对话"演绎"生命成长"的"自然探究活动";将"科学实践"转化成"传统经验"的"科探启蒙活动";从"问题触发"到"深度学习"的"游戏趣玩活动";从"教师视角"转化为"儿童的视角"的"生活体验活动"。这些活动可以帮助幼儿更好地从生活出发,认识自然、了解生态、体验生命成长,从而获得全面、和谐、可持续的生长力。

三、对"三生"课程建设的评估反思

课程建设是一个持续改进的过程,不仅仅是创建完就结束的。在"三生"园本课程的实践过程中我们需要不断地进行反思和总结经验,优化课程建设,从而为幼儿提供更好的教育体验。以下是"三生"课程建设过程中需要我们不断反思和改进的几个方面:

诊断课程目标:首先,我们需要明确课程的目标是否符合幼儿的发展需求和兴趣。课程目标是否具有可操作性?是否与幼儿的实际生活和经验联系紧密?目标是否过于抽象或过于狭窄?通过这些问题,我们可以对课程目标进行全面的评估。

分析课程内容:在分析课程内容时,我们需要考虑内容的适宜性、丰富性、连贯性和关联性。课程内容是否与幼儿的实际生活和经验相关?是否能够激发幼儿的兴趣和好奇心?内容是否符合幼儿的年龄和发展水平?是否能够促进幼儿多元智能的发展?

反思教育方法:教育方法是影响幼儿学习的重要因素之一。我们需要反思教育方法是否符合幼儿的学习特点和需求。是否能够激发幼儿的学习兴趣和主动性?是否能够帮助幼儿建立良好的学习习惯和方法?教育方法是否具有可行性和可操作性?

评估课程效果:最后,我们需要对课程效果进行评估。课程是否达到了预期的目标?幼儿是否在知识、技能和情感方面取得了进步?课程是否有负面影响?通过这些问题,我们可以对课程效果进行全面的了解和评估。

在课程建设反思过程中,除了以上几点,我们还要结合家长的反馈和意见,了解他们对课程的看法和建议。家长是幼儿园教育的重要合作伙伴,他们的反馈和建议可以帮助我们进一步完善课程建设。只有这样重复不断的反思和改进,我们才能助推课程的发展,为幼儿提供高质量的教育,促进幼儿的全面发展。

第二节 "三生"课程理论依据

"三生"课程是我园教师与幼儿在共同成长过程中的实践感悟,更是我们继续前进的目标。对于我们而言,"三生"课程是在长期研究、学习和实践中取得的成果,是教师实践性智慧的结晶。我们的理念借鉴了中外教育先驱的教育思想与哲学思想。我们学习了布朗分布伦纳的"生态系统"观,这个"生态系统"是儿童成长的重要环境,重视儿童在"生态系统"中的主体地位,在课程实施过程中为他们提供更多的参与和决策机会,促进儿童的全面发展;我们学习了杜威的"教育即生长"观,关注儿童的天赋和能力,提供适当的环境和条件,让儿童能够按照自己的节奏和方式成长;我们还学习了皮亚杰的"建构主义"理论,关注儿童的主动性和创造性,注重培养儿童独立思考能力和创新能力,理解每个儿童独特的认知结构和思维方式,针对每个儿童制定适当的教学策略;我们借鉴了维果斯基的"最近发展区"理论,关注儿童的个体差异,为儿童提供适当的支持,推动儿童的个体发展;我们还借鉴了陶行知的生活教育思想,关注儿童真实的生活体验,关注儿童真实经验的获得,强调儿童在操作中学习,在活动中生长,在生活中求知……这样,课程理念随着我们对各种经典教育思想与教育理念的学习与内化而变得深厚、扎实。

一、"三生"课程的主要理论基础

(一)布朗分布伦纳的"生态系统"观

布朗分布伦纳构建了一个以儿童为中心的社会生态系统图,将儿童置于中心位置。他认为,与儿童直接接触的老师、同伴和家长对儿童的成长起着至关重要的影响。儿童的生活和发展是在特定的社会生态环境中进行的。换句话说,每个儿童既是自然人又是社会人。因此,我们不仅要关注儿童在自然生态中的发展,还要关注儿童在社会生态中的发展。

"生态系统"理论为我们的幼儿园课程实施建设提供了思路和相应的教育侧重点启示。它能够帮助教师在实践教学中明确生态实践的切入点。在儿童的成长过程中,我们需要结合社会生态的变化进行引导。通过提升社会生态引导的伴随作用,为儿童的教育引导打下基础。这也符合"生态"理论中关于人的发展的宏观观点。生态革命的内涵强调按照儿童个性化发展的生态变化状态进行相应的教育引导。我们努力打造一个和谐、平等、合作互助的社会支持系统,这对儿童的成长更有利。

(二)杜威的"教育即生长"观

教育即生长理论认为,儿童的心理内容与儿童的本能活动、核心习惯、情绪状态等多方面元素紧密相关,且随着这些元素的生长变化逐步完善。在杜威的教育理论中,"生长"是一个核心概念,主要强调向着后续结果逐步发展和运动的过程,而教育正是促进本能生长的重要途径。根据他的理论,教育的过程本身即是生长的过程,除了他自身之外,并没有其他的目的。

结合"教育即生长"的理念,我们的幼儿园课程目标构建应当能够促进幼儿更好的生活和更好的生长。根据杜威的观点，他也强调生长是生活的特征，是自然的、全面的发展过程。他认为教育的目的除了促进儿童的生长，别无其他。生长是在生活中进行的，是不断变化的。因此，我们的课程目标、内容和方法需要根据儿童的成长需求进行不断的改组和转化。这说明我们幼儿园课程建设是一个动态的、不断改进和完善的过程。儿童不断变化的成长需求是我们改进和完善的动力。

(三) 皮亚杰的"建构主义"理论

皮亚杰强调教学进程是学生主动学习和提高学生认识的过程。教学过程应以学生为中心，重视学生的内在动机和兴趣。教师应为学生提供支架，成为学生的组织者、指导者、帮助者和促进者，发挥教师主导作用和学生主体作用。真实的学习问题和情境应被提供，使学生能够在探索和解决问题中自主学习。

"建构主义"理论让我们认识到，在我园的课程内容建设中，需要关注幼儿的"生长"。幼儿的"生长"是一个自主建构的过程。在幼儿的"生长"过程中，教师不仅仅是单向地向幼儿传递信息，而是尽可能为幼儿提供学习的线索和支架。通过提供具有挑战性、探究意义和发展价值的课程内容，引导幼儿在探索中自主发现问题、讨论问题，并最终解决问题。这样的教学方法能够促进幼儿的主动发展。

(四) 维果斯基的"最近发展区"理论

"最近发展区"是指儿童在与一个更有能力的伙伴(可以是成年人或同龄人)互动的过程中，能够进入的发展领域。这个区域并没有明确的界限，而是区分儿童能够独立完成的任务和必须依靠他人(更有能力的人)完成的任务之间的界线。因此，这个区域是在社会交往的过程中形成的。最近发展区代表的是一系列儿童不能独立完成，必须依靠一个更有能力的人(教师、成人或另一名儿童)才能完成的任务。[①]

维果茨基的最近发展区理论让我们在课程实施的过程中拓展了新的视野。为了促进幼儿更好地生长，教育的目标应该挑战幼儿现有的能力，使其达到新的高度，否则学习的价值将会减弱。成人应该敏感地观察幼儿目前的水平和他们可能的发展状态，帮助幼儿在最近发展区内实现学习目标。因此，在"三生"课程的实施中，我们重视教师的作用，将教育的着眼点放在幼儿的最近发展区上。我们不仅关注幼儿的现有水平，还关注幼儿的生长，关注他们可能达到的更高层次的学习目标。通过多种方式为幼儿的学习提供支架，使教育能够引领幼儿发展的前沿。

(五) 陶行知的"生活教育"观

陶行知先生的教育理论强调了三个要点：一是"生活即教育"，二是"社会即学校"，三

---

① Jonathan R. H. Tudge, "Processes and Consequences of Peer Collab-oration: A Vygotskian Analysis," Child Development, 63, (1992): 1365.

是"教学做合一"。其中,"生活即教育"包括了自然生活和社会生活,其结构、方式和性质都是多样化的。而"社会即学校"则强调社会系统对儿童学习和发展的重要价值,例如在课程实施中,教育的方法、素材、工具和环境都可以来源于社会系统。而"教学做合一"则是指课程中的教学、学习内容以及儿童生活中的需求之间的紧密联系。在实践层面上,陶行知实行了"小先生制",鼓励大孩子教小孩子,让经验从个体走向大众,从小众走向大众,使儿童的经验焕发出生命的传递性。这是课程生态中很美好的现象。

基于陶行知的"生活教育理论",我们的课程实施需要从儿童生活的环境出发不断完善和优化,为儿童提供适宜且能够满足实际需求的生活。我们需要观察和分析儿童在日常生活中的自主意识、自主行为能力和自主服务能力,并从实际问题出发找到解决问题的切入点。在课程中,我们要充分发挥幼儿的主体性,将幼儿作为课程中最有活力的生命资源,促进同伴之间和师幼之间的互动,将经验生活化和扩大化。

二、"三生"课程的基本观念

(一)我们的儿童观

1. 儿童生长的自然潜能

加德纳和蒙台梭利都认为儿童是有发展潜能的。"每个幼儿都是一个潜在的天才儿童,只是经常表现为不同的方式","我们不能忽视,不能假设每个人都拥有(或应该拥有)相同的心理潜能,而是应确保每个人所受的教育,都有助于受教育者最大限度的发挥其智力潜能"。[①] 多元智能理论为我们寻找并培养儿童的这种内在潜能提供了很好的依据。我们在课程实施的过程中不仅要全面地看待儿童,更要深入挖掘每个儿童的潜能,学会从整体上看待儿童,在关注儿童优势智能发展的同时关注其他智能的发展。

蒙台梭利的自然主义教育认为每个儿童出生就有着与众不同的"精神胚胎",具有与生俱来的、积极的、活动的、发展的生命力,有无穷无尽的力量,学前教育的最高目的就是"促进儿童潜能的发展,使儿童成为能够独立思考、独立判断和独立工作,并能适应现代科学技术和工业发展的时代潮流,保持社会文明和科学进步,促进人类和平的强有力新一代"。[②]

借鉴多元智能理论和自然主义教育的理念,每个儿童都具有独特的潜能等待开发。在设定课程目标时,我们既要尊重孩子们的天性,又要发掘他们的潜在能力。在构建课程内容的过程中,我们既要重视孩子们已有的生活经验,又要关注他们从教师和同伴那里获得的社会性影响。在制定学习目标时,我们应该设立不同层次和不同类型的目标,并提供

---

① 霍华德·加德纳. 多元智能[M]. 北京:新华出版社,1999.
② 蒙台梭利. 有吸收力的心灵[M]. 天津:天津社会科学院出版社,2010.

不同的表现形式和操作材料,以满足每个孩子的特长和需求。在执行课程的过程中,我们要尊重每个孩子的个体差异,发现并理解他们的优势智能。

2. 儿童生长的自然生态性

爱德华·威尔逊提出的亲生命性假设认为,在漫长进化中人类形成了与自然或其他生命相依附的强烈倾向,即使现代化发展进程也无法抹除人类身上的天生的自然联结。[①] 在此亲生命性假设基础上产生的栖息地偏好理论,也认为在进化过程中,人类会偏好自然景物丰富的环境。依据复演论的理论逻辑,个体幼年的游戏和生活会复演人类原始生活的偏好,这些偏好通常与大自然环境或直接关联的自然物有关,如户外活动、种植植物和饲养动物等。因此,幼儿的成长也可以被视为一种大自然的生命现象,具有自然生态特性。

卢梭在《爱弥儿》一书中对"自然教育目标"的描述深刻体现了他对儿童和谐全面发展的理念:如何使儿童与生俱来的能力得到发展,实现身心的和谐全面发展? 卢梭特别关注教育的自然和社会生态环境对儿童的影响,并倡导将儿童视为儿童本身,开展符合儿童天性的教育,让儿童经历自然的考验,并将其交给品德高尚的教师。这些观点不仅关注了儿童发展天性和进程的自然性,也关注了儿童与自然的亲和性,更关注了社会人对儿童成长的积极影响。

结合亲生命性假设、复演论以及卢梭的自然教育观,我们可以得出结论:儿童的发展遵循特定的自然规律。因此,课程建设首先要尊重儿童的天性,以保护儿童活泼好动的天性作为首要目标。同时,我们也要关注自然生态与社会生态对儿童发展的期望和作用。在幼儿园课程实施过程中,我们需要遵循自然原则,包括人的教育、事物的教育和自然的教育。自然的成长是儿童自身就能获得的,教师能做的就是通过我们和周围的事物,遵循儿童发展的自然规律,按照其自然发展的速度去影响儿童的成长。我们的教育步骤和途径应选择能够支持儿童获得关于事物的经验的方法,在自然环境中进行,从生活实践和自然环境中挖掘教育资源,完成教育引导任务。

(二) 我们的教育观

1. 教育内容来自生活

生活是教育的源泉,源源不断地滋养和孕育着教育的萌动与发展。杜威提出的"教育即生活"理念,强调教育应与儿童的生活经验密切结合,满足儿童的兴趣和需求。陶行知则进一步深化了这一理念,提出了"生活即教育"的观点,认为生活本身就是教育,人们通过生活获得教育,教育应满足人们的生活需求,而不是虚假的教育。

在园本课程内容组织中,我们应该遵循生活化的原则:教育生活化和生活教育化,将

---

① WILSON E O. Biophilia: The human bond with other species[M]. Cambridge, MA: Harvard University Press, 1984.

教育与幼儿的日常生活紧密结合。教育生活化意味着将教育融入幼儿的日常生活中,加强教育与自然、社会、家庭的联系,使教学内容回归到幼儿感性、具体、现实的生活中。同时,生活教育化意味着将富有教育意义的生活内容纳入教学中,将幼儿的实际生活经验整合到教学内容中,为他们提供更具实际意义和教育价值的学习体验,使其得以系统化和条理化,促进幼儿的发展。因此,教学内容来源于生活,生活具有了教育的内涵。

2. 教育过程应尊重儿童的"生长"特性

蒙台梭利理论认为幼儿具有自我教育的能力:"人们也许会说,我们用自己的大脑获取知识,但儿童直接将知识吸收进他的灵魂中去。仅仅通过与生活环境的不断互动,儿童就学会说他们的母语。"[①]这就是她所提出的"具有吸收能力的心灵"的概念,认为儿童天生具备学习的潜能,并拥有卓越的学习系统。儿童是能够思考的人类,但他们的学习内容在很大程度上受到教师、经历和环境的影响。因此,幼儿园的课程应以儿童为主体,教师为主导,尊重儿童的自然生长过程,为他们创造一个以儿童为中心,让他们可以独立"做自己"的"儿童世界"。

在幼儿园的课程环境中,教师应提供丰富的学习材料和准备好的学习环境,激发儿童自主学习的兴趣。教师需要成为材料的提供者、活动的观察者、参与者、记录者和评价者。儿童通过与材料的互动和探索,生成他们感兴趣的学习活动,让材料成为动态的学习媒介。教师通过观察、记录和评价儿童的学习,发现他们的成长需求,并根据这些需求调整和改进课程目的、内容和方法。这表明课程建设是一个动态的过程,需要根据儿童不断变化的成长需求,及时调整和生成新的课程内容。我们相信,通过营造积极的学习氛围和创设合适的学习环境,儿童将能够充分发挥自己的学习潜能,实现全面的成长和发展。

3. 教育目的即培养适宜社会生态的儿童

活教育思想包括目的论、课程论和方法论三个方面。其中,目的论是核心和基础,它强调培养儿童"做人、做中国人、做现代的中国人。"[②]这一理念不仅突出了教育目的的重要性,还明确了教育目的应符合时代需求和民族精神的发展。陈鹤琴提出的活教育目的是培养全面发展、符合时代需求、适应社会生态的儿童。

在我园的课程建设中,我们遵循儿童作为教学活动的主体的原则,关注儿童个体发展的全面性,并适应社会发展的需要。我们将儿童的发展预期置于社会生态系统中,通过课程引导儿童的发展。同时,我们也强调大自然和大社会是活教材,通过引导儿童面向广阔的自然和社会,寻找有益于推进儿童全面发展的资源。我们以儿童为教学的主体,帮助他们构建新的经验,培养良好的内部生态结构。我们倡导"做中学"的理念,这是儿童独特的学习方式。儿童通过参加各种活动,如制作、游戏、运动等进行学习。这些活动不仅仅是

---

① Maria Montessori, Dr. Montessori's Own Handbook(New York: Schock-en,1965),133.
② 陈鹤琴. 活教育[M]. 南京:南京师范大学出版社,2012.

学习的手段,也是儿童生活的方式。在我们的课程实施过程中,我们将提供丰富多样的活动,引导儿童与自然和社会的互动,让儿童通过参与实践来学习,帮助儿童实现自我教育和全面发展的目标。

(三) 我们的教师观

1. 教师是儿童学习和发展的支持者

美国心理学家卡尔·罗杰斯提出人本主义理论,强调每个人都具有内在的成长和发展的潜力,这种潜力在积极、支持和尊重的环境中能够得到充分地释放和实现。在他的理论中,个体的成长是一个持续的过程,这个过程伴随着对自身需求的理解、情感的体验以及与他人的互动。罗杰斯认为,在一个充满接纳和支持的环境中,个体可以更好地认识自己,发展出对自己能力的信任,并最终实现自身的潜能。这种潜能的实现不仅仅是智力上的,也包括身体和心理健康的全面发展,从而达到身心的健康和幸福。

人本主义理论对于教育有着深远的影响,特别是对于教师角色的定位。在罗杰斯看来,教师不应仅仅是知识的传授者,而更应该成为一个促进者,为学生创造一个安全、支持和富有挑战性的学习环境。在这个环境中,教师需要关注学生的个人发展和社会发展,鼓励他们发现自己的潜力,培养自我导向的学习能力。因此,在课程实施过程中,我们教师的责任不仅仅在于教授知识,更重要的是引导和支持学生的发展。教师需要全面关注幼儿的生活,包括他们的兴趣、需要、问题、困难、挑战、解决问题的方式、情绪变化以及身体健康状况等各个方面,因为这些因素共同构成了幼儿发展的全貌,也是教师实施有效教育的基础。教师通过对幼儿的观察、记录、分析和理解,才能够更加深入地了解每一个孩子的特点和发展需求,从而提供有针对性的支持和指导。这样的教育方式不仅有利于幼儿在原有的水平上不断发展,而且有助于他们形成健康的人格,增强自我意识和自尊心,最终成为能够独立思考、自我驱动的终身学习者。

2. 教师是合作学习中的自主实践者

杜威提出:"在共同的学习活动中,尽管儿童可能没有完全意识到这一点,但实际上,教师也是学习者,而儿童也是教授者。"这与瑞吉欧课程理念中的核心原则相呼应,即"以合作的团队来共同进行教学是一个基本原则"。这种合作不仅限于教师之间,还包括家长、专家、社区成员以及幼儿。正如瑞吉欧的理念中强调的,"同事们紧密地配合在一起工作,承担共同的问题,这有利于步调一致,有利于整个人的理论观点,我们对此总是非常鼓励。"

教师的学习过程就像幼儿的学习一样,其中最有效的方式之一是在教学实践中的合作学习。在我园的课程实践中,我们倡导教师树立广泛合作的意识。这个合作网络包括了同伴、家长、专家和社区人员,同时也涵盖了我们的学生——幼儿。教师在与幼儿的合作学习中不仅可以更好地解读幼儿的行为和需求,从而了解和认识他们,而且也是一个向幼儿学习的过程。幼儿常常以独特的视角看待世界,他们的思考方式和解决问题的方法往往能启发教师,帮助教师从新的角度审视教育问题。

让教师成为合作学习中的自主实践者,它不仅是提高教师课程实践效益的有效途径,也是促进教师专业成长的关键因素。通过合作,教师可以共享资源、交流思想,进而提升自身的教学能力和对教育的理解。同时,这样的合作也有助于形成一个更加开放和包容的教学环境,增进教师对幼儿的理解,也能推动教师自身的专业发展。在这个过程中,每一位参与者都是学习者,也是教授者,共同为实现高质量的教育目标努力。

3. 教师是课程的开发和建设者

心理学家班杜拉的社会认知理论为我们理解教师在教育过程中的角色提供了重要的视角。他认为,个体的认知过程和行为是在社会背景下形成的,并且受到他人的影响。在这个过程中,教师不仅仅是知识的传递者,他们也是学生社会和文化环境的塑造者。这一理论强调了教师作为课程建设者的角色,他们在课程开发中扮演着积极主动的角色。

首先,教师作为课程开发者,这意味着教师不仅需要掌握学科知识,还需要了解幼儿的心理发展和社会文化背景,以便更好地设计和实施课程。教师需要不断地更新自己的知识和技能,以适应不断变化的教学环境和幼儿需求。其次,教师作为课程的建设者,这意味着教师不仅仅需要执行已有的课程计划,还需要根据幼儿的需求、兴趣和能力对课程进行调整和创新。教师需要具备课程设计和实施的能力,包括确定学习目标、选择教学策略、评估幼儿的学习经验等。这个过程需要教师具有研究者的眼光,能够从幼儿的角度出发,发现并解决教学中的问题。所以教师需要以一个研究者的身份参与到课程的开发和建设中,这是一个能动的、创造性的实践过程,也是一个发现问题、分析问题、解决问题的研究过程。在这个过程中,教师可以更好地满足幼儿的学习需求,促进他们的全面发展。

第三节 "三生"课程核心理念

"三生"课程的核心理念即立足生活、融入生态、支持生长。生活是儿童发展的基础,立足生活指立足幼儿生活中可感、可想、可知的人、事、物等课程资源。融入生态是将幼儿生活中的各种资源进行链接,拓展幼儿与周围资源的多样互动方式。支持生长即支持幼儿在与环境、人互动过程中获得全面、和谐、可持续的生长力,支持幼儿自然、全面、可持续的生态式成长目标的最终达成。

一、立足生活

生活是比生存更高层面的一种状态。杜威指出,生活就是发展;不断发展,不断生长就是生活。皮亚杰的儿童认知发展图式揭示了不断改变的儿童世界在不断地与环境打交道中实现,可见,儿童生活具有动态性与强大的适应性。

(一) 立足幼儿的已有生活,着眼幼儿未来生活需要

儿童的生活是一个整体,包括日常生活行为、学习、游戏、休闲、社交、娱乐等。我们应该立足于幼儿已有的生活,了解他们的实际需求和现状,以便为他们提供适宜的教育和培养。同时,我们也要着眼于幼儿未来的生活需要,通过教育帮助他们培养良好的生活与卫生习惯,掌握基本的生活自理能力,为他们未来的成长和发展打下坚实的基础。

(二) 立足幼儿的多样生活,守护儿童生活的游戏性、无功利性

儿童的生活方式丰富多样,游戏、运动、交往、探索、娱乐都是他们不可或缺的生活方式。尊重儿童的生活方式意味着我们要理解和认可他们的游戏性,充分发挥游戏对于儿童身心发展的积极作用。同时,我们也要摒弃功利性的观念,不将幼儿的生活仅仅看作是为了实现某种目的,而是要让他们能够在自由、创造的环境中享受生活,体验当下生活的乐趣,寻找游戏和生活对于自身成长的独特意义。

(三) 立足幼儿的完整生活,支持完整个体的生长

立足生活的课程指幼儿园课程的实施要以幼儿当下生活需要为基础,着眼于幼儿未来发展需求,通过幼儿当下一日生活的多种方式,如游戏、运动、交往、探索、娱乐等活动支持幼儿以丰富的生活经验,积极适应、创造未来的生活。

幼儿的生活不仅仅包括物质生活,还涵盖了精神生活。他们的生活是个人生活与社会生活的有机统一,具有整体性。我们应该支持幼儿的完整生活,注重培养他们的情感、思维、行为等方面的发展,使他们能够在生活中获得全面的成长。同时,我们也要关注幼儿与环境的互动,让他们能够在与世界不断打交道的过程中实现自己的发展,并在人类社会历史的发展中找到自己的位置。

二、融入生态

融入生态的课程要全面关注"儿童与自然""儿童与社会"及"儿童与自我"的关系。生态课程中的幼儿是完整的个体,即自然生态、社会生态及人的发展生态的和谐共生的样态。

(一) 融近自然生态:注重培养幼儿与自然的共生关系

幼儿园教育应该通过课程开展引导幼儿与大自然亲密接触,推动幼儿与不断变化的自然环境形成互动关系,从而增进对大自然的全面认识,形成尊重生命,热爱大自然,人与自然和谐共生的格局,从而形成良好的自然生态。

(二) 融进社会生态:注重培养幼儿与人的和谐关系

联合国教科文组织在《教育:财富蕴藏其中》报告中提出:"支持教育的四大支柱是学知,学做,学会发展,学会共同生活。"① 报告进一步扩展富尔报告的"学会生存",作为人类意味着什么,扩展到"学会共同生活"的集体主义信息。2022 年 7 月,教科文组织出版了第三个报告,即国际委员会关于"教育的未来"的报告《一起重新构想我们的未来:为教育打造新的社会契约》,它与前两个报告的联系在于强调集体主义、共同(全球共同物品——是其关键概念)、相互信赖的关系。报告指出:"在这个共有的星球上我们彼此相连,而且我们务必共同努力。"② 从中可以看出学会共同生活、建立良好社会生态的重要性。幼儿不是独立存在的个体,而是生活在复杂的社会人际关系网构成的社会环境中,需要学习如何与其他人相处,具备良好的社会生存意识与能力。在课程中发展幼儿的亲社会行为,引导幼儿尊重他人,与他人建立良好的社会关系,关注幼儿的社会交往能力与社会生态意识的养成,从而形成良好的社会生态。

(三) 融浸人的发展生态:注重幼儿的全面发展

加德纳提出了著名的多元智能理论,主张人类的智力应该包括多个维度和多种类型。遵循多元智能理论,人的发展生态,要注重每一位幼儿富有个性的全面发展,要尊重每一位儿童的独特性,认识到他们都有多元发展的潜能。鼓励每一位儿童探索最适合自己的发展道路,因为每一个人都是独特的,他们的智能组合也是独一无二的,要促进每一位儿童充分发挥自己的潜能,让他们能够全面、健康地成长。《指南》也指出:"儿童的发展是一个整体,要注重领域之间、目标之间的相互渗透和整合,促进幼儿身心全面协调发展,而不应片面追求某一方面或几方面的发展"。③ 可见,人的发展生态要关注幼儿个体差异,促进每一位幼儿富有个性地、全面发展,从而形成良好的人的发展生态,实现幼儿园教育的全面、和谐和可持续发展。为了实现这一目标,需要关注幼儿在生理、心理、社会、认知和情感等多个方面的发展需求,并在家庭、学校和社会等多个层面提供支持和保障。同时,还需要关注文化多样性和社会公平问题,努力创造一个有利于所有幼儿全面发展的环境。

融入生态的课程强调儿童与自然、儿童与社会、儿童与自我之间的协调,课程包含融近自然的生命体验,融进社会的生命感知,融浸自我的生命成长,从而促进幼儿全面、和谐、可持续发展。

三、 支持生长

支持生长强调教师既要尊重幼儿的自然生长规律又要为幼儿发展提供积极有效指

---

① 联合国教科文组织. 教育:财富蕴藏其中[M]. 北京:教育科学出版社,1996:2.
② 联合国教科文组织. 一起重新构想我们的未来:为教育打造新的社会契约[M]. 北京:教育科学出版社,2022:1.
③ 中华人民共和国教育部. 3～6 岁儿童学习与发展指南[M]. 北京:首都师范大学出版社,2012:2.

导,充分理解幼儿两种生长方式是教师支持幼儿发展的前提。

(一)尊重儿童自然成长规律,创设自由自主成长环境

皮亚杰认为儿童的成长是自然建构式的,是指儿童会自主地跟周围的人、环境进行互动建构自己的图式、观念,不断调整自己的经验,是幼儿与生活的相互适应的过程。在课程组织实施时,我们应该尊重幼儿自然建构式生长方式,教育内容、方法要遵循幼儿自身成长的规律、身心发展特点,理解幼儿的学习方式和特点,为幼儿创设丰富、开放、自主、自由的教育成长环境,"最大限度地支持和满足幼儿通过直接感知、实际操作和亲身体验获取经验的需要,严禁'拔苗助长'"[①],让幼儿沿着自然发展的速率完成成长,实现幼儿个性自由发展。

(二)重视教育先导性作用,提供发展适宜性教育支持

儿童是生活在一定社会关系中的具有特定的社会属性的人,其发展既有自然成长的一面,当然也会受所处的社会文化环境影响,呈现社会建构式生长的过程。儿童的社会建构式成长指儿童在课程影响下的发展。维果茨基提出了"最近发展区"理论,强调有目的、有计划地引导幼儿达到他自己的"最近发展区",即幼儿原有的发展水平和潜在的发展水平之间的差异。要重视教育的先导性作用,教育要始终走在孩子发展的前面,为孩子创造最近发展区,教师必须充分了解儿童,才能在适宜的时机下为幼儿提供足够的且符合"最近发展区"的适宜性教育支持,帮助他们达成既有挑战性又可达成的目标,从而使他们获得最佳的、高质量的学习与发展。

支持生长的课程既要让幼儿有自然建构式生长的内驱力,又有社会建构式生长的有效指导。在课程组织实施中,充分理解幼儿的学习方式和特点,创设适宜的教育环境,为幼儿生长发展提供最大限度的支持。同时,也要始终走在幼儿发展的前面,为幼儿创造最近发展区,实现幼儿教育的最终目标——促进幼儿全面、协调、可持续的发展。

综上所述,"三生"课程是立足幼儿生活,以幼儿当下生活需要为背景,充分利用幼儿当下一日生活的各个环节来组织课程。同时融入生态,创设丰富的生态教育环境,课程内容强调五大领域的融合,包含儿童与自我、儿童与自然、儿童与社会之间的一种协调的生态课程,从而支持幼儿多种生长,既有自然建构式生长的内驱力,让幼儿愿意和周围环境进行互动,自主地建构自己的成长,又得到有社会建构式生长的有效指导,在成长人引导下、课程影响下、开展的活动中得到有效指导,实现德智体美劳全面、和谐、可持续的发展。

立足生活、融入生态、支持生长的课程三者关系多元,不同的视角会呈现出三者不同的关系。以课程视角看,把三者作为教育内容,三者成并列关系,相辅相成,相互配合,共

---

① 中华人民共和国教育部.3~6岁儿童学习与发展指南[M].北京:首都师范大学出版社,2012:3.

同作为促进幼儿完整、生态式发展不可或缺的方面。以教学视角来看,三者又呈现出目的与手段的关系。教育最终是为了促进人的发展,支持生长,当将儿童全面、和谐、可持续发展作为教育目的时,立足生活、融入生态的课程成为教育途径,立足幼儿一日生活,创设丰富生态教育环境从而实现儿童多元成长。

第二章
"三生"课程的结构

虞永平认为，幼儿园园本课程是以法律法规及相关政策为指导，以幼儿园现实的环境和条件为背景，以幼儿现实的需要为出发点，以幼儿园教师为主体建构的课程。对于一所逐渐发展成熟的幼儿园，拥有适宜本园的、完整、自成体系的课程，是园本课程建设的理想状态，也是确保园本课程规范、适宜、系统、动态发展的根本要求。

幼儿园课程结构包括什么？

简而言之，就是要清楚："培养什么样的儿童，用什么培养儿童？怎样培养儿童？如何评价我们培养得怎样？"课程目标、课程内容、课程实施、课程评价是幼儿园园本课程结构的基本内容。

初心

满腔热爱,心无旁骛,
目标迷惘,懵懂稚嫩的征途,
晨光到日暮,起身,伏案,繁复。
无妨,踏入爱的风景,
仰望天空,卧在花丛,
鼓舞,仗义,成长,胜利,
征服困难,一步一步,
后来内心严肃相融,在那琴键尾音处,
思忖生命起舞,是初心显露。

文/黄蕾

第一节 "三生"课程结构概述

根据现代课程理论之父——泰勒的课程理论,课程主要包含课程目标、课程内容、课程实施与课程评价四要素。"三生"课程的架构也遵循了泰勒原理,并基于"三生"课程的核心理念,以课程审议贯彻始终,在课程持续推进过程中建构起课程各要素之间的关联,系统而完整地架构了"三生"课程结构框架(如下图)。

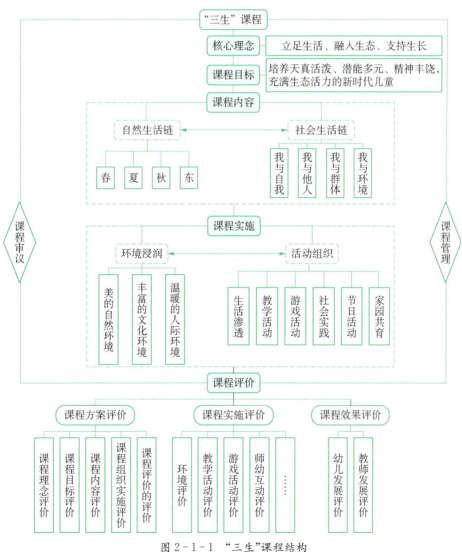

图 2-1-1 "三生"课程结构

第二节　"三生"课程目标

依据《纲要》兼顾即时成长与持续发展潜能、发展的全面性与差异性、发展的自然性与可能性的指导思想和基本要求,参照《指南》各领域发展关键经验,以"三生"课程理念为指导,立足本园实际,全面梳理幼儿、教师、家长、社会多方期待,制定园本课程目标体系。

(一) 课程总目标

儿童生长的生态性,既体现在儿童生长的自然性、社会性、精神品性之全面,也体现在儿童发展的群性与个性、即时性和潜在性之融合。鉴于此,"三生"课程总目标定为"培养天真活泼、潜能多元、精神丰饶,充满生态活力的新时代儿童"。总目标结构详见下图。

图 2-2-1 "三生"课程总目标环状图

天真活泼:即从幼儿发展的自然性出发,尊重幼儿的天性和发展的规律性,支持幼儿享有童年。我们期望幼儿园里随处可见活泼乐动、好奇乐闻、自信乐言、会玩乐玩的真实儿童、快乐儿童。

潜能多元:即从幼儿发展的可能性出发,充分调动幼儿德智体美劳全面发展的潜能,期望幼儿在自然生活、社会生活中获得多领域核心经验。同时,儿童的全面发展也要兼顾幼儿经验获得与持续发展之间的和谐。"会"是学会,是即时可见的经验获得;"善"是善于,是较长一段时间内积极、相对稳定的方法和习惯。"会探索、善想象;会观察、善发现;会表达、善交流;爱劳动、善运动"是我们对幼儿当下全面发展经验与持续发展能力的期望。

精神丰饶:即从幼儿发展的多样性出发,支持幼儿在个体发展过程中获得广泛的、丰富的、多元的、深刻的体验和认知,拥有积极的情感、丰富的情绪表达和情感体验,以及对世界的好奇心、探索欲望和自主性。我们期望看见每一位幼儿内心独立而丰满,拥有自主大胆、专注灵活、快乐真诚、责任感和不怕困难等积极精神品质。

(二) 课程分目标

在课程总目标的引领下,三级维度分目标依据《指南》进行分解落实,使课程目标涵盖幼儿发展的各个领域,便于课程总目标的实现及发挥课程目标对各年龄段班级课程实施的具体引领作用。

表 2-2-1 "三生"课程分目标

一级维度	二级维度	三级维度
天真活泼	活泼乐动	1. 情绪安定愉快。 2. 具有一定的力量和耐力。 3. 具有健康的体态。 4. 进行有益健康的实践活动。
	好奇乐闻	1. 亲近自然,喜欢探究。 2. 具有初步的探究能力。 3. 喜欢听故事,看图书。
	自信乐言	1. 愿意讲话并能清楚地表达。 2. 具有文明的语言习惯。 3. 具有积极自我认知。
	会玩乐玩	1. 愿意与人交往。 2. 能与同伴友好相处。 3. 关心尊重他人。 4. 能参与合作游戏。
潜能多元	爱劳动善运动	1. 具有基本的生活自理能力。 2. 具有良好的生活与卫生习惯。 3. 具备积极的劳动意识和良好的劳动习惯。
	会表达善交流	1. 认真听并能听懂常用语言。 2. 具有书面表达的愿望和初步技能。 3. 对他人表现出同理心。
	会观察善发现	1. 感知和理解数、量及数量关系。 2. 感知形状与空间关系。 3. 具有初步的阅读理解能力。 4. 探索并使用工具和技术。
	会探索善想象	1. 初步感知生活中数学的有用和有趣。 2. 在探究中认识周围事物和现象。 3. 具有初步的艺术表现与创造能力。 4. 喜欢欣赏多种多样的艺术形式和作品。

一级维度	二级维度	三级维度
精神丰饶	自主大胆	1. 具有自尊、自信、自主的表现。 2. 具有初步的归属感。 3. 喜欢进行艺术活动并大胆表现。 4. 在探索世界时表现出主动性。
	专注灵活	1. 具有一定的平衡能力,动作协调、灵敏。 2. 手的动作灵活协调。 3. 能专注于感兴趣的活动。
	快乐真诚	1. 喜欢并适应群体生活。 2. 遵守基本的行为规范。 3. 喜欢自然界与生活中美好的事物。
	勇敢坚强	1. 具有一定的适应能力。 2. 能识别、标记和调节自己的情感。 3. 具备基本的安全知识和自我保护能力。

第三节　"三生"课程内容

"大自然、大社会就是活教材",我们将课程内容与自然、社会生活有机链接,形成自然生活内容链和社会生活内容链两大课程内容。

自然生活内容链是指将季节、动物等体现人与自然的内容应用到幼儿园教育中,从幼儿易感知的自然现象及生活实物入手,将抽象的知识生活化、主题化。构建这样一条自然链,并不只是意味着饲养小动物、种植植物、使用天然物品等进行教育实践,而是意味着我们的课程以有意义和真实的方式,来帮助幼儿与自然建立起"亲属关系"的一种教育实践。

社会生活内容链是指将幼儿的社会认知、属性、关系等人与社会及人类生态发展的内容应用到幼儿教育中。在幼儿的生活中,通过课程的开展让幼儿不断获得丰富的经验来促进其生长与发展,即课程内容来源于生活,活动形式融入于生活,生活经验的获得又丰富了生活的内涵,使幼儿能应对生活之变化。

"三生"课程内容的组织主要以主题活动的形式开展,且课程内容是灵活多变和不断生发着的,"生长"是我们在课程开发中的重要策略。"生",不仅指向课程内容的产生、生发和变化,也是一种结果的指向——课程最终的价值所在必定是给儿童的学习和发展增加机会和可能。"长",其核心是以课程为有效载体,促进和支持儿童的生长,它既是课程内容的深挖,也是课程活动的发展,更是儿童经验的丰实。

以下表格中呈现的是部分我们已开展的"三生"课程内容,我们可以清晰感受到生长在自然生活内容链及社会生活内容链上的课程是幼儿看得见、摸得着、玩得了、做得起,感受得到的,是适宜幼儿的课程内容。

表2-3-1 "三生"课程内容(示例)

课程类型	内容主题	年龄段	课程案例	备 注
自然生活内容链	春	小班	《花花世界》	围绕"春"这个话题,三年过程中逐步展开重点不同的学习。小班阶段探索神秘的花花世界;中班阶段围绕"树"进行实地探索和研究;大班阶段进一步扩大视野,重点聚焦春天季节变化与人们生活的内在联系。
		中班	《树真好》	
		大班	《春之美丽生活》	
	夏	小班	《夏天的味道》	小班幼儿好玩好动,本阶段围绕"夏天的美食"进行探究,引导幼儿充分发挥多种感官,品尝夏天特有美食的不同味道;中班阶段围绕夏季的特征了解人和动物的防暑妙招;大班阶段引导幼儿关注夏季多变的天气,发现夏季特有的自然现象及对人们生活产生的影响。
		中班	《清凉一夏》	
		大班	《多变的天气》	
	秋	小班	《嗨,蔬果君》	根据幼儿的年龄特点,小班阶段围绕生活中常见的"蔬果"进行探究;中班阶段引导幼儿关注自然,探究落叶的奥秘;大班阶段引导幼儿通过自己爱发现的双眼,寻找与感知秋天的细微特点,发现秋的美景,描绘秋的色彩,探寻秋所隐藏的丰富的科学奥秘。
		中班	《沙沙沙,起风了》	
		大班	《我与秋天在一起》	
	冬	小班	《冬天来了》	小班阶段引导幼儿关注冬天较为明显的季节特征,发现季节更替带来的外显变化;中班阶段引导幼儿利用多种形式了解动物过冬的方式;大班阶段由关注动物转为关注自我和他人,在各类有趣的活动中感受冬季生活的多姿多彩。
		中班	《小动物过冬》	
		大班	《乐享冬日》	
社会生活内容链	我与自我	小班	《身体六个宝》	小班阶段了解身体的基本构造,重点围绕"五官"进行探索;中班阶段由外在转向对身体内部构造的关注和探究;大班阶段更加关注自我内心的变化,如:归属感、成就感、自我意识等。
		中班	《小身体,大奥秘》	
		大班	《我长大了》	
	我与他人	小班	《亲亲热热一家人》	小班幼儿的社会关系相对简单,从"家庭"入手,能够帮助他们更好地理解与他人之间的关系;中班幼儿的社会交往愿望逐渐增强,通过与朋友的交往,更进一步增强社交能力;大班阶段由关注身边亲近的人向各行各业的人转变,在观察、了解、互动中增强对劳动者的尊重、敬佩之情。
		中班	《朋友见面真高兴》	
		大班	《各行各业的人》	
	我与群体	小班	《这里真有趣呀!》	小班幼儿初入集体,重点引导幼儿了解幼儿园、适应幼儿园一日生活;中班阶段扩大视野,从置身"小集体"中扩大到对自己家乡的关注;大班阶段更加明确身为一名小小"中国娃"的归属感和自豪感。
		中班	《我和我的家乡》	
		大班	《我和我的祖国》	
	我与环境	小班	《水精灵》	结合小班幼儿好奇、爱玩的特点,小班阶段围绕"水精灵"进行游戏活动和学习探究,萌发爱护水资源的情感;中班阶段引导幼儿关注生活环境,掌握粗浅的环保知识,具备初步的环保意识;大班阶段引导幼儿主动了解所处地区的发展及变迁,全面发现它的美,同时也鼓励幼儿关注健康、绿色的生活方式,感受人与自然和谐共处的美好。
		中班	《环保小卫士》	
		大班	《园区,美丽的家园》	

立足幼儿的年龄特点,遵循幼儿的学习方式和发展规律,将自然生活内容链与社会生活内容链进行有机穿插与整合,引导幼儿从关注自然四季,到关注社会生活,梳理各年龄段适宜开展的主题活动。

课程落地,即在"三生"课程的整体框架里,将其细化到适合不同年龄段儿童的实践层面,我们鼓励老师围绕课程价值取向进行深度思考,逐步根植"班本课程"意识。相较于园本课程自上而下的推进过程,班本化课程从最开始的思路便是聚焦班级儿童的发展水平自下而上的在园本框架中不断去调整、优化和生发课程。以下将从大中小三个年龄段中例举两个主题,分别从自然生活内容链、社会生活内容链两个维度进行阐释主题活动的开展。

一、小班主题活动内容（示例）

小班幼儿初入集体,由《这里真有趣呀!》主题出发,先后开展了《嗨,蔬果君》《身体六个宝》《冬天来了》《亲亲热热一家人》《花花世界》《水精灵》《夏天的味道》等八个主题,从引导幼儿关注新的生活环境入手,唤醒他们好奇好问的天性,陪伴幼儿在和周围环境与生活的互动中适应全新的生活方式,发现周围生活的美好。

(一)《嗨,蔬果君》

1. 活动缘起

蔬果家族以其色彩斑斓、形态各异、味道鲜美、营养丰富的特点深受人们的青睐。对于幼儿来说更是他们健康成长的物质来源。蔬果是幼儿每天都直接接触的事物,然而,这种接触大多是一种自然的接触,幼儿对与蔬果相关的经验是零散而浅显的,需要我们通过有趣的课程来帮助幼儿对自己身边的蔬果产生更深的认识,从而变得更加喜爱吃蔬果,而这也是师幼共同经历的一个愉悦的主动学习的历程。

2. 内容框架

在以蔬果为情境脉络的主题活动中,我们预设了三大板块内容。第一板块"蔬果,你好",通过"我认识的蔬果""神奇的蔬菜"等活动,调动幼儿已有的相关经验,通过多感官的游戏活动来不断激发幼儿的兴趣和探究欲望。第二板块"我和蔬果做游戏",通过"蔬果拓印""蔬果排排队"等活动,帮助幼儿在有趣的、生活化的情境中,将零散而浅显的已有经验转变为有意义、有结构的新经验。第三板块"我爱吃蔬果",通过"蔬果变变变""蔬果大聚会"等活动,让幼儿通过闻、看、摸、品尝等方式来不断发现蔬果的丰富多彩以及与自身生活的密切关系。

在班本化实施过程中,A班的幼儿对"蔬果的种子"表现出较大的兴趣。教师因此在"神奇的蔬菜"板块中延伸出了"奇妙的种子",并生成"种子大搜索"的微课程内容。而B班的幼儿在探索橘子的过程中产生了一系列问题,教师及时调整了主题预设线索,将"我和蔬果做游戏"板块的重点放在"橘子大探秘"上,涉及橘子的内外部结构、橘子美食、橘子的多样用途和橘子小游戏等方面,通过丰富的多感官体验活动让幼儿感知蔬果世界的奇妙与多元。

(二)《这里真有趣呀!》

1. 活动缘起

9月,小班幼儿第一次离开家,走进幼儿园开始了他们的社会生活。陌生的幼儿园环境、全新的集体生活方式,让小班幼儿既好奇又不安,也让家长有一些担心。因此如何帮助小班幼儿度过这一关键的环境转换期,对家庭、幼儿都是十分必要的。

2. 内容框架

根据小班幼儿的年龄特点和发展需要,我们预设了三大板块内容。第一板块"幼儿园我来啦",通过"幼儿园里真有趣""这是我的班"等活动,帮助幼儿初步熟悉幼儿园这个处处充满新奇的新家庭。第二板块"我的快乐生活",通过"幼儿园也是我的家""一日生活我能行"等活动,用他们乐意接受的方式帮助其逐步感受幼儿园生活的乐趣。第三板块"爱上幼儿园",通过"幼儿园里朋友多""幼儿园里真好玩"等活动,吸引幼儿主动和同伴一起生活、游戏,最终帮助他们顺利融入幼儿园生活。

在班级实施过程中,A班教师发现幼儿对幼儿园里的大人们非常好奇。基于小班幼儿的学习方式,教师在"爱上幼儿园"板块的课程实施中增加了一些有趣的互动活动,如"大朋友,你好""你们在做什么""我想对你说"等,以让幼儿感受到被关注和被呵护,逐渐与幼儿园里的人建立情感的联结。而B班教师则以幼儿对园子里的人事物的兴趣为切入点,重点挖掘了"幼儿园里真好玩"板块的内容,通过多样化的活动让幼儿逐步产生安全感、归属感和愉悦感。

二、中班主题活动内容(示例)

中班幼儿已经具备了一定的集体生活经验,对于朋友、集体有着自己浅显的认知,由《朋友见面真高兴》主题出发,先后开展了《小身体,大奥秘》《沙沙沙,起风了》《小动物过冬》《树真好》《环保小卫士》《我和我的家乡》《清凉一夏》等八个主题,从引导幼儿感知与发现自己的成长入手,在对自己成长变化感到自豪的同时,更多关注周围的人、事、物,发现自我与周围环境和谐相处、共生共融的亲密关系。

(一)《沙沙沙,起风了》

1. 活动缘起

凉爽的秋风扑面而至,"沙沙沙,沙沙沙",这是落叶的声音。秋叶飘落的声音、动感与幼儿跃动的心灵天然契合,丰富多样的树叶给幼儿提供了探索、发现、表达的广阔空间。以落叶为切入,融合大自然在这个季节赋予我们的最有价值的各类课程资源,使幼儿在与落叶共同游戏、学习的过程中,不断感受秋天的美好与多彩。

2. 内容框架

根据中班幼儿的年龄特点和发展需要,我们预设了三大板块内容。第一板块"寻落叶",通过"什么东西飘下来""收藏树叶"等活动,引导幼儿在多种途径的观察和探索中发现落叶的奥秘,以此引发他们对自然和生活的关注。第二板块"玩落叶",通过"树叶变变变""树叶蝴蝶"等活动,引导幼儿利用收集到的各种不同颜色和造型的落叶进行语言、艺术等方面的创意表达,从而爱上落叶,爱上秋天。第三板块"品落叶",通过"树叶的旅行""秋天的画报"等活动,鼓励幼儿在生活、游戏中走进色彩斑斓的秋天,萌发亲近大自然的情感。

在班级实施过程中,A班幼儿对"落叶"产生了一系列问题,如"树叶为什么会落下来""落叶最后去了哪里""为什么有些树叶还是绿油油的"。为了满足幼儿的好奇心,教师调整了课程的内在结构,在"寻落叶"板块中增加了与"常绿树与落叶树"相关的内容,以支持幼儿对"落叶"进行深入探究。而B班幼儿对"玩落叶"表现出极大的兴趣。教师在团队讨论的基础上扩展了一系列活动,如"落叶变身""落叶跳舞""大风和落叶"等,并形成了名为"落叶小世界"的微课程活动,让幼儿以自己独特的方式去探索和享受秋天的乐趣。

(二)《我和我的家乡》

1. 活动缘起

我园坐落于苏州工业园区中新生态科技城,这里居住着许多来自全国各地的"新苏州人",因此,我园的幼儿也来自五湖四海,涉及八个省份二十多个地区。当拥有着不同的家乡、不同的风俗习惯的萌娃们相遇,他们之间又会迸发出怎样有趣的火花呢?而对处于中班的幼儿来说家乡的意识也正在逐渐形成,对家乡的牵挂以及家乡环境中本身具有的文化底蕴是极具价值的教育资源,由此,《我和我的家乡》的故事就此开始。

2. 内容框架

本主题中,我们预设了三大板块内容。第一板块"游家乡",通过"我的家乡""家乡的桥"等活动,鼓励幼儿借助调查访问、实地参观等多种方式全方位调查自己家乡的信息,并进行汇总与记录。第二板块"说家乡",通过"家乡的宝物""家乡的童谣"等活动,引导幼儿筛选相关信息,缩小主题范围,从美丽风景、古迹名胜、名优特产、民歌民俗等某一方面进行家乡知识的介绍和推广。第三板块"爱家乡",通过"我是家乡代言人""家乡的变化"等活动,鼓励幼儿从城市建设、环境保护等多方面对未来家乡进行想象和设计,以此萌发对家乡的自豪感和归属感。

在班级实施过程中,恰逢阳澄湖大闸蟹开捕,A班的一位蟹农家长为孩子们带来了丰富的活动资源。教师抓住这个机会,将注意力聚焦在"阳澄湖大闸蟹"这个美食文化的核心内容上。基于周边的自然资源——阳澄湖、社会资源——阳澄湖大闸蟹文化馆以及人力资源——蟹农等,教师在"说家乡"板块中延展出了一门具有鲜明地域特色的班本课程,名为"美妙的'蟹'逅"。通过研学体验为主要形式,教师让幼儿们用最喜欢的方式真正了解家乡,培养他们对家乡的深深的情感。而B班在师幼团队讨论的过程中,教师了解到幼儿对"家乡"的认知较零散,他们对家乡的探究兴趣主要集中在能看得见、摸得着的特产、美食和建筑等方面。同时,他们已经积累了一些与自己日常生活密切相关的社区人、事、物和景观的经验。基于这些发现,教师对主题进行了重新整理,并将原先的板块"游家乡"调整为"你好,社区"系列的探究活动,以使主题内容更贴近本班幼儿的真实经验。

三、大班主题活动内容(示例)

升入大班后,随着幼儿认知经验的不断丰富,自主学习能力的不断提升,他们的关注由表及里、由点及面并不断转向事物内在的联系,在此基础上,我们顺应幼儿的学习方式,从主题《我长大了》出发,先后开展了《我和我的祖国》《我和秋天在一起》《乐享冬日》《春之美丽生活》《环保乐活家》《各行各业的人》《多变的天气》等八个主题,最大限度地为幼儿提供探索、实践、表达的空间,引导他们不断自主建构核心经验,从情感、认知、能力、习惯等多方面为步入小学奠定基础。

(一)《多变的天气》

1. 活动缘起

大班孩子好奇好玩,经常喜欢关注身边常见的自然和社会现象。在夏季到来时,他们常常发现气候变化多端,这是大自然蕴藏的无限力量,等待着孩子们去探索和发现。

2. 内容框架

遵循幼儿的兴趣需要,我们在开展主题活动中,尝试引导幼儿从观察、讨论、记录了解天气现象入手,进而聚焦夏天天气变化多端的奥秘,并在不断的深入探索中感知大自然的神奇。本主题,我们预设了三个板块的内容。第一板块"认识天气",通过"天气预报""看云识天气"等活动,调动幼儿已有经验,帮助幼儿认识各种各样的天气类型。第二板块"夏天的天气",通过"梅雨来了""轰隆隆"等活动,让幼儿进一步了解自身所处城市夏季最典型的天气特征。第三板块"大自然的秘密",通过"动物预报员""有趣的二十四节气"等活动,带领幼儿了解大自然自身带有的丰富"语言"与我们美好生活的密切联系,让幼儿萌发爱护自然的积极情感。

在班级实施过程中,A班在活动"梅雨来了"中,幼儿对"雨"表现出了浓厚的兴趣。他们想要了解"天为什么会下雨""雨在哪里""下雨天我们可以做什么"。因此,原本单一的活动"梅雨来了"自然而然地转变为了班本课程"'雨'你嬉戏"。课程从"不一样的雨""雨的秘密""好玩的雨"等方面展开,再延伸到"小水滴力量大"等更多主题,通过丰富多元的活动,让幼儿通过多感官体验来进一步感受雨的有趣之处,以及雨与生活的关系。而B班的幼儿对节气活动产生了探究的兴趣。教师调整和优化了主题推进线索,将注意力聚焦在"有趣的二十四节气"上,并开展了一系列相关活动。教师鼓励幼儿以直接感知、亲身体验和实际操作的学习方式,让他们认知节气,感受气候、物候、动植物以及人们的衣食住行等方面的变化。

(二)《我和我的祖国》

1. 活动缘起

从古代的四大发明到现在的中国速度、中国高度、中国温度,幼儿的脑海里有着点点滴滴关于伟大祖国的痕迹。帮助幼儿梳理零散的经验,让幼儿更全面的了解我们的祖国,有利于培养大班幼儿的文化认同感和归属感,让他们真切感受到"中国人"的含义,真挚体会到身为"中国娃"的自豪和骄傲。

2. 内容框架

根据大班幼儿的年龄特点及发展需求,我们预设了三大板块内容。第一板块"我知道的中国",通过"中国之最""舌尖上的中国"等活动,帮助幼儿了解祖国的幅员辽阔和物产富饶。第二板块"中国大家庭",通过"民族大调查""我们是一家"等活动,引导幼儿了解中国是一个多民族国家,丰富幼儿对各民族的认识,逐渐增强幼儿的民族意识。第三板块"自信中国人",通过"四大发明""为祖国争光的人"等活动,帮助幼儿了解祖国的伟大发明和重大成就,为自己是中国人感到骄傲。

在班级实施过程中,A班在活动推进中,神舟十六号载人飞船的成功发射和成功着陆成为了幼儿们热议的话题。他们对飞船升空的过程、航天员在太空中的生活、太空中的事物以及太空中可以做什么等方面产生了兴趣。师幼团队讨论后,将幼儿们感兴趣的话题进行了整理,并形成了多个生成活动。这些活动被扩充进了班级的"自信中国人"板块。而B班在班本化推进过程中,教师注意到幼儿对"飞船"的探究兴趣。为了更好地满足幼儿的学习需求,教师适时将主题活动的形式转变为小组化的自主学习活动。幼儿通过同伴交流、博物馆探访、查阅资料、亲子调查等方式来探究"飞船"的秘密。在这个过程中,课程的内容和形式也随着师幼探究兴趣和需要的变化而不断丰富,成为了幼儿们最喜欢的课程。

第四节　"三生"课程实施

"三生"课程将内容实施融合在幼儿的一日生活之中,遵循"立足生活、融入生态、支持生长"的课程理念,不再拘泥于固定的学习形态,不再受制于既定的活动场地,而是根据儿童的学习需求进行通盘整合。"三生"课程的具体实施主要通过"走近——课程准备""走进——课程实施""回顾——课程复盘"三个阶段渗透于各个课程通道中,每个通道既具有独立的流程和操作方式,又在经验源头上体现互相融通性与共生性,进而形成了一个完整的课程实施体系。

一、第一阶段:"走近"——课程准备

课程准备是课程实施的首要路径,既包括幼儿园内的环境准备,也包括经验准备和计划准备。

(一)环境准备

教育对儿童的巨大影响,是以环境作为工具,让儿童受到环境的浸染,从环境中获得一切,并将其化为己有。

1. 有准备的环境

蒙台梭利认为,在为儿童创造教育环境时,要创造"有准备的环境",教师准备环境,使儿童能通过积极探索以及与成人、同伴、材料的相互作用来学习。我们强调在课程实施前给予幼儿充分与"真实环境(亲近大自然的环境)"互动的机会,包括"有挑战性的环境""弹性环境""园内外结合的环境"。

例如:在幼儿园的户外活动区,我们预设了一个廊架。开园后的第一个春天,我园的第一届幼儿在廊架下种下一株小小的金银花,春去秋来,攀爬在廊架上的金银幼苗逐渐长成了"金银花隧道",漫漫经年,树屋、栈道、山坡、攀爬墙在"金银花隧道"的基础上日渐丰富。这个环境既是幼儿亲历其中的有准备的环境,又能激发幼儿的勇气和挑战精神,培养他们爱自然、爱运动的的精神。又如,课程中还可以组织幼儿到社区参观、采访、实地调研等活动。幼儿可以走进社区的不同场所,与社区的工作人员互动交流,了解社区的特点和功能。这样的活动既扩展了幼儿的知识面,又培养了他们的社会交往能力和适应能力,通过将园内教育与园外环境相结合,幼儿能够在不同的环境中进行学习和体验,促进他们的全面发展。

2. 孩子喜欢的环境

幼儿有其自身身心发展的特点,也常常表现出自身的主体性。随着独立和自律能力的提高,他们对环境选择的往往会有自己的标准,并有自己的倾向性。所以,我们的环境要遵循幼儿的喜好、感觉,好的物理环境要满足儿童的生理及心理需要,要给他们温馨、快乐的家的感觉。

例如:在幼儿园的游戏区域,可以设计一个舒适、温馨的角落,让幼儿自由选择他们喜欢的玩具和活动。这个角落可以有柔软的地垫、舒适的坐垫和柔和的灯光,给予幼儿一种安全、放松的感觉。同时,将幼儿喜欢的图书、绘本放置在这个角落,供他们阅读,可以激发幼儿的阅读兴趣和想象力。又如,在幼儿园的美术区域设置一面彩色、有趣的墙壁,幼儿在绘画和创造时就能感受到活力和快乐。墙壁上可以展示幼儿的作品,他们会由此产生自豪感和成就感。同时,为了满足幼儿对自然的喜爱,可以在墙壁上布置一些自然的图

片和植物的图案,营造出与大自然亲近的感觉。这样的环境设计可以满足幼儿的喜好和感觉,给予他们舒适、安全的空间,同时激发他们的创造力和想象力,促进他们的积极参与和主动学习。

(二)经验准备

杜威提出:"教育不是把外面的东西强迫儿童去吸收,而是必须使其与生俱来的能力得以生长。""三生"课程以儿童为中心,辩证分析儿童的基本经验,在此基础上吸引幼儿尝试各种真实体验、主动探索的可能。

1. 唤醒经验

在"三生"课程的实践过程中,教师通过与幼儿之间的提问和回答,带领幼儿回顾、交流已有的生活经验,了解幼儿的经验,还可以通过绘画、图表、家长问卷等形式收集一些相关信息,从而使幼儿对即将学习的新内容产生熟悉感和亲切感,激起幼儿学习的愿望,并为新内容的学习做好经验铺垫。

假设教师要引入一个关于季节变化的主题,可以与幼儿先进行互动,询问他们关于季节变化的经验和观察,如"在春天时看到大自然有哪些颜色? 在夏天时感受到了什么样的天气?"等。通过这些问题,教师可以了解幼儿已有的经验和观察,并引导他们回顾和交流这些经验。此外,教师还可以通过绘画的形式来收集幼儿的相关信息。例如可以让幼儿画出他们对不同季节的印象和观察,或者画出他们最喜欢的季节。教师通过观察和分析幼儿的画作,了解他们对季节变化的理解和感受。此外,教师还可以设计简单的问卷,向家长了解孩子在家中观察季节变化的情况,以及家庭中与季节变化相关的活动和经验,以此获取更多关于幼儿的经验信息,进一步了解他们的背景和家庭环境。通过以上的唤醒经验的方式,教师可以帮助幼儿建立与即将学习的主题相关的前期经验,增强他们对新学习内容的兴趣。

2. 识别经验

幼儿的前期经验比较零散,教师需在收取到的经验中,分析幼儿不太清楚的、模糊的、感兴趣的、有价值的内容,结合"三生"课程的理念,以及"三生"课程各年龄段分目标,梳理出该主题中较为适宜的、幼儿喜欢的、知道的、能够尝试的内容。

以"颜色"主题为例,在识别经验的环节中,教师可以让幼儿进行一些简单的颜色分类活动,观察他们是否能够正确地区分不同颜色的物品,了解幼儿对颜色的认知和掌握程度。同时,教师还可以根据幼儿的年龄和发展水平,选择适合的教学内容和方法。例如,对于3—4岁的幼儿,可以通过游戏、歌曲、故事等形式,让他们学习基本的颜色名称和区分不同颜色;对于4—5岁的幼儿,可以引导他们通过混合颜色来创造新的颜色,拓展他们的颜色认知;对于5—6岁的幼儿,可以通过涂色、拼图等活动来加深其对颜色的理解和掌握。通过识别经验的方式,教师可以更准确地了解幼儿已有的经验和掌握程度,有针对性地选择课程内容和方法,提高教学效果和幼儿的学习兴趣。

(三) 计划准备

在一学期的开始,教师会根据"三生"课程总的课程目标草拟出时间跨度为 3 至 5 周的相关活动主题,这些活动主题成为学期中师幼活动的主要框架支持。

1. 基于价值筛选和判断的计划

在每个活动主题开始之前和行进中,教师根据对幼儿的了解、识别的经验以及对儿童活动的观察、倾听等记录资料,充分讨论活动方案的多种可能性、多种方向,并预留应对临时变化的空间,尽量对整个活动做出周全的假设。基于这些假设,教师定出具有弹性、并随着孩子的兴趣和需要而做调整的方案。

2. 支持动态调整的计划

具体实施过程中,教师关注展开、达成这些方案的有效途径和方法,把握活动中出现的各种新事物、新情况,需定期阶段性检讨课程的适宜性,评估课程运行效果,基于这样的过程性评估做出调整和改进的计划。适时、即时地与原定计划进行沟通和协调,使其朝着更有利于幼儿发展的方向延伸。

3. 充分尊重幼儿参与的计划

幼儿根据自己的观察、经验和兴趣,通过多种方式表达自己的想法(即计划)。计划包含幼儿喜欢什么、想做什么、用什么东西做以及选择怎样做的具体思考。完成计划等于证明幼儿已经知道要做什么与做成什么样,后续的课程内容可以随之展开。

二、 第二阶段:"走进"——课程实施

在课程实施的第二阶段,我们提供生活、学习、游戏、运动、劳动等多元的体验与实践,针对课程实施中不同层面、不同时间单元的活动与安排,提供一系列操作提示,梳理出各年龄段、各类、各阶段活动实施的要点,来确保课程实施的顺利开展,提高课程实施的质量。

(一) 环境浸润

儿童的认知发展在其不断地与环境的交互作用中获得。在大环境和大集体中,师幼间习惯的传递、关爱的互动,是教师运用教育智慧达到幼儿学习与发展目标的教育过程。在环境创设中,营造立体多元的空间感,让每一个室场、每一面墙、每个主题、每个区角、每个活动载体"说话",让幼儿在实效性、艺术性、感染性、操作性等多方面的整合环境中潜移默化地接受多元熏陶和个性塑造。在充实物质教育环境的同时,提升教育资源中的软实力,精心设计"隐形教育课程",营造"懂得、关爱、支持、赞赏"这一师幼互动关系,让幼儿园的环境创设和文化底蕴相结合,并沉淀在教师和幼儿的一言一行中。

图 2-4-1　"树"橱窗资源

图 2-4-2　木工坊

（二）生活渗透

生活活动是幼儿园一日活动的重要组成部分,贯穿于一日生活始终,对幼儿身心发展起着重要作用。生活活动着力于培养幼儿良好的生活卫生习惯,如睡眠、饮食、排便、盥洗、整理等,帮助幼儿了解初步的卫生常识和有规律的生活秩序,培养幼儿的独立生活能力和劳动观念。如餐前向同伴介绍"今日营养饭菜",或进行"今日新闻报告"。餐后结合不同季节或主题活动推进的需要,利用户外散步的时间,引导幼儿观察花草树木的生长变化,还可以捕捉昆虫、感知下雨、下雪等。重视生活活动的教育价值,追求生活活动的教育品质,更关注幼儿在生活中的自理、自主、规范、愉悦。在日常生活中,培养儿童独立自主的能力和精神,学习实际生活的技能,并促进儿童注意力、理解力、协调力、意志力的发展,以及养成良好的生活习惯。

图 2-4-3　小厨房劳动

图 2-4-4　自助午餐

（三）教学活动

幼儿对照计划,搜寻材料、使用工具、安排进度,进行实践创造。幼儿可自主探索,也可联合同伴,综合运用多种知识和技能解决过程中的每一个问题,促进其对复杂知识的理解,还能自然实现深度学习,促进知识的融合与迁移运用。幼儿也在与成人、同伴的互动中发展多方面能力。在集体教育活动时间里,教师可依据幼儿的已有经验,帮助他们获得有价值的新经验,使同伴经验得到分享交流,能使幼儿获得受教育的机会。因此,在每天的一日活动中,小班会安排一个集体教育活动,中大班会安排一到二个集体教育活动。

(四)游戏活动

游戏活动包含室内游戏活动和户外游戏活动。以游戏作为幼儿的基本活动,一日生活中开展游戏充分考虑并提供充足的游戏时间;尽可能大的游戏空间;丰富的游戏材料;尊重幼儿选择游戏的意愿。我园的户外游戏特色鲜明,首先是游戏场地开阔,不光有操场、水泥空地等常规场地,还有功能迥异的公共种植区、饲养区、沙水区、运动区、涂鸦区,更有充满自然色彩的小树林、野趣亭、挑战区等游戏场所。其次游戏材料种类繁多,根据不同年龄段的幼儿发展特点和动作发展需要提供多元选择。再次游戏内容丰富多样,幼儿一周在园五天,每天上下午游戏时间场地选择不重样。

图 2 - 4 - 5　趣味涂鸦　　　　图 2 - 4 - 6　农场种植

(五)社会实践

学前期是个体社会化的起始阶段和关键时期,社会性发展的好坏直接关系到幼儿未来人格发展的方向和水平。我们利用社会实践活动帮助幼儿掌握道德行为规范和社会行为技能,提高幼儿的自我意识、与人交往的能力以及对社会的认识,让幼儿逐渐成为一个社会人,更好地适应社会发展。我园结合幼儿社会领域核心经验形成的各年龄段课程子目标,通过社会实践活动充分挖掘幼儿园周边的商圈资源、家长资源、地域文化资源,以幼儿兴趣点、问题点为主线,梳理活动内容,让幼儿在直接感知、亲身体验、实践经历整个活动的基础上,获得有益的社会经验,培养积极的社会情感,习得社会技能。园所会进行不断跟进的实施、探索、调整与研讨,为幼儿开辟更广阔的学习和探索空间,将幼儿园课程置于社会生活的大环境中。

图 2 - 4 - 7　爱心义卖集市　　　图 2 - 4 - 8　社区护绿宣传

(六) 节日活动

传统节日、节气、环保日组成了我园节日活动的主要内容,通过挖掘传统节日、节气的内涵,让幼儿在充满仪式感的活动中感受节日氛围,感知中国传统文化的魅力。通过了解环保节日的意义,幼儿在丰富多彩的生态生命教育活动中形成了对地球、人类和资源的积极态度,以及有意识的生态行为。幼儿在教师、家长、社区的支持下,以参与、体验、实践的方式开展相关活动。幼儿带着经验与问题,通过调查访问、小组分享、实践体验、区域活动、亲子共玩等开展对节日的探究,活动注重唤醒、注重体验、注重表达,幼儿带着自己的眼睛、自己的耳朵、自己的头脑获得有关节日的感知和体验。

图 2-4-9 腊八节-腊八蒜

图 2-4-10 许愿灯

(七) 家园共育

家庭是幼儿园重要的合作伙伴,家园共育中,各个主体互相协作,在互动的过程中,既有教育又有沟通和反馈。我园重视家园共育,把家长作为课程实施的伙伴,幼儿园与家庭取得共识,达成"三生"课程目标的理念、方法上的一致、步调上的协调。在课程实施中,我们采用多种方式与家庭联系,如:幼儿园网站、家园联系栏、海报、班级环境等进行氛围渲染,使家长清晰、直观地了解幼儿园课程实施活动进程,随后通过家园讲坛、亲子课堂、志愿者活动、参观和观摩等活动,深入走进课程活动,共同推进课程活动的实施,在这个过程中,家庭不仅是课程资源的提供者,还是课程实施的参与者。

图 2-4-11 亲子"彩虹跑"

图 2-4-12 快乐爬爬爬

三、第三阶段："回顾"——课程复盘

在课程实施的最后一个阶段,通过分享回顾对课程进行梳理、总结与升华。在我们的"三生"课程中,课程回顾涉及到两类主体——教师和幼儿。

(一) 幼儿的回顾

幼儿需要自己对已有的课程(包括游戏)进行复盘,叙述和表征的主体是幼儿,教师鼓励幼儿的表现而非强制幼儿进行复盘。对于课程活动的回顾内容包括事实(我做了什么)、过程(我如何做的)、事件(我首先做了什么)、路线和路径(我怎样到达哪里)等,幼儿不仅要花时间去想做了什么,还要思考自己学到了什么。回顾过程中,教师鼓励幼儿将以上内容与教师、小组成员或者集体进行分享,幼儿尝试运用语言、图画等各种方式表达分享,选择活动中的某些部分来组织"自己的故事",由此创建记忆、程序性记忆、情节记忆和空间记忆,对他们的经验形成心理表征。

回顾使幼儿对他们自己原来的意图进行回忆和反思,把计划、行动以及行动的后果联系起来,建立的记忆能够为他们对世界的不断增长的理解带来永久性的改变,也即真正实现了课程的"融入"。通过回顾,幼儿从与环境中的材料和人的互动中获得了宝贵的经验,这些经验为后续的活动建立了新的可能性。

(二) 教师的回顾

教师的回顾至少包括两类:课程故事和学习故事。

1. 课程故事 体现教师视角,可以关注到幼儿群体,是教师对课程全程的经验叙事,辅助教师自己进行结构性的反思。

2. 学习故事 记录、呈现幼儿学习的过程,幼儿是故事的主角,多维评价幼儿复杂的、情境性的学习过程,助力幼儿在课程活动中的发展。

每次"三生"系列课程结束都可以做一次回顾,其目的不是为了形成一个材料,更不是为了追求某种形式。回顾的目的是教师自我反思、教师引导幼儿复盘、幼儿引发教师回悟,最终的目标是支持幼儿的发展、支持教师的发展。

第五节 "三生"课程评价

2022年2月国家教育部发布《评估指南》,旨在推动幼儿园全面贯彻党的教育方针,落实立德树人根本任务,尊重幼儿年龄特点和发展规律,坚持保育教育结合,以游戏为基

本活动,不断提高幼儿园办园水平和保教质量。^①充分考虑幼儿的年龄特征和发展规律,积极推进保育教育的有机结合,以游戏为主要活动,不断提升幼儿园的教育质量和管理水平。《评估指南》强调在评估幼儿发展时应重点关注幼儿园为提高保教质量而付出的努力以及改进过程,而不是仅仅通过测试幼儿能力和发展水平来评估幼儿园的保教质量。这一要求旨在关注保教过程的质量,并且强调幼儿发展的全面性和持续性。《纲要》也指出,教育评价是幼儿园教育工作的重要组成部分,它不仅可以帮助我们了解教育的适宜性和有效性,还能够有效地调整和完善工作,为幼儿的健康成长提供支持,也有助于提升教育质量。^②通过充分发挥课程评价诊断、导向、激励、发展等作用我们可以更有效地促进幼儿的全面发展,支持教师的专业成长,帮助园所完善课程方案。因此,我们应该从多个方面来思考和进行园本课程评价。

一、"三生"课程的评价理念

(一) 从全视野出发:多元协同参与的评价主体

评价本质上是种心理建构的过程,它不是外在于人、纯客观的过程,而是参与评价的所有人,特别是评价者与评价对象双方交互作用,共同进行心理建构的过程。在价值观多元的社会里,评价需要综合考虑融合或吸收各方利益相关者的意见,回应各自的发展需求,从而通过协商达成共识。"三生"课程评价是一个由教师、家长与幼儿等共同组成的多元主体评价系统,它是需要多方共同参与,协同发展的过程。因此,在评价的过程中需要兼顾内外部,引导多元评价参与主体以适宜方式融进评价过程,从不同层面共同推进,合力建构科学课程评价模式。

(二) 以生长为中心:指向多元发展的评价内容

"三生"课程评价充分尊重评价对象主体地位,着眼于在过程中评价主体的多方面发展,尝试用个性化的评价标准,确立不同的发展目标和评价方式,充分挖掘其潜能并发挥主体的发展主动性和创造性。通过课程评价,我们可以发现课程中存在的问题,并寻找原因,提出改进建议和措施,以解决这些问题,并不断调整、改进和完善课程,以提高教育质量,促进幼儿、教师、园所的全面和谐发展。

(三) 在过程中进行:贯穿课程全程的评价历程

基于"三生"课程核心理念下的评价,以趣味化的形式无痕渗透到一日生活的各个环节,在真实的情境中,有效运用适切的评价方式,评价课程是否符合教育目的和适合幼儿

---

① 中华人民共和国教育部. 教育部关于印发《幼儿园保育教育质量评估指南》的通知[EB/OL]. (2022 - 02 - 11)[2023 - 07 - 06]. https://www.moe.gov.cn/srcsite/A06/s3327/202202/t20220214_599198.html.
② 李季湄. 幼儿园教育指导纲要(试行)解读[M]. 江苏出版社,2002:35—36.

身心发展。伴随课程运作全过程的课程评价,既是课程运作的"终点",也是课程继续发展的"起点",即将形成性评价与终结性评价相结合,注重阶段性和追踪性,重过程性评价,即不把评价当作最后发展结果,而是更多地着眼于促进评价主体的发展,使之成为新一轮学习、发展、成长的起点,并最大限度发挥评价的效力。

二、"三生"课程的评价内容

课程评价是一个复杂的过程,它涉及到多个评估主体、评估对象和评估方法,蕴含多元的评价功能。通常,评估可以分为三个部分:课程方案评价、课程实施评价和课程实施效果评价。其中,课程方案评价包括评估教育理念、课程目标、课程内容和教学方法的发展情况等;而课程实施效果评价则包括幼儿发展评价和教师发展评价。

(一)"三生"课程的方案评价

"三生"课程的课程方案从幼儿园教育教学的目标、内容、实施方法等各方面给老师提供指导方向,课程方案的质量很大程度上影响着幼儿园的教育教学质量,因此进行科学的课程方案评价,有助于了解课程方案的适宜性、有效性,以便于调整、完善课程方案内容,从而提升幼儿园教育教学质量。

1. 对"三生"课程理念的评价

"三生"课程以"立足生活、融入生态、支持生长"为核心理念,主要从理念的科学性、表述的清晰性和理论的一致性来考量。为了更好地满足儿童的发展需求,课程方案应以多元且内涵一致的理论和简明易懂的语言来表达,清楚地阐明幼儿的发展与社会的需求之间的联系,并且解决幼儿的经验与学科知识之间的冲突,从而为整个课程方案的实施提供有力的支持。

2. 对"三生"课程目标的评价

在制定"三生"课程目标体系时,首先需要评估目标是否和《纲要》以及《指南》中的精神相一致;其次要评估目标是否承载了课程方案的基本理念;再次目标必须指向幼儿的身心健康,且不同层级的目标之间应该是相互衔接、逐层细化,充分体现全面连贯性;最后在课程实施过程中评估目标是否具体明确可实现。

3. 对"三生"课程内容的评价

主要分析课程内容是否与目标相一致,是否能够促进幼儿全方位和可持续发展,是否有丰富的课程资源便于教师挖掘使用,是否符合地方和幼儿园的实际等等。因此课程内容要与幼儿的生活、经验、兴趣与需要融合,还要关注其内在的均衡与有机联系,体现一定的层次性和逻辑性。如围绕"春"这个话题,三年过程中逐步展开重点不同的学习:小班阶段探索神秘的花花世界;中班阶段围绕"树"进行实地探索和研究;大班阶段进一步扩大视野,重点聚焦春天季节变化与人们生活的内在联系。

4. 对"三生"课程评价的评价

课程评价包括过程性评价和终结性评价,评价的主体和方式应多元,主要考察课程是否有助于幼儿和教师的发展以及园所质量的整体提高。评价方法科学与否直接关乎评价结果的有效性,因此评价方法与评价内容必须相匹配,关注不同评价内容与不同类型评价方法的匹配。

(二)"三生"课程的实施评价

课程实施评价主要有以下三个方面:学习环境、人际互动和各类活动三方面。

1. 对学习环境的评价

学习环境的创设融合社区、家长、社会等多方面资源,并从环境资源入手,与儿童的真实生活、儿童的需要相联结,通过整合和重构的过程赋予资源教育意义。"三生"课程的学习环境以幼儿的生活环境为主要载体,重在激发幼儿的游戏和学习兴趣,并具有挑战性,促进他们的全面发展,同时突出课程的特色。

2. 对人际互动的评价

人际互动主要指师幼互动和幼幼互动。"三生"课程尊重幼儿用自己的方式探索世界,欣赏幼儿开阔的视野和饱满的精神世界。在师幼互动中,幼儿是松弛而自由的,教师更多地去倾听和记录幼儿的想法。教师对来自幼儿的信息和问题进行价值判断,并及时、适当地回应,这样的反馈有助于促进幼儿的发展。幼幼互动主要考察同伴之间是否存在相互学习的可能性,以及他们如何通过分享、合作、交流等方式来积累经验。

3. 对各类活动的评价

依据"三生"课程实施途径,可以从"生活活动""教学活动""游戏活动""社会实践""节日活动""家园共育"等多个方面对课程实施过程进行评价。通过科学合理的活动内容,我们可以看到幼儿园、教师、幼儿和家长等多方参与的过程。同时活动的组织形式应多样且灵活,满足不同年龄段幼儿的需求,激发他们的学习主动性和积极性,为幼儿的全面成长提供支持。

(三)"三生"课程的实施效果评价

对课程实施效果的评价主要从幼儿、教师两个维度进行。

1. 对幼儿发展的评价

以过程性评价、终结性评价为主,通过教师在幼儿园日常课程实施真实情况下的观察记录、作品分析等信息汇总,参照来自幼儿家庭的评价信息,客观呈现和描述幼儿的发展水平。

通过对课程发展过程中获得的资料进行分析和评估,我们可以检查课程的有效性,并根据实际情况调整和完善课程方案,以使其更加完善。

表2-5-1 幼儿发展评价机制一览表

类　型	形式
幼儿发展评价	
过程性评价 是在课程实施过程中通过多种形式、方法对幼儿发展水平进行分析、判断和评估，以此为依据来检验课程及课程组织实施的有效性，并在此过程中进一步调整、改进、完善课程。	观察(轶事记录)
	作品分析
	谈话与倾听
	家长观察
	学习故事
	个案观察追踪
	档案袋
	主题发展评估
终结性评价 在课程结束后对课程目标达成程度、课程内容价值性及课程实施效果进行分析、评估。	素质发展报告
	领域发展报告

2. 对教师发展的评价

教师的发展需要共性和个性的融合，教师发展的过程是包容的、真诚的。加德纳的多元智能理论提出每个人都有属于自己的优势智能，重要的是发现它们，并运用优势带动自身的发展。对教师的发展通过自我评价、同事评价、管理者评价等方式，评价教师的课程实施情况、课程设计能力和教育实践应用能力，发现不同类型教师的优势，鼓励教师用自身优势去开展工作，让教师对于工作更加充满蓬勃的动力，激发教师主动发展的欲望。

表2-5-2 教师发展评价机制一览表

类　型	形　式
教师发展评价	
自我评价 教师对自己通过课程教研、实施及改进等一系列活动，个人获得怎样发展的评估。	个人年度发展规划
	教师个人发展档案
	班级工作反思
	日常保教文档
	读书心得
	教育笔记
	课程日志
同事评价 同事对教师在课程实施过程中表现出专业发展水平及其素质能力的评估。	教师六认真资料
	教师月考核
	教师评优评先奖励制度
	教师教科研成果评价
	主题环境创设评价
	区域材料投放有效性评价
管理者评价 幼儿园管理者如园长、副园长、主任等行政管理人员对教师在课程实施过程中表现出的专业发展水平及其素质能力给予的评估。	教师六认真资料
	半日活动督导
	教师月考核

续表

类　型	形　式
社会评价 家长及教育管理部门、社区等社会人员对幼儿园、教师、幼儿等课程实施的相关主体、要素给予的反馈与评估。	教师评优评先奖励制度
	开放日家长评估反馈
	家长满意度调查
	区域五星发展评估
	区域年度教育行风建设满意度测评

三、"三生"课程的评价方法

（一）文本评价

在课程评价过程中,通过对各类与课程建设相关文本,如各类计划、方案、教育笔记、主题活动过程性资料等文本进行分析、评估,以此从不同维度检验教师日常课程实施的科学性与有效性。针对儿童的发展评价,综合运用观察、访谈、倾听、作品分析等方法,通过对观察故事、学习故事、档案袋等文本资料进行汇总分析来评价儿童一阶段的发展现状,并以此进一步优化教育行为。例如个案跟踪记录,是教师通过日常的观察,收集大量真实的、丰富的、反映幼儿发展状况的事实,并综合运用轶事记录法、访谈法、检核法等,以文本的方式来呈现幼儿阶段性发展轨迹,为接下来的教育支持提供依据。

（二）现场评价

在真实情境中掌握与运用有关理论知识,在学习活动、生活活动、游戏活动等不同的情境中采用多样化的方式和手段来收集评估资料。如在评估幼儿游戏发展水平时,会在真实的游戏情境中进行,教师充分观察幼儿游戏状态,以多种方式记录幼儿游戏行为,结合幼儿年龄发展特点来分析评估幼儿的游戏水平,为后续支持幼儿游戏提供有效依据。

图 2-5-1　游戏活动现场评价

图 2-5-2　游戏活动现场评价

（三）问卷评价

在课程建设过程中，结合评价要点设置相应问题，并发放给相应参与对象，通过问卷回收用统计方法来归纳、整理问卷调查结果，最后得出对课程建设的评价。例如，当我们在课程建设过程中想要全面了解当前园本“三生”课程实施现状时，我们需要清楚作为课程实施的主体——教师在日常实施园本“三生”课程情况，以及儿童在课程实施过程中的发展状况，通常我们需要向教师发放结构化或半结构化的问卷来获取有关的信息，通过问卷结果分析，以检验当前的园本“三生”课程是否适切可行以及如何进一步调整优化。

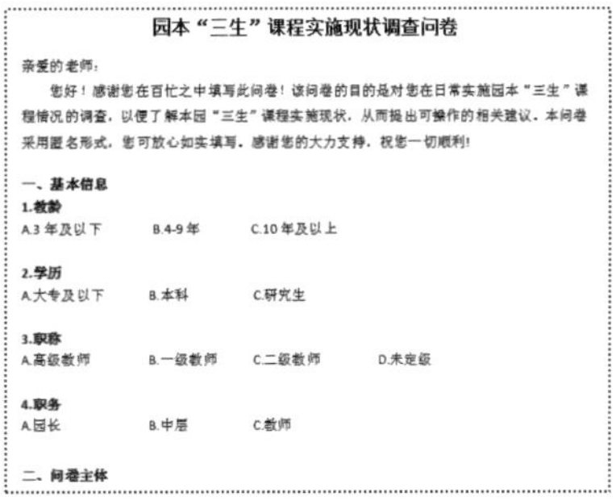

园本“三生”课程实施现状调查问卷

亲爱的老师：

您好！感谢您在百忙之中填写此问卷！该问卷的目的是对您在日常实施园本“三生”课程情况的调查，以便了解本园“三生”课程实施现状，从而提出可操作的相关建议。本问卷采用匿名形式，您可放心如实填写，感谢您的大力支持，祝您一切顺利！

一、基本信息

1.教龄

A.3 年及以下　B.4-9 年　C.10 年及以上

2.学历

A.大专及以下　B.本科　C.研究生

3.职称

A.高级教师　B.一级教师　C.二级教师　D.未定级

4.职务

A.园长　B.中层　C.教师

二、问卷主体

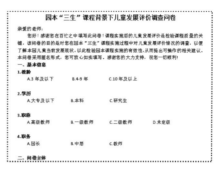

图 2－5－3　“三生”课程实施现状调查问卷样例（局部）

园本“三生”课程背景下儿童发展评价调查问卷

亲爱的老师：

您好！感谢您在百忙之中填写此问卷！课程实施后的儿童发展评价是检验课程质量的关键，该问卷的目的是对您在园本“三生”课程实施过程中对儿童发展评价情况的调查，以便了解本园儿童当前发展现状，以此检验园本课程实施的有效性，从而提出可操作的相关建议。本问卷采用匿名形式，您可放心如实填写，感谢您的大力支持，祝您一切顺利！

一、基本信息

1.教龄

A.3 年及以下　B.4-9 年　C.10 年及以上

2.学历

A.大专及以下　B.本科　C.研究生

3.职称

A.高级教师　B.一级教师　C.二级教师　D.未定级

4.职务

A.园长　B.中层　C.教师

二、问卷主体

图 2－5－4　“三生”课程背景下儿童发展评价问卷样例（局部）

（四）幼儿发展档案评价

幼儿发展档案袋评价是通过定期对幼儿有关资料以及各种作品的收集、整理、分析，记录幼儿在各类活动中所体现出的兴趣、个性、能力、态度等表现，判断幼儿学习状况的评价方法。幼儿成长档案袋制作的过程本身就是评价的过程，评价环节渗透于整个幼儿成长档案袋组织设计、资料收集、整理以及管理之中。在内容的选择上，根据幼儿的年龄特点以及一日生活中的游戏形式，将幼儿各种形式的表征（幼儿的美术作品、游戏记录、活动照片等）收集起来，集成档案袋，并加入相关评价和档案资料的证明。

第三章
"三生"课程的管理与保障

　　课程的管理与保障是园本课程建设的重要环节。课程资源是园本课程开发的基础,也是园本课程实施和教育过程的支撑。课程审议是园本课程开发的重要途径和方法,也是教师专业自主的重要体现,课程审议意味着参与教育过程的相关人员对课程及其实施具有决定权。课程管理,即课程全面质量管理,课程管理者通过实施计划、组织、领导和控制职能,带领课程组织成员既有效果又有效率地实现课程预期目标的过程,达到学生及家长满意、社会受益,进而实现课程管理目标。

　　如何确保课程资源的多样性和适用性,以满足不同幼儿的学习需求和发展水平?

　　如何做好课程的前、中、后审议?

　　课程管理人员可以涵盖哪些人?如何做好幼儿园课程管理?

幼儿园里的人

她是谁
她是保健医生
是照亮小手和嘴巴的灯光
是治愈伤痛的神奇魔法

他是谁
他是保安叔叔
是夏日头顶的遮阳网
是幼儿园大门的守护神

她是谁
她是园长妈妈
是门口的第一声早安
是陪伴我们日常的身影

他（她）是谁
他（她）是食堂叔叔阿姨
是沉睡幼儿园的唤醒者
是每天可口的饭菜点心

我认识他们
他们是我的老师和阿姨
是温暖的拥抱
是有趣的本领

他、她、他们
是家一样的温暖
是支撑我们前行
是力量
是爱

文/邵婧仰

第一节 "三生"课程资源

　　课程资源是课程由构想变为现实的条件保障,是课程设计、编制、实施、评价等整个课程发展过程中可利用的一切人力、物力和自然环境的总和。"三生"课程的资源立足幼儿的日常生活,即幼儿接触到的所有人、事、物都能成为课程资源,是幼儿园课程内容的要素,更是提升幼儿经验的重要工具。同时,这样的课程资源分布也是有规律可循的,即处于中心位置的是"自我",往外依次是"我与他人""我与自然""我与社会",并且在所有的课程资源中,"关系"是最核心的,人与人之间的关系才是课程资源中最丰富、最具有价值的活性物质。此外,课程资源与课程建设也是一个相辅相成的关系,课程资源的有效利用助推着课程发展,而课程的高质量建设也不断反哺课程资源的丰实。

一、立足生活的课程资源挖掘

　　幼儿的一日生活构成了课程的有效内容,课程资源是课程实施、提升幼儿经验的重要工具。因此,"三生"课程资源的开发和利用倡导回归幼儿的一日生活,在幼儿与经验、实践的互动中"看见"课程,并从幼儿兴趣、教师价值判断双向并行出发,站在幼儿的角度挖掘资源、筛选资源进行有效加工、整理,以此构建园内外丰富的自然资源和社会资源,使之符合幼儿园各年龄段幼儿的认知、情感发展特点。

(一)挖掘幼儿周围的自然生活资源

　　"三生"课程中的自然生活资源,指幼儿日常生活中接触到的各种自然物,包括土地资源、气候资源、水资源、动植物资源,如阳光、空气、水、土壤、植物及动物等。在自然课堂中,幼儿与自然亲密接触,以真实的自然替代图片、替代语言,让孩子与自然环境中的生命去互动。例如园内的种植园地、生态小农场、小树林迷宫、金银花隧道等,都设计成开放式的,幼儿能融入其中,自主观察、操作、探索。再如,园所附近的翡翠湖公园、阳澄湖湿地公园,本身就蕴含着广阔而丰富的课程资源,既是幼儿心心念念的乐园,更是他们自主学习并与大自然对话的课堂。幼儿作为活动的主体,在丰富的活动中体验、尝试、发现、收获、表达,真正主动地参与了活动,激发起了强烈的探索兴趣,幼儿就是在自然环境中"玩",玩的有花样,有滋味,真正体现了"玩中学"的科学教育理念。

(二)挖掘幼儿周围的社会生活资源

　　"三生"课程中的社会生活资源,指在幼儿园周边一切可利用的人力、物力等,也包括知识、技巧、社会关系等摸不到的无形资源,如家长资源、社区机构、文化资源等。家长教育资源有些是显性的,有些是隐性的,他们的职业、阅历和特长都是一笔丰富的教育资源,家长们能利用自己的职业优势引发幼儿更多更深入的探索活动。在幼儿园周边的各类社会机构,如社区、企业、商业中心等场所则是幼儿走出园门、走进大社会的最佳实践基地。社会主义核心价值观、各类节日等作为一种隐性的文化资源也渗透于幼儿生活的方方面面,以潜移默化的方式不断影响着幼儿的自我认同感、归属感、价值观的逐步建立。有效利用各种社会资源,为幼儿创设真实场景,不仅拓宽了幼儿学习和生活的空间,更让他们通过直接感知体验以及与环境的对话获得自身发展。

二、 融入生态的课程资源管理

"三生"课程资源的管理遵循"收集-分类-利用-评价-更新"的步骤,以建构课程资源库的方式对收集的资源进行整理、分类、加工、使用登记。课程资源库里的资源可以是实物类的材料资料,如幼儿收集的废旧材料等生活资源,树枝、花瓣等自然资源,也可以是电子文档、照片、视频、音频等数字资源。所有资源分资源室和网络平台共同存放,资源分类编号储存、定期加工、调整完善,教师和幼儿共同参与课程资源库的使用和管理。

(一) 链接自然生活资源与社会生活资源的关系

每一种资源都不仅仅只有一个资源属性,正如自然生活资源与社会生活资源之间也不是割裂而单独存在的,它们之间有着千丝万缕的关系,并共同存在于幼儿的生活之中。通过资源属性的不断挖掘,有效打通并整合其"属性同类项",能使由资源引发的课程活动发挥出"1+X"的价值。例如,我园地处阳澄湖南岸,"阳澄湖大闸蟹"这一自然资源背后又蕴含着丰富的社会生活属性。从自然属性出发,通过多个领域活动的相互渗透和环境材料的支持,幼儿在个别、集体活动中积极建构,可以获得关于螃蟹的感知经验,提升科学探究、表现、艺术创造能力;而从社会属性出发,幼儿通过亲身探索体验到家乡特产阳澄湖大闸蟹的独特之处,体会到动物与人类的生活密不可分、息息相关,同时在养蟹、识蟹、品蟹的过程中愈发热爱本土文化,激发热爱家乡的情感。

(二) 链接资源与儿童发展的关系

幼儿是幼儿园一日生活的主体,他们有其自己特定的感受、思维、生活方式,从幼儿的兴趣、需要中发现课程资源,促使课程定向,让幼儿回到课程的中央。一方面,我们可以从幼儿的经验出发,寻找资源与课程的链接点,挖掘资源的有效教育价值,进而生成适合幼儿发展的系列活动。另一方面,我们还可以通过多途径支持幼儿主动将资源转化为课程,引领资源走进活动,引导幼儿以不同的视角感受、探求、操作、发现、体验、表达活动并获得新经验。从幼儿的视角出发,搭建资源与幼儿发展之间的桥梁,不仅促进了课程资源的开发与利用,同时也让幼儿的学习与发展"可看""可见""可思"。

三、支持生长的课程资源利用

　　"三生"课程资源库紧紧围绕幼儿这一中心,以资源为媒介,寻找"课程资源-幼儿活动-幼儿经验"的路径方法,开展多样化活动,将幼儿的需要和兴趣与课程资源以及相应的活动关联起来,深化幼儿学习,促进其全面发展。资源、活动、经验三者的关系是灵活互动的,可以是"选择资源-开展活动-生成经验",也可以是"活动需要-选择资源-生成经验"或是"经验需求-选择资源-开展活动"。

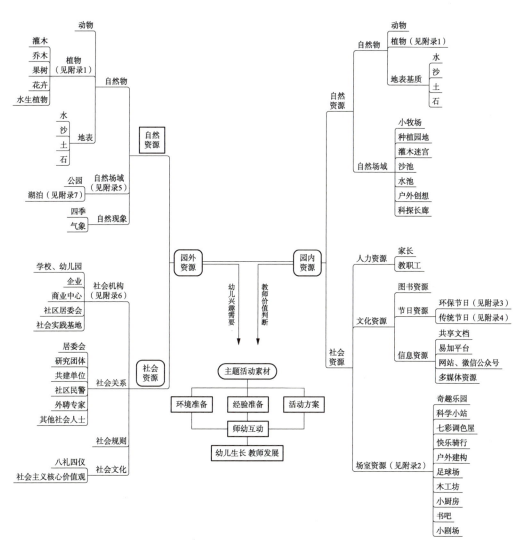

图 3-1-1 "三生"课程资源图

（一）课程资源成为有准备的生长环境

幼儿是一个个独立而鲜活的个体，他们是天生的学习者，有着不可估量的自我学习力量，一个蕴含教育价值的环境能随时激发他们主动与各类资源发生互动，如班级环境中的图书资源，各类自然物资源……它们都可能成为触发幼儿新经验生长的媒介，也可能为幼儿自主学习提供支架。因此教师应该支持幼儿主动与周围的环境（人、事、物、时间、空间）互动，不断支持和鼓励他们不仅做感兴趣愿意做的事情，也尝试去做需要做、有能力做的事情，这样才能使课程资源真正发挥作用。随着课程资源的不断丰实，有准备的环境也在不断改善，浸润其中的幼儿也在慢慢成长与蜕变。

（二）课程资源成为支持幼儿活动的素材

兴趣是引发幼儿学习的条件，但不是学习本身。有效、适宜的课程资源要与幼儿的活动相结合，成为幼儿可感知、可操作、可体验的对象，以此来发展幼儿的有益经验。当我们将课程资源与幼儿的兴趣和经验建立积极联结，我们会发现从幼儿感兴趣的资源出发引发的活动，更贴近幼儿的经验和需要，成为支持幼儿学习由单一操作走向多维递进的有效载体，更能赋予学习不断延续深入的动力。

幼儿园课程是达成教育目的的手段，是帮助幼儿获得有益经验，促进其身心全面和谐发展的各种活动的总和。课程资源往往都是生活中常见的事物，但当它进入课程行动体系并在课程中发挥教育作用时，它将超越对日常生活的复制，成为促进幼儿经验延续、拓展、深化、提升、改造或重组的条件，"物质"形态的资源也将随着课程的开展逐渐转化为"精神"形态的幼儿经验。课程资源不仅是助推幼儿经验建构的载体，也是幼儿成长的见证。

第二节　"三生"课程审议

"三生"课程审议的过程是要不断地找出问题所在与疑惑所在，再运用集体智慧共同探讨出适合幼儿的活动计划。正如虞永平指出的："幼儿园课程审议的目的不是争胜负、比高低，而是对实践情境中的问题进行深入的讨论和分析，引发反思，形成新的思路和策略。"[①]作为课程的实践者与实施者——教师，在课程审议时遇到的挑战不只是自身的考虑与幼儿的操作，还有使其处于困境而难以选择的问题。课程审议激发思维的碰撞，使教师对活动的有效性进行反复审视，审视活动是否符合"三生"课程目标，是否将儿童原有的经验和兴趣最大化融合。课程审议既为每个人提供思想交流与"碰撞"，又能使每个人都能参与课程建设，体会集体之间相互帮助与互助。所以，恰当的课程审议既能有效保证课

---

① 虞永平.生活化的幼儿园课程［M］.北京:高等教育出版社,2010:118.

程实施中的"速度与质量",又能让我们的课程建设始终跟随幼儿的"脚步"。

一、"三生"课程前审议

课程前审议即教师对将要实施的主题,从主题目标、活动脉络、内容取舍与环境规划进行整体的梳理,同时结合本班实际,对主题中的活动开展顺序、区域游戏、生活活动、教学活动安排以及引发的环境思考、家长工作、资源使用等方面的全面规划。努力使主题实施过程中目标定位符合主题活动的价值取向,使主题开展更系统高效。

(一) 前审议目的

"三生"课程前审议作为"三生"课程园本化建设的关键,旨在保证课程实施目标方向不偏离、内容资源更加适宜、过程策略扎实有效。在开展课程审议之前,应当清楚课程前审议的目的是什么。若为应付检查,脱离幼教改革趋势,则流于表面,虽已完成但不知其故。若以幼儿成长为目标,把课程前审议付诸实践,则需要站在幼儿的角度、站在课前问题的角度、把所有教师的地位与看法都展现在幼儿面前,才有可能成为课程前审议是否有效果的关键要素。

(二) 前审议内容

课程前审议的内容主要包括课程目标、内容、实施途径、方法以及对环境、资源的审议等。

1. 对课程目标的审议

审议目标对于该年龄段幼儿来说是否合适、具体可行性或有适度挑战。

(1)厘清各年龄段幼儿的发展目标,在充分了解幼儿原有经验的前提下,确保活动对幼儿有挑战性,能将其原有经验加以延伸与拓展,激发幼儿积极主动的学习兴趣,并使他们积极、持久地参与其中。

(2)对应"三生"课程目标,深刻领会《纲要》和《指南》的精神与要求,及时掌握社会生活的迭代更新,尊重家长的合理需求。

2. 对课程内容的审议

在审议"三生"课程的内容时,我们不仅要考虑儿童的兴趣与需求,还需要将自然和社会生活与课程内容有机地链接起来,形成自然生活内容链和社会生活内容链两大课程内容,密切联系生活实际并注重儿童应用能力的培养,这些是课程内容设置的根本依据与出发点。

自然生活内容链旨在通过课程内容的选择和设计,让幼儿与自然环境产生密切的联系。教师可以选择包括植物、动物、天气、季节等自然元素的主题,引导幼儿观察、探索和体验自然的奇妙之处。通过这样的内容链,帮助幼儿与自然建立起"亲属关系",产生对自然的敬畏心、环境保护意识和科学探索精神。

社会生活内容链则旨在让幼儿与社会生活产生紧密的联系。教师可以选择包括家庭、社区、职业、交通等社会元素的主题,引导幼儿了解社会的各个方面,并培养他们的社交能力、合作精神和公民意识。通过这样的内容链,幼儿能够更好地适应社会生活,成为积极向上、责任感强的社会成员。

生长在自然生活链及社会生活链上的课程是幼儿看得见、摸得着、玩得了、做得起,感受得到的,是适宜幼儿的课程内容。

3. 对课程实施方法、实施途径的审议

"三生"课程实施方法的审议中,要关注活动中幼儿多种感官共同参与,具有适度的挑战性,并能够触发互动。幼儿学习是以操作为主进行的,在这一过程中他们看到、听到、接触到、闻到、品尝到,各种感官的功能作用得以充分发挥并不断丰富已有的经验。教师除注重幼儿去真实的环境中独立探究、体验和创设游戏情境外,还可以适度运用现代电教手段的帮助。

在审议课程实施方式上,教师们更多地考虑怎样在教学、日常生活、游戏活动、实习场所以及社会实践等方面给幼儿提供更多的自发活动机会,强调动静交替进行,以形成一个集体活动、区域活动、日常生活等多种活动科学结合的一日活动过程。

4. 对课程资源的审议

"三生"课程资源可包括动植物、沙石等自然生活资源和书籍、服饰、废旧物品以及节日风俗、建筑古迹、文化艺术等社会生活资源。资源合理、高效、综合利用的要求,决定着教师对待课程资源教育价值问题的态度。不管是何种类型的资源,都应该指向儿童全面发展与有效学习这一目的,需要教师从本质上加强对课程资源的思考,加强对课程资源数量扩充与质量的提升。

一方面,课程资源审议主体应通过相应途径对课程资源的类型、特点、价值以及其可能的应用场景与应用方式等进行考察,从而为后面课程资源审议各环节打下认知基础。另一方面,教师应当不断更新教育理念、巩固专业基础、扩大知识经验范畴、不断发掘课程资源教育价值、创新课程资源应用途径。

例如,幼儿园周边小树林中的"树木"资源相对最为丰富,于是教师们共同探讨"三生"课程中树木资源开发的必要性和可行性。根据小中大不同年龄段幼儿的发展特点,首先通过亲子调查了解"我身边的树",分享交流幼儿的发现、分析研讨树木调查表、深入探究由资源生成的活动等,对树资源的开发利用形成一些新的认识和思考,然后结合"小树林的环境特征""树的特点和多样性""树的生长规律""生态环境的保护""人与大树的关系"等方面来梳理该主题资源的教育价值,预设树主题方案。在对课程资源进行前审议中,教研室带着教师们一起围绕话题"结合树木生长变化明显的特点,可以支持幼儿开展哪些多样化的活动?""在多样化的活动中,如何帮助幼儿建构有益经验、获得可持续发展?""从资源走向课程的过程中,如何更好地结合我们的周围环境,利用'树'资源,有针对性、有目的地开展园本特色课程活动?"展开研讨。同时思考"如何让幼儿一起参与到树木资源的开发和利用中来"。教师们认为:可以让幼儿为幼儿园的树木资源制作适合幼儿观察学习的树木身份证,用孩子独特的视角和笔触,做一份属于幼儿的资源清单,让幼儿对园内的树木资源也有一定的了解,在课程审议的时候就不仅仅是教师之间的对话;也可以请幼儿参与到课程审议中,说说他们通过对园内资源的了解,和教师产生共鸣,从而生成一些有价值的活动和课程。

通过课程审议,教师们梳理分析了"树"资源的教育价值,明晰了课程实施要从儿童的兴趣及经验出发,基于幼儿的生活去建构,才能使我们的课程走向更深入;只有培养幼儿乐于探究、尊重自然、尊重生命的学习品质,才能促进幼儿的整体"生长"。课程资源的开发和利用是幼儿园课程建设的一项重要工作,课程资源的研发不是一个人的事情,需要发挥教师的主动性、家长的能动性、幼儿的主体性;课程资源审议只有通过挖掘丰富多样的课程资源,才能更好地为幼儿经验的系统发展奠定良好的基础。

5. 对课程环境的审议

课程环境审议时要明确,它不仅指幼儿园的墙饰、绿化、户外活动场地等,包括所有可能对儿童成长有直接或间接作用的因素。在审议时应该注意到全方位的环境,注意环境随课程进程而变化,注意环境具有生态性、与幼儿相互依存的关系。同时尽量让幼儿参与到环境的设计、布置与分享中来。

(三) 课程前审议方法

"三生"课程前审议以幼儿园园本课程开发为目的,其实就是教师对于课程价值的评判,使教师能够思考"教什么"与"如何教"两方面的问题。

"三生"课程前审议的主要方法有:

1. 选择性课程前审议

选择性课程前审议的主要特点是:所选对象既定,但所选参照背景具体复杂,所选目标在于寻求课程开发与实施的最高效果。一般情况下,这类前期考虑都是根据班级课程进行的。

2. 展开性课程前审议

当一个课程的理念已经明晰,课程的基本内容已经确定,而组织内容线索与落实这些内容线索还未铺陈开来时,就可以用这种方式,进一步铺陈一个课程的发展思路。如通过课程前审议,在主题或单元中形成展开线索和网络结构,发现拓展了的课程内容和有关资源。

3. 论证性课程前审议

在课程前审议中,就构想、计划或方案是否可行进行论证,同样具有重要意义。论证性课程前审议所面对的问题,就是审议构想、方案或者规划是否可行或者合理。在考虑时,除注意构想、计划或方案本身之外,还应注意把它们付诸实践的实际情景。只有在具体课程实践场景下,把构想、计划或方案置于其中,才能实现论证。论证性课程前审议对构想、计划或规划的改进有促进作用。

4. 判定性课程前审议

这类问题以判断有关问题为目的,属于复杂的实践过程与实践背景的深入剖析,需区别不同的背景并做出多重判断。这类课程前审议在幼儿园也比较普遍。

5. 形成性课程前审议

在此,"形成"指产生、创造和创新。它是一种基于新观念、新内容、新方法、新策略和新资源而进行的课前考虑。课程前审议可视为一种集体创造,"三生"课程的每前进一步都与其创新作用有关。[①]

(四) 课程前审议组织形式

作为最贴近幼儿日常生活的基本单元,班级是进行课程审议最为实际、最为直接的重要机构。班级是幼儿日常生活和学习的主要场所,提供了丰富多彩的活动空间;在班级中,互动材料、互动对象以及合作伙伴的数量相当可观;班级是主题教育活动、学科教育活动、日常教育活动、月历教育活动和亲子教育活动的实施单位。创设班级的物质和精神环境,对于幼儿的发展具有直接而深远的影响,这一点毋庸置疑。所有班级所涉及的教育活动,均直接关系到教育是否能够贴近幼儿的日常生活,是否能够满足幼儿的需求,以及是否能够挑战幼儿的经验和能力。在幼儿园中开展各种丰富多彩的班级活动,可以使幼儿获得多方面的体验,丰富其直接经验,从而促进他们全面而有个性地发展。如果班级活动能够激发幼儿的参与热情和主动性,从而促进幼儿原有基础的发展,那么,课程的适宜性和有效性问题就能够得到有效解决。只有当课程能够充分满足幼儿的需求时,才能真正实现课程的目的,才具有了生命力。因此,班级审议应当聚焦于激发幼儿的求知欲和促进其全面发展。

为了解决调动幼儿的学习兴趣和促进幼儿发展的问题,需要考虑班级教师的教育思想、教育观念、教育技巧和教育行为,同时也需要考虑环境、材料、目标、内容和方案的适宜性。在进行班级审议时,我们应该以幼儿的"学"为切入点,对教师的"教"进行评估和反思。班级教师是唯一对幼儿的"学"有最深入了解的人,而对教师"教"进行评估的人也是班级教师最为了解的。

班级审议是一项涉及多个方面、需要综合考虑的复杂工作,因此在"三生"课程中,班级审议的形式多种多样:

1. 审议幼儿的"学"

(1) 教师与幼儿对话

瑞吉欧的教育理念涵盖了一个极具影响力的独特领域,即通过与幼儿的对话,深入分

---

① 虞永平. 论幼儿园课程审议[J]. 学前教育研究,2005(1):11—13.

析和探究幼儿的想法,以发掘那些对幼儿和教育都有价值、具有开放性的问题。在经验课程的班级审议中,教师通过有组织、有目的、有计划的对话活动或非正式的对话交流,以集体、小组和个别的对话形式,深入了解幼儿学习的兴趣、兴奋、关注和获取经验、能力的情况。

(2)观察记录幼儿

在学习借鉴《儿童的一百种语言》经验的过程中,"三生"课程对瑞吉欧进行了深入研究,通过观察和记录幼儿的学习和发展情况,以实现更加个性化和适合儿童的教育。日常生活中,教师可以运用"三生"课程的观察方法对每个幼儿进行详细记录。因此,在审议幼儿的"学"时,教师可以运用轶事、图文、照片、录音和录像等多种方式来全面了解幼儿的兴趣、能力、学习风格以及发展的阶段性特点,以帮助其个性化地指导每个幼儿的学习,为他们提供更加针对性的教育资源和活动。记录还能帮助教师发现幼儿成长过程中的亮点和困惑,及时调整教学策略,促进幼儿的全面发展。

(3)检核评价幼儿

"三生"课程对幼儿发展情况的检核是通过结合过程性评价和终结性评价的方式进行的。过程性评价能够及时反馈幼儿的学习情况,为教师提供快捷的信息。在班级中,教师可以通过对幼儿的经验获取、能力检核和幼儿作品分析等方式,来了解和评价幼儿的发展情况。

以上这些途径可以为教师提供研究和分析幼儿学习的数据,从而帮助教师进行审议。

2. 审议教师的"教"

(1)教师与自我对话

班级审议不仅需要教师具备高度的责任心,还需要具备内省的能力。班级审议在很大程度上是教师的自我审议,教师通过与幼儿的对话、观察记录幼儿和评估幼儿获取的信息,通过编写教学活动反思、教学活动评析、教学笔记等方式,对教学活动的目标、内容、过程和方法进行自我审议。这种自我审议实质上是教师与自己对话,通过这种方式来分析审议幼儿的学习和教师的教学之间的关系,找出问题出现的原因,并制定解决问题的策略。教师与自我对话的审议主要用于解决在日常教学工作中,需要教师自己解决和能够自己解决的问题,一般在教师备课或自主的时间进行。

(2)教师与幼儿对话

对于幼儿的"学"和教师的"教",教师与幼儿之间的对话非常重要。通过与幼儿进行对话,教师可以更好地了解幼儿的需求和兴趣,从而制定更适合他们的教学方案和策略。同时,这种对话也能够促进幼儿的参与和思考能力的培养。

教师与幼儿之间的对话审议是一种互动式的教学方式,旨在解决课程活动和日常管理中的问题。这种对话可以以各种形式进行,例如正式的小组讨论或是在教学过程中的随机对话。对话的形式、方法和时间都应该灵活自主,以适应幼儿的需求和情境。

在对话审议中,教师可以充当引导者的角色,促使幼儿们思考和表达自己的意见和想法。同样,幼儿们也应该被鼓励参与对话,积极地分享自己的观点和经验。通过这种互动,教师可以更好地了解幼儿们的学习需求,同时幼儿也能够更全面地参与到课程活动中。

(3)教师与家长对话

瑞吉欧教育认为:"对话表达出了解他人谈话的深入欲望,对话比说话有更深一层的意义,对话意味着对他人的意见做一种反思性的探索和挣扎着去了解其中的含意。"在幼儿园教育评价工作中,家长作为参与者,对幼儿的发展情况具有直接发言权。教师通过与家长的对话,了解家长对幼儿园课程理念、班级教学质量、幼儿学习兴趣以及发展情况的评价,并通过与家长的对话反思和审议自身的教育观念、教育行为以及教学能力,从而促进自我学习,促进教学策略和教学方案的调整,教师与家长对话要有针对性和目的性,其方式可以是与家长的直接对话交流,也可以是书面问卷等多种形式,且需结合实际情况。

二、"三生"课程中审议

"三生"课程中审议,一般是在"三生"课程开展的过程中,教师根据课程内容的实施情况,进行进一步的研究、讨论。

(一)课程中审议目的

课程中审议主要解决的是课程活动开展中遇到的一些困惑、教师之间的分歧,而课程中审议的作用就是帮助教师们达成一定的共识。

1. 经验平衡:在生成活动中架构幼儿经验时,老师应跳出单个活动本身,站在更高更远的角度,站在事物整体关系的角度,把《指南》中的年度目标分化成各阶段的小目标,帮助幼儿一步一步踏实习得。

2. 预设与生成:所谓的预设和生成都是共同指向教育目标的,没有纯粹的生成,也没有绝对的预设。我们一定是基于儿童的经验有选择的进行即时的生成或者后续的延伸活动。

3. 价值判断:价值判断一个很重要的判断基础就是幼儿的兴趣需要,同时也要考虑实施内容与形式的适宜性,要判断是否契合这个生成活动本身,是否对幼儿的发展有价值。最后要关注幼儿的"最近发展区",最大程度上发挥幼儿的潜能,助推幼儿的整体发展进程。

(二)课程中审议内容

"三生"课程中审议的内容,包括研讨课程中集体教学活动的成效、区域游戏的开展情况、材料投放的效果、一日活动中幼儿生成活动的引导等。

案例分析:主题活动《热闹的夏天》审议片段(审议时间:2023年6月7日)。

在中班主题《热闹的夏天》前期课程审议中,教师制定了相对应的目标,通过课程审议,把课程实施中的经验进行分享,并将困惑问题拿出来请大家共同解决,对活动的内容再次进行筛选,总结经验,为下一次的开展留下宝贵的资料。

下面是记录课程审议的片段。

教师A:近期雨季来临,感觉蚊虫变多了,各班注意给孩子日常防暑避蚊。

教师B:本主题中也有夏虫板块,可以结合情况日常渗透,成为教育活动。

教师C:是的,其实幼儿观察很细致,比如大晨锻在草丛里会找到蜗牛、七星瓢虫、西瓜虫等。

教师D:我们班部分孩子很喜欢观察寻找昆虫,但部分孩子还是比较害怕虫。

教师C:我们班结合本主题在自然角提供了蝈蝈和蜗牛等昆虫,孩子会自发进行观察和喂养。

教师E:是的,通过饲养、讨论和科普,幼儿增加了对常见夏季昆虫的了解,有些孩子也不像之前那么害怕了。

教师A:建议还可以加入害虫和益虫的概念,以及季节性昆虫的知识。这样幼儿可以扩大知识面,也会有意识防护,比如苍蝇、蚊子、蟑螂等,了解其正确的防治方法,拓展生活经验。

从这段课程审议中我们看到,教师们分享了自己班级开展的“昆虫探究”活动,分享了良好的经验,也都提出了自己的想法,有的教师提出孩子对虫的害怕心理,也有教师提出拓宽幼儿相应的知识面并给出了良好的建议,也获得了大家的肯定。教师们通过讨论,达成一致,并将讨论的内容渗透到幼儿的一日生活、课程中。年级组审议的开展给教师们提供了分享讨论、解决实际问题的平台,通过年级组审议解决了课程实践的实际问题,并积累了经验。

(三) 课程中审议方法

一般来说,课程中审议可以通过提炼问题、分析研讨、形成策略几种方法来展开。

1. 提炼问题

由于课程中审议主要是针对课程实施过程中教师或者幼儿遇到的具体问题进行的审议,因此,课程中审议首先要明确课程问题是什么。在实施的过程中,很多问题并非会显而易见呈现在教师的面前,往往需要教师做一个有心的观察者,对身边的人、事、物具有一定的敏感性,通过日常的观察、思考发现问题。

2. 分析研讨

明确了问题所在,就可以围绕问题,通过教师交流、集体研讨分析这些问题的成因,以及可能会给后续课程的进展、幼儿在课程中的学习造成怎样的影响。这种审议方式,为后续解决问题奠定了基础。

3. 形成策略

此环节主要是在教师各自发表观点的集体智慧下,将不同的意见进行整理、汇总,形成多种解决策略,再将方案和策略进行对比、讨论,最终选出大家认为合理的最优解决策略。

教师根据研讨中一致通过的解决策略,进而立足自己的班本情况、幼儿的实际发展水平和兴趣等,结合现有的课程资源,将策略付诸行动,在实践中加以运用,根据实际效果作进一步的调整,探索发现适合自己班级的策略,推动课程的进一步发展。

(四) 课程中审议组织形式

1. 年级组审议

对于同一年龄段的幼儿来说,他们的发展具有普遍性。因此,有时候自己班级发现的问题也是整个年级组幼儿的共性问题。这时,我们就可以集年级组全员的力量,共同解决问题。

但是,由于家庭环境、幼儿的个性差异、教师教学经验和风格的不同,同一年级组不同班级幼儿的学习特点也有着特殊性,常常会出现一些无法预料和难以解决的特殊问题。一些教学经验不足的年轻教师,可能会觉得有些棘手,找不到有效的处理办法,对于课程资源的收集、幼儿学习兴趣的激发等,无法进行深入引导。这时就需要发挥年级组集体力量进行审议,教师们通过脑力激荡,分析、查找问题的原因,提供解决问题的参考意见,帮助有需要的班级解决问题。

2. 园级审议

园级审议,可以进一步推动教师的课程实施,教研组的管理者可以通过分析课程行进过程中幼儿的参与度、幼儿的发展情况、师幼互动的情况,来检验课程的组织与实施是否具有教育价值。当有些问题年级组审议也仍然无法有效解决时,就可以通过园级审议,进行经验分享、思维碰撞,从而得出最适宜幼儿发展的策略。在此过程中,同年级组审议时一样,有些问题是共性的,有些问题又是班级特有的,这样年级组之间、班级之间都可以相互配合、共同学习、凝聚智慧、共同发展。

当然,课程实施开发过程中,有些问题并不是通过语言表达就能解决的,课程实践的实效究竟如何,需要通过有组织、有层次的深入观摩、现场分析,结合理论研讨和专题讨论,来进一步拓宽教师的思维、转变教育方式、培养课程意识。

推动课程行进的过程中,教师需要在活动和新经验架构之间做出专业的判断,为此通过这样基于具体案例真实问题的园级审议、级部审议,充分挖掘每一位教师的主观能动性,让教师成为教研审议的主人,做活课程,对幼儿感兴趣的问题进行深入探究,思考课程深入推进的价值,有效促进幼儿深度学习。

三、"三生"课程后审议

课程后审议是发生在每一个主题课程实施以后,教师进一步思考,提升经验,形成共性的认识。同时,获得的成果可以以资料包的形式,包括文字资料及影像资料,对课程资料进行梳理,如目标、活动安排、生发课程、区域环境材料等内容选择优秀的成果,达到共享资源的效果。

(一)课程后审议目的

1. 扩充课程资源

幼儿园课程实施的成果,是所有保教人员和幼儿共同参与、发现、分析、讨论得出的。优秀的教育经验值得共享,同一年级组内的资源由于幼儿年龄的相仿与发展水平的相似,具有很大的借鉴意义,教师也可以基于班级的实际情况,对借鉴的资源进行进一步的调整、优化。当然,当班级内有一些特有的特殊资源时,也可以考虑如何最大限度地为园所的资源库所用,共同讨论是否值得共享、如何共享。

2. 共享教育经验

课程的实施中,除了一些看得见的资源,教师也会获得一些非常有价值的经验。哪怕是同一话题,不同的班级会生发不同的课程情境,因为幼儿的兴趣往往不会按着我们预期的方向走。因此,不同班级之间经验的分享也为教师的相互学习、共同成长提供了机会,促使教师将理论学习和实践经验相结合。

3. 提升实践能力

课程后审议可以帮助教师在思维火花碰撞的过程中实现能力的互补,在发表个人见解的同时,聆听他人的教育经验,共同学习、深入讨论、及时反思,在今后的课程实施中形成新的思想和策略。不同教师经验的不同,拓展了课程后审议的内容,萌发出更多丰富有效的想法,有利于指导教学实践。

4. 全面协调配合

在课程后审议中,我们也往往会发现一些班级保教人员相互之间配合的问题。通过审议,我们会认识到问题,知道保教人员协调配合的重要性。每个人站位不同,大家观察到的视角往往也都不同,加强交流合作、回顾梳理,就能更全面地了解幼儿,帮助幼儿获得最大程度的发展。

(二)课程后审议内容

"三生"课程后审议主要是对课程的开展进行总结和归纳,包括对前期和中期制定和调整的一些方案进行回顾和反思,对课程实施效果进行评估等,同时提出新的问题或困惑。

案例分析：以大班活动"松果"为例，对生成活动中幼儿经验架构进行审议（审议时间：2020 年 9 月 25 日）。

大班幼儿在收集整理松果的过程中，对松果产生了浓厚兴趣，教师追随其兴趣点生成以《松果》为主题的活动，年级组也围绕这一课程内容梳理幼儿的已有经验、关键经验、活动目标等，形成了较为成熟的课程网络图。在此基础上，教科室以大班年级组进行的"松果"活动为例，组织全园教师进行了园级的深度审议，借助教师的群体思维碰撞，对生成活动中幼儿经验架构进行审议，围绕课程价值取向进行深度思考，根植"班本课程"意识。审议中，大班教师首先分享了前期活动经验和预设的活动脉络，并对课程实施中的困惑积极发言，现场梳理出经验平衡、预设生成、价值判断等共性问题并加以探讨。随后教师们以小组为单位，针对经验平衡、预设生成、价值判断这三个课程实施中的共性问题进行了沉浸式研讨，教师们用班级的真实案例表达了对三个问题的看法。如关于"经验平衡"，教师们通过讨论认为可从四方面给予关注：①材料的有效投放，在阅读区提供了关于松果的科普读物、松果表演盒。在自然角投放松果营养土、松果盆栽等，吸引小朋友到各个区域去活动，激发更多的兴趣点。②生活环节有效补充，在发现幼儿经验不平衡的时候，可以通过幼儿一日生活中的其它环节适时拓展，经验不平衡就尝试在生活环节渗透补充。③游戏的有效开展，教师从幼儿中捕捉有价值的问题，适时适宜地回应并引导他们去探索与挑战。发挥环境的作用，充分利用游戏、区角，辅助幼儿经验的发展。所有日常生活中的经验都是幼儿潜在的课程内容，是儿童最基本的课程。④经验的连贯，不一定要在一个主题中达到经验的完全平衡。比如班级的艺术创想活动《松果变变变》，正是因为幼儿在前期对粘土、绒球等美工材料具有比较丰富的使用经验，也能熟练地运用胶水、颜料、画笔等工具，所以，他们才能创作出丰富的作品。再如后期的科学活动《松果沉浮》，也是建立在幼儿前期的经验基础上的。

（三）课程后审议方法

"三生"课程后审议主要是从课程开发中所面临的具体问题出发，主要的审议方式有：

1. 要素选择。"三生"课程开展过程中，有众多的课程资源、课程内容、方法与策略需要选择，这时，课程后审议就有必要对课程内容、资源、方法及策略等进行审议。

2. 伸展内容。"三生"课程后审议需要将零散的教育意图进行梳理和扩展，避免主题或单元显得单薄和凌乱，看不到主要线索。这时，课程后审议的作用是将课程开发的思路进一步梳理展开，不断扩展相关资源。

3. 论证实践。"三生"课程开发的过程，是一个不断尝试和实践的过程，需要课程实施者进行深入的探索。"三生"课程开发中的探索，都是有目的的行为、都是以一定的设想或方案或计划为依据的，对最终形成的方案或计划的可行性的论证也是课程后审议的重要内容。例如，要将几项领域的部分课程内容整合起来加以实施，除了关注这几项领域中内容的关联性外,还要关注教师的条件、幼儿的学习特点、以往的实施经验、现有的课程资源等多方面因素。

4. 判定问题。在"三生"课程开发中,还有可能遇到一种实践及其成效有明显的个体判断差异,但无法确认,这时,课程后审议就主要对问题作出价值判定。

5. 集体创造。"三生"课程向前发展,是与课程后审议中教师个体的创新作用联系在一起的。如:头脑风暴、学习研究共同体等等。[①]

(四)课程后审议组织形式

1. 园内审议

在园长以及教科研组长、年级组长的带领下,通过课程后审议,教师们可以解决课程实施过程中出现的一些共性问题。这些问题一般难度较高,可能立足幼儿的整体发展,也可能是针对某一具体领域的发展。甚至为了更加深远的发展,还会邀请幼教界的专家进园,帮助在园教师答疑解惑,学习先进的教育理念和方法,为课程建设指明方向。

根据参与人员的不同,课程后审议中的园内审议形式主要有以下2种:

(1)一日常规工作的审议

这主要指对教师日常工作计划、一日活动组织与实施情况进行检查和审议,若发现问题,则通过一对一的谈话或集体对话的形式,与相关教师交流沟通,帮助教师提升专业的价值判断能力,共同为幼儿的发展出谋划策;若发现教师有一些有价值的经验,也可以通过集体研讨,传播优秀的教育经验和方法供大家借鉴和学习。

(2)专题活动的审议

在"三生"课程的研究过程中,为了结合实际,有针对性地开展一些特殊而具有教育意义的活动,开展一些专题审议。这些专题活动审议涵盖了环境创设、方案设计、资源的收集整理等,通过专门的现场交流、建议分享、实践操作等形式,不断调整活动方案、成果资料展示方式,得出具有教育价值和分享价值的结论。

例如,在"三生"课程实施过程中,以清明节为契机,由园教研组长主持,围绕前期"清明节"活动成效,讨论"清明节"的教育价值是什么? 对于幼儿来说从哪些维度了解"清明"这个节气更适宜? 组织全体教师回顾课程实施经验、各抒己见,立足幼儿生活实际,展开头脑风暴。审议中,有的教师针对清明的习俗中蕴含着精神信仰和节日礼仪,扫墓祭祖、踏青插柳、食青团等传统习俗,分享了如何引导幼儿去了解、去传承;有的教师倡议清明前后自然环境中的变化也是幼儿能够亲身感受到的,如气温上升、百花竞放、雨水变多等;在清明假期中,还可以让家长们带孩子去户外、去田间走走看看,了解"清明前后,种瓜点豆"的农耕文化;还有的教师分析:提到"清明",大家可能更多想到的是"缅怀""离别"等关键

---

① 虞永平.论幼儿园课程审议[J].学前教育研究,2005(1):11—13.

词,其实"死并非生的对立面,而作为生的一部分永存",不妨借"清明节"这一契机,引导幼儿了解生命的诞生、衰老、离别和延续。针对"生命"这一话题,大家认为对于幼儿来说可能比较抽象,活动中可以利用不同形式的资源来支持活动的开展。比如家长可以给孩子讲一讲"我出生的故事",通过阅读绘本《一片叶子落下来》了解生命的意义和延续等。资源的选择和利用要符合幼儿的兴趣和发展需要;除了引导幼儿了解生命有"长度"以外,生命的"厚度"也不能忽视,如今的幸福生活来之不易,离不开革命先辈的牺牲付出,以及当下社会生活中各行各业人员的无私奉献。可以请祖辈们给孩子讲一讲那段艰难岁月的红色故事,也可以通过走访社区了解身边默默付出的工作者,引导幼儿学会敬畏生命,懂得珍惜与感恩。

最后,根据审议结果,教师们从以往的了解"清明"的习俗与饮食文化这类单一活动形式中跳脱出来,由"清明"这样一个新旧更替,涉及爱与思念,涉及生命起与终的日子,让其成为一个孩子接触生命规律与内涵的时机,对孩子展开因时而教的生命主题活动,谈谈生死的问题,引导幼儿了解"我从哪里来",感受生命的珍贵,学会勇敢面对告别,从而能够更加爱自己、爱他人,体会自然可畏,生命可敬,初步感知生命的意义。

2. 园际审议

园际审议是发生在园所之间的、就共同关心的问题开展的审议活动,由不同园所的教师、保育员、家长等成员组成,实现优势互补。例如,在我园进行春季运动会后,南北两区的教师就运动会的组织和实施等进行了热烈的回顾和讨论,有教师认为,下一期运动会项目的设置、前期的准备皆可由幼儿进行团讨,将主动权交给幼儿;有的教师则提出,小中大不同年龄阶段的幼儿,应体现出项目的差异性。大中小班的老师们针对各个年龄段幼儿的运动情况,结合《3—6岁儿童发展指南》中健康领域的目标和要求,综合考虑幼儿全身运动和不太擅长的运动,结合幼儿的想法和兴趣,不断通过园际课程审议完善日常幼儿运动项目和规则,让运动会成为幼儿园常态运动的组织形式。在审议中,有教师个人智慧的展露,也有园所间团体思维的碰撞,课程实施的效果也就更有成效。

第三节　"三生"课程管理

幼儿园课程管理是指幼儿园作为课程开发主体,依据国家与地方课程政策、儿童发展等因素,结合自身的发展状况,对课程规划、实施及评价等过程进行科学管理。其根本目的是提升课程的成效,更好地促进幼儿的发展,同时促进教育者自身的发展。我园通过全员、全方位、全流程的"三全"管理模式来有效落实"三生"课程管理。

一、全员参与的课程管理组织

"三生"课程的构建不是一蹴而就的过程,更不是单一块面发展的路径,它是一个系统工程,需要合理架构科学的管理流程,因为课程管理的成效直接影响课程建设的质量。因此我园在建设"三生"课程的过程中,努力构建一个完善的管理网络,保障课程建设的质量。

在"三生"课程管理网络中:园长作为课程建设的领导者,承担着顶层架构课程建设方向及有效落地课程的责任,带领小组核心成员制定决策,自上而下全面做好课程建设的组织领导工作。分管教研、科研的业务园长、教科室主任及骨干教师组成的"课程管理小组",负责从教科研专业角度引导教师进行课程规划,并借助常态化的教科研研训活动探索合适的实施路径。"课程实施小组"由年级组长和各班教师构成,他们是扎实推动课程开发与实施的中坚力量,以年级组为阵地,依据本年龄段幼儿的身心发展特点,商议并制定合适的主题课程方案,并通过课程审议将课程实施后的经验、策略作为资源反哺课程建设。在课程建设过程中,为保障课程实施的质量,我们邀请各级专家提供外部学术支持,对课程的规划与实施进行诊断和把脉,从专业角度保障课程建设的科学和有效。此外,幼儿园后勤小组也是课程管理中的重要一环,他们从人员、经费、环境、设施等方面提供支持,确保课程的顺利实施。各小组分工协作让课程真正地落地生根、开花结果。

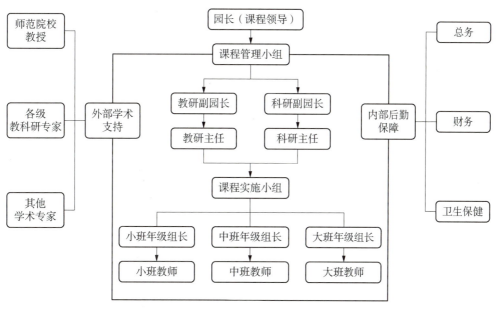

图 3-3-1 课程管理网络

二、 全方位的课程管理内容

我园从课程实践需要出发,以制度保障与文化认同双管齐下,从根本上保障课程建设的活力。

通过制定全方位的幼儿园管理制度,保障课程建设的制度化、规范化、科学化,最终助推课程高效运行。如《课程审议制度》引导教师通过持续性的课程审议不断厘清课程发展各个环节的要素,为课程的长期发展奠定坚实的基础。《园本教研制度》以问题导向为中心,以持续性、跟进式的研讨为载体,提升教师设计、实施、优化课程的能力,逐步提高课程效能。《教师专业发展制度》积极引导教师立足自身实际以及发展需求,找到自我"最近发展区"制定"个人专业发展规划",并以此有目的、有计划开展分层培训,帮助教师不断突破成长难点,激励教师专业成长。《教师考核制度》从过程性评估和终结性评估两方面入手,为全面评估教师的课程研发与实施情况提供依据,以全面提升教师专业发展水平和课程建设能力,最终保障幼儿园课程开发与实施的质量。

"三生"课程的开放性、生长性意味着尊重所有参与课程建设的群体用自己的智慧,去探索适合的发展道路。因此幼儿园倡导建立以人为本、生态和谐的园所文化,通过管理层、教师群体、家长群体、幼儿群体之间不定期、不定形式的"对话""回顾",让每个人感受自己在园所课程建设中的价值感和存在感,最终激发不同群体的自我发展动力,在不断优化管理方式和内容的过程中保障课程的可持续发展。

三、 全过程的课程管理流程

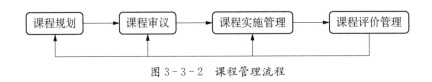

图 3-3-2 课程管理流程

"三生"课程的建设是一个不断动态调整和优化的过程,需要紧密结合不断变化的教育发展内涵、园所实际和教学实践中的矛盾与问题来不断完善,以实现课程的可持续发展,因此,这种课程建设具有很强的反思性。

为保障课程价值的最大化,我园以发展性评价理念为核心,将课程评价管理贯穿于课程规划、课程审议、课程实施管理过程,形成了课程三层循环管理模式,即课程评价伴随整个课程系统的全过程,并在课程系统运行的不同阶段,有不同的评价目的。在课程规划中,课程评价管理从目标设定、课程结构、内容设计、课程资源等方面进行价值判断,以确保课程的适宜性和可行性。[①] 在课程审议中,课程评价管理主要为调整和改善原有课程、优化课程安排提供依据。在课程实施管理的过程中,课程评价管理从幼儿在课程中的参与度、学习环境的适宜性、师幼互动的有效性等方面进行监测,充分利用过程性评价的优势,及时发现在课程实施过程中的问题,让课程在动态发展中得到进一步完善,也让教师和幼儿在深度学习中得到更全面的发展。

---

① 王春燕.幼儿园课程概论[M].北京:高等教育出版社,2019:142—144.

第四章
立足生活——看见儿童成长的生命样态

　　每个儿童都是独一无二的个体，我们对儿童的看法影响着我们与他们的日常互动。而想要获得对一个儿童比较丰满的形象，可能需要我们注意在日常生活中的各种环节进行多次的观察，从获取到的多个细节中构成儿童及其生活的一个片段，进而采取正确的价值判断和支持策略。

　　在幼儿园、家庭生活和社会生活中，儿童会呈现什么样的生长样态？

　　透过儿童的表现，我们究竟能看到什么？

　　我们能采取什么样的支持策略，促进儿童的健康发展？

你好！ 窗边的小豆芽

　　窗户下那一排矮柜也迎来了新学期的第一批"小客人"——种子。一粒粒小种子安静地躺在洒满水的软软的草纸上，任凭阳光的哺育。接下来的几天，小豆芽在孩子们的精心照顾下肆意生长，一个个探出了小脑袋，努力地伸长了脖子向着阳光的方向，孩子们很好奇这些小脑袋为什么一直会朝着阳光的方向，于是我抓住了幼儿的兴趣点，利用简单的语言和孩子们解释了植物的向光性。

　　立足生活，从孩子的经验与兴趣点入手。看着孩子们一双双好奇的大眼睛和一连串的问题，我突然明白了：作为幼儿在园最信任的伙伴，我们教师不仅要关注幼儿的日常生活照顾，更多的还是要关注到幼儿在点滴生活中的发现与探索。当我们俯下身来，立足孩子的生活与经验去看待世界的时候，就像陪伴爱丽丝落入了梦游仙境中一般，去探访这个神奇的世界。孩子们也像是经历了一次传奇的大冒险，在好奇心、探索欲双重内驱力的引领下，去领悟到更多的道理，去探索到更绚烂的世界。

　　融入生态，与孩子一起进行多种探索。时常在教学中反思，教育究竟是什么？教育的生态环境才是教育得以存在和发展的基础。作为园丁的我，不妨带领孩子一起置身在千姿百态的自然环境中，让他们看、摸、闻、听，甚至用小嘴浅尝，当自然与社会相互作用以后，孩子们定然会发现更多的奥秘、生趣，收获更多的新知、欢乐。

　　支持生长，愿孩子的成长有你我相伴。没有一棵树一开始就是树；没有一朵花一开始就是花；没有一个孩子一开始就能认知世界绽放自我。他们需要指导、需要练习、需要被给予时间与空间。教育不是一蹴而就的事情，需要我们脚踏实地，慢慢耕耘、慢慢影响，经历时间、经历过程！所以，慢下来吧，踏着他们的节奏，陪伴与他（她）同行……

文／刘芯妤

第一节 幼儿园生活里的活泼儿童

前前后后、正正反反
——渴望独立、慢慢独立的儿童

观察时间：11 月 16 日—12 月 26 日
观察地点：教室
观察对象：小 2 班谖谖（女孩）

第一次观察

观察情境

谖谖睡醒觉，抓住套头衣服的领子套到了脖子上，试了三四次，手却怎么也伸不进去。"阿姨，我穿不进去了！"阿姨帮她脱下衣服，整理好重新套在她的脖子上，告诉她："你上下穿反啦。"接着阿姨又去帮助别的小朋友了。

谖谖自己试着把裤子和鞋子穿好后，下床开始吃点心。老师提醒她："谖谖，你的裤子穿反了，快去换一下吧。"

谖谖脱下裤子端详了一会儿，再次穿上时穿对了。"老师，这样子对吗？"

"裤子穿对了，但是鞋子又反了，搭扣应该朝哪里呀？"在老师的帮助下，谖谖终于把一身衣服都穿对了。

图 4-1-1 穿倒衣服的谖谖

幼儿发展情况分析

● **有独立的意愿但缺乏经验和自信**：谖谖起床后没有等阿姨帮忙，自己穿衣服、裤子、鞋子。说明谖谖有独立的意愿。然而，由于自己穿衣服的经验太少，谖谖遇到了困难和问题，找不到袖子，裤子、鞋子的正反面不熟悉，在阿姨、老师的帮助、引导下，谖谖主动一次次纠正，说明谖谖的主动学习意识较明显。如果谖谖遇到的困难和问题不能及时得到解决,可能会影响自己学穿衣服的积极性,"老师,这样子对吗?"的询问也是谆谆不自信的表现。

● **寻找困难出现的原因**:随着秋冬季的到来,孩子们穿的衣物逐渐增多,在穿着这件事上孩子们遇到了很多困难,鞋子左右反,裤子里外反、前后反,衣服上下反的情况时有发生。每天起床成了班级孩子最困惑的时刻,也是老师阿姨最忙碌的时候。持续观察班级幼儿起床穿衣服环节,归纳主要问题如下:1. 对于衣物的左右、前后、里外的特征认知不足;2. 穿衣服的步骤不熟悉;3. 细节观察与整理意识不强;4. 缺乏自信,遇到问题就求助、询问"对不对?"。

● **发展潜能与对策思考**:通过老师的提示,谆谆能够发现裤子、鞋子穿错在哪里并自己纠正,说明幼儿可以学会自己穿衣服,明确穿衣服方法、知道穿衣服常见的问题和注意要点是幼儿学会穿衣服的经验基础。鉴于此,可以通过观察内化、体验聚焦、描述提升、练习巩固帮助幼儿获得经验、提升信心,感受独立完成穿衣服带来的自信和成功的喜悦。

第二次观察

观察情境

第二天,我们展开了一次关于穿着的讨论。

讨论一:衣服、裤子、鞋子怎样才能算穿对?

恩泽:鞋子不能穿反了。

谆谆:裤子的前面后面也要分清。

讨论二:为什么衣服、裤子、鞋子一定要穿"对"?

谆谆:穿反了不好看。

乐凡:穿反了,别人会笑话的。

净文:穿反了没有这么舒服,有点难受。

讨论三:当我们不会穿衣服裤子、害怕穿反的时候,我们该怎么办呢?

谆谆:老师教我们的时候要认真听。

小宝:不要着急,先试一试。

幼儿发展情况分析

● **社会性发展带来穿着标准的概念**:谆谆对于鞋子的左右、裤子的前后、衣服的里外已经有模糊的概念,知道穿着衣物有一个统一的标准。但对于不能穿反的原因的看法,集中在穿着的舒适度、美观度以及别人的评价三方面,从只关注自我到在意别人的眼光,不仅仅来自于经验的积累,还是孩子们社会性发展的一个证明。

第三次观察

观察情境

从穿鞋子开始,我们开展了一次"反穿鞋子体验"活动。孩子们反穿上鞋子,到操场上走一走、小跑几步,体验反穿鞋子后的感觉。

谖谖说:"啊呀,穿反了鞋子好难受呀。"

"那你们有什么穿对鞋子的好方法吗?"

谖谖说:"可以看搭扣,搭扣朝这边。"

还有孩子说:"尖尖的头要靠在一起。"

图4-1-2 反穿鞋子体验

幼儿发展情况分析

● **游戏支持下深度探索鞋子正反**:谖谖对于脚的形状与鞋子形状的对应已经有了初步的认知,也知道可以看搭扣,但是主体视角的里外没有完全理解。我们帮助孩子们总结了三个方法:1.搭扣的开口不靠在一起;2.鞋子尖尖的一头要靠在一起;3.穿在脚上觉得不舒服,可能就是穿反了。在教室的生活区,我们投放了鞋子配对的游戏,在集体活动时还拓印了孩子的鞋底,剪下来进行了创意画,通过这些活动,谖谖和别的孩子一起更好地理解了鞋子形状的奥秘。

第四次观察

观察情境

图4-1-3 观察裤子前后特征

老师:"裤子的前后怎么区分呢?你们有什么好办法吗?"

睿希:"这里有个标签是朝着那边的(左手的方向)。"

言溪:"裤子上有一个扣子是朝前面的。"

晨希:"裤子下面有漂亮的图案(小动物、蝴蝶结)朝前面。"

歆玥:"带子在前面。"

谖谖:"可是我的裤子前面后面都有口袋啊。"

幼儿发展情况分析

● **观察总结理解裤子正反**:根据孩子们的体验和观察,我们总结出的辨别裤子正反的一些规律:1.裤子前面的口袋是斜斜的,后面是平平的;2.裤子前侧可能有花纹或标志;3.裤子前侧可能有扣子或绳子。我们在班级里还设置了裤子配对小游戏。在游戏中,孩子们进一步增强了自己辨别正反的经验。谖谖穿反裤子的次数越来越少了。

第五次观察

观察情境

谖谖求助道:"老师,我又卡住了。"鞋子、裤子会穿之后,套头衫的难题还没有解决。

老师提醒:"你看看,毛衣一共有几个洞洞?"

谖谖观察后说:"有四个洞洞,一个大洞洞,两个小洞洞,一个中洞洞。"

老师:"那你看看,头应该从哪个洞开始钻呢?"同时请一个会穿的孩子做演示。

谖谖:"头从大洞洞钻进去、中洞洞钻出来,小手再从小洞洞钻出来,再拉平整。"

虽然能够成功穿上了,但是穿反了。怎么穿才是正的呢?

起床后老师请了几个小朋友过来,又拿了一件娃娃家的衣服请谖谖观察:"你看大家的衣服前面和后面有什么不一样?"

谖谖:"前面有漂亮的花纹。而且前面的领子比后面低,看起来像一个小嘴巴。"

通过尝试,谖谖发现:穿的时候,要把漂亮的图案和小嘴巴"脸朝下趴着",我们才能开始钻洞洞。

幼儿发展情况分析

● **观察练习解决套头衫痛点**:谖谖对于穿套头衫有一个基本的认知:需要先套到脖子上。但是从哪个洞钻进去套还没能搞清楚。通过观察和尝试,谖谖明白了,穿套头衫必须先正面朝下摆好,再从下摆钻进去。虽然刚开始的时候偶尔会忘记辨别正反导致穿反,但是几次之后,谖谖穿套头衫的本领就越来越棒了。

12月26日——有了这样的认识，谖谖每天起床都能顺利地穿对毛衣了。

时间	周一	周二	周三	周四	周五
记录	A	A	A	A	A

注：衣、裤、袜、鞋全部穿对，工整＝A＋；衣、裤、袜、鞋全部穿对＝A；其中一样穿错＝B其中两样穿错＝C

案例审思：

（1）给予动手做的机会，是幼儿学习发展的基础。亲身经历、亲身体验，谖谖从实践中慢慢获得了经验的提升。我们将生活活动和角色游戏相结合，在班级里逐渐丰富衣帽间的游戏。比如裤子、鞋子配对，还有起床后自我检查的镜子游戏。在做中学、玩中学，才是最适合孩子的成长方式。

（2）从对幼儿原有经验的识别、分析中寻求发展空间与对策。在学习衣物正确穿法的过程中，我们发现孩子对于辨别正反其实有一些模糊的前期经验，只是比较零碎，在实际运用中还没有自己总结出规律。于是我们主要引导孩子自己去观察、发现、总结，将细碎的原有经验串联起来。有了这样自己发现的过程，谖谖的探索能力也得到了提升。

（3）循序渐进的多元支架，鼓励幼儿在持续练习中养成习惯。这段时间，谖谖的成长除了老师的直接语言引导，还离不开环境、同伴、家长的支持。一方面，我们鼓励孩子们互相分享和学习同伴的经验，在日常生活中引导孩子们互相帮助；另一方面，我们请家长在家多放手、多鼓励，进一步培养孩子自主、自立的意识。

文/邵婧仰

套皮筋的故事
——乐于挑战、主动建构经验的儿童

观察时间：5月10日—6月2日
观察地点：室内游戏区
观察对象：小3班小蘑菇（女孩）

第一次观察

观察情境

生活区里投放了橡皮筋和粗纸芯筒，小蘑菇率先选择了这个材料，在游戏活动的过程中,开始自由探索起了橡皮筋和粗纸芯筒的玩法。小蘑菇在一次次操作的过程中,发现了用腿夹住纸芯筒,再用手撑开套进去的方法最省力。游戏结束后,小蘑菇将自己操作纸芯筒套皮筋的好方法分享给了小朋友们。

图 4-2-1　用腿固定纸芯筒套皮筋

表 4-2-1　小蘑菇操作橡皮筋和粗纸芯筒

操作时长	行为	语言	结果
第一次 (8秒)	把粗纸芯筒竖在桌子上,双手将橡皮筋撑开套进纸芯筒,纸芯筒在套的过程中滑倒在桌子上。	"把橡皮筋拉开就可以套进去了!" "怎么这么滑,它怎么一直倒?"	成功将橡皮筋套进纸芯筒,但是纸芯筒底部没有支撑,用力容易滑倒。
第二次 (15秒)	把纸芯筒横过来,一头顶在胸口,双手撑开橡皮筋,从纸芯筒头上套进去。	"纸芯筒不会滑来滑去了,但是好累。"	纸芯筒横过来虽然能够成功地将橡皮筋套进去,但是操作起来比较费劲。
第三次 (12秒)	把纸芯筒夹在双腿中间,稳稳地开始套皮筋。	"我用腿把纸芯筒夹紧,它就动不了了,这样就不累了。"	轻松地将橡皮筋套进纸芯筒,纸芯筒也没有滑动。

幼儿发展情况分析

● **兴趣支撑下的反复尝试:**对于游戏区投放的新材料,小蘑菇很感兴趣,在兴趣的内驱力之下,小蘑菇主动进行新材料的玩法探索,并乐在其中,也能够大胆地与同伴分享自己的发现,具备初步的科学探究精神。她在初次尝试套皮筋的时候,轻松地完成了一撑一套的动作,可见双手小肌肉动作灵活且配合默契。在深入操作的过程中,她越发地认真专注,能够发现套皮筋时存在的问题,并且一直在积极思考解决的方式,多次进行探索和尝试,终于发现了解决问题的方法,充分体现了不怕困难、敢于探究和尝试的良好学习品质。

第二次观察

观察情境

在之后的区域活动中,其他小朋友也纷纷模仿她的样子,熟练地进行套皮筋,但是不久这份材料渐渐被遗忘,很少有孩子主动选择操作它。老师在思考之后,将一根细纸芯筒投放进了这份操作材料中,并且在一次区域活动开始前,展示给了孩子们。

老师:"孩子们,今天套皮筋玩具加入了一个新伙伴——细纸芯筒,你们觉得可以怎么玩?"

小蘑菇:"我知道,把橡皮筋撑开来套进去就可以。"

老师:"那你等会可以尝试一下。"

图 4-2-2 扭皮筋套进
细纸芯筒

表 4-2-2 小蘑菇操作橡皮筋和细纸芯筒

操作时长	行为	语言	结果
第一次 (5秒)	把橡皮筋撑开套到纸芯筒上,但直接滑了下来,没有办法固定。	"咦,怎么滑下去了?"	橡皮筋没有成功套在细纸芯筒上,滑下去了。
第二次 (20秒)	把细纸芯筒夹在了双腿中,一只手扶住橡皮筋和纸芯筒的连接处,另一只手旋转橡皮筋再套上去。	"这和扎辫子一样,我来试一试。"	运用扎辫子的方法,皮筋紧紧套在细纸芯筒上。
第三次 (28秒)	把细纸芯筒夹在双腿中,先把橡皮筋扭成两个圈叠起来,再撑大套进纸芯筒。	"先扭好两个圈再套进去行不行呢?"	升级套圈方式,成功套进去,不会滑落。

幼儿发展情况分析

● **困境中的持续探索**:当小蘑菇发现之前套粗纸芯筒皮筋的经验无法顺利迁移使用在套细纸芯筒上时,她马上开始思考新的方法,可见她的思维比较灵活,能够打破旧方法寻求创新。在探究新方法的过程中,小蘑菇能够联系自己扎辫子的生活经验,将生活技能灵活的运用到游戏之中。同时,她的语言表达和逻辑能力也有很好的发展,能够根据自己的操作方法现场编出一个简单实用的口诀。在一次次尝试用新方法套橡皮筋的过程中,她也愈发地将这一玩法运用得越来越熟练,双手对于小肌肉动作的控制能力、手眼协调的能力也愈来愈强。

第三次观察

观察情境

在成功将橡皮筋套在粗纸芯筒和细纸芯筒上后,小蘑菇对于这份材料愈发感兴趣,她找到老师想要更难的挑战,于是,老师又提供了一根长长的纸芯筒。

小蘑菇:"这个纸芯筒好长啊,都快到我胸口了。"

老师:"是哦,那你愿意试试把皮筋套进去吗?"

小蘑菇:"当然啦,我一定会成功的。"

图4-2-3 同伴合作套皮筋　　图4-2-4 站立套皮筋　　图4-2-5 创新皮筋玩法

表4-2-3 小蘑菇操作橡皮筋和长纸芯筒

操作时长	行为	语言	结果
第一次 (15秒)	请好朋友帮忙蹲下来扶住纸芯筒,小蘑菇站着双手撑开皮筋,顺利将皮筋套了进去。	"你帮我扶一下纸芯筒,这样就好套了。"	两人合作,一人扶纸芯筒,一人套皮筋,顺利将皮筋套进去。
第二次 (22秒)	将高纸芯筒竖起来,然后站起来用脚夹紧纸芯筒底部,双手撑开橡皮筋将其套进去。	"我自己用腿夹紧纸芯筒,也可以套进去。"	一人站立姿势用腿夹紧纸芯筒,成功将橡皮筋套进去。
第三次 (35秒)	将皮筋一个个套进纸芯筒,然后把纸芯筒贴着地面前前后后推动,滚动皮筋。	"我推着纸芯筒在地上滑,皮筋滚来滚去,好像在开汽车呀。"	在用两种方式将皮筋套在长纸芯筒上后,又创新了滚动皮筋的玩法。

幼儿发展情况分析

● **挑战中的突破创新**:在提供了更长的纸芯筒后,游戏的难度明显增加了。但是有了前两次成功的体验,使得小蘑菇对于套皮筋的兴趣只增不减,仍然充满信心,敢于挑战有一定难度的任务。当发现独自一人难以完成任务的时候,她没有气馁,而是主动寻求同伴的帮助,善于与同伴合作来完成任务。受到两人合作完成套皮筋这一过程的启发,结合前两次套皮筋积累的经验,小蘑菇的思路更开阔了,她不局限于一种套皮筋的方法,又尝试了新的玩法。在这个过程中,我们可以明显感受到她有着乐于挑战、专注坚持的学习品质,也有着能够经验迁移、举一反三的能力。

案例审思:

(1)在充满趣味和挑战的活动中,不断发展幼儿坚持和专注的良好学习品质:在一次次自主探索橡皮筋和纸芯筒玩法的过程中,幼儿始终保持着高度的热情和专注力,能够积极动脑思考,不断尝试探索,勇于攻克一个个难关,完成一次次挑战,在与游戏材料的互动中自得其乐,发展了科学探究能力、小肌肉动作协调能力、手眼协调能力以及同伴交往互助能力。在这一过程中,幼儿体验到了成功的喜悦,也在自由探索之中发展好奇与兴趣,自主与主动,坚持与专注,模仿与创造的良好学习品质。

(2)在细致的观察和有效的互动中,不断助推幼儿深度学习的发生:在提供套皮筋的新材料,以及一次次升级材料的过程中,教师始终站在幼儿的身边和身后,以一个观察者和支持者的身份,鼓励幼儿进行自由探索。教师观察记录、陪伴助力幼儿从一步步摆弄套皮筋的材料,到一步步思考问题、解决问题的深度学习过程。

文/罗慧

吃饭变快的宁宁
——渴望自主、需要自然引导的儿童

观察时间:11 月 12 日—11 月 27 日
观察地点:室内用餐区
观察对象:中 1 班宁宁(女孩)

第一次观察

观察情境

午餐时间,宁宁认真地吃着午饭,只见她用勺子反复在碗里挖了好几次后,往嘴巴里塞进一大口,然后一边努力地嚼着,一边用勺子不停地搅动着碗里的饭菜,好久后才伸长脖子,用力咽了下去,接着继续这样吃。但是,眼看散步时间已经到了,宁宁还没吃完,有小朋友开始提意见："老师,我们先走吧,等会让阿姨带她出来。"于是,老师带着其他的小朋友先去散步了,请阿姨帮忙陪着宁宁吃完后再出来散步。

　　其实,这不是宁宁第一次吃的这么慢了,一个星期里总有那么两三天,宁宁会因为吃得太慢,来不及参加饭后的活动。

幼儿发展情况分析

　　● **努力地吃,但是很慢**:宁宁反复地用勺子挖,是想要尽可能多挖一点饭菜,塞到嘴巴里后又努力地嚼,可见她是想要吃得快的。用勺子搅动碗里的饭菜,咀嚼后伸长脖子用力往下咽,显示了她心中的焦虑。而一口饭要嚼比较久的时间,到散步前还没有吃完,一周又总有两三次会因为吃得慢来不及参加饭后活动,都反映了宁宁吃得慢不是偶然事件,而是常态。那么问题究竟出在哪呢?

图 4-3-1　慢慢吃饭的宁宁

第二次观察

观察情境

　　这天午睡前,针对吃饭慢的问题,老师和宁宁进行了交谈:
　　老师:"为什么吃饭总是这么慢呢? 是有什么不爱吃吗?"
　　宁宁摇摇头。
　　老师:"那是为什么呢? 盛得太多了?"
　　宁宁点点头。
　　老师:"饭不是你自己盛的吗? 吃不下可以少盛一点。"
　　宁宁迟疑了一下,轻轻的开口了:"我自己盛好了,阿姨又给我添了一勺。"
　　老师:"那你可以怎么跟阿姨说呢?"
　　宁宁想了一下说:"阿姨,太多了我吃不完。"
　　老师:"嗯,明天开始我们来试试好吗?"

幼儿发展情况分析

　　● **不好意思,不情愿的慢**:原来,虽然每次午餐都是幼儿自主盛饭盛菜,但是阿姨看到盛得比较少的幼儿都会给他们添上一些,宁宁就是那个经常被添饭菜的幼儿之一。尽管有时候觉得太多了吃不完,但是因为不好意思开口,老师也不会允许随意倒掉饭菜,于是,只能自己慢慢地吃完,所以宁宁常常是吃得最慢的那个。找到吃得慢的原因后,宁宁会做出什么样的转变呢?

第三次观察

观察情境

图 4-3-2 自主取餐的宁宁

第二天午餐时间,幼儿排队盛着饭菜,只见宁宁盛了小半碗饭和小半碗菜,对于一个中班的幼儿来说,的确太少了一点。"你盛得太少了。"阿姨一边说着,一边盛起半勺饭就往宁宁碗里放去,宁宁抬起头,朝着老师看去,老师对她点了点头。于是,宁宁轻轻地对阿姨说:"阿姨,这么多我吃不完。"阿姨听了,将刚添进去的饭又挖了回来。

15 分钟过去了,宁宁拿起饭碗走到老师旁边说:"老师,我吃完了。"老师看着干净的饭碗说:"哇,我们宁宁好厉害,吃得又快又干净!"宁宁听了,露出了一个有点害羞的微笑。

幼儿发展情况分析

● **渴望被尊重,需要一点点改变**:宁宁平时是比较腼腆的幼儿,面对阿姨的添饭常常不好意思开口拒绝。昨天了解完情况后,老师先鼓励宁宁可以试着说出自己的想法,又和阿姨沟通好,如果宁宁能主动开口,就先不要给她添饭。今天阿姨给宁宁添饭时,她先抬起头来看着老师,其实是无声的求助,看到老师对她点头,她才鼓起勇气开口,而阿姨果然按照她的要求把添进去的饭挖了出来,这让宁宁意识到,说出自己的想法其实没有那么难,而且只有说出来,别人才能知道自己

图 4-3-3 吃饭变快的宁宁

的想法。吃完饭后,把碗拿给老师看也是希望得到老师的肯定,而老师对她的夸赞让她感到了满足。但是,为了让宁宁吃得快一点,就一直让她吃那么少吗?

第四次观察

观察情境

又一天的午餐时间,今天的菜是肉末炖蛋和清炒西兰花,大部分幼儿都爱吃,宁宁也不例外,只见她一口饭一口菜,大口吃着,不一会儿就吃完了。宁宁又一次端着空空的碗盘走到老师面前:"老师,我吃完啦!"老师露出惊讶的表情说:"宁宁现在吃得越来越快了,今天的饭菜是不是特别好吃,我们再添一点好吗?"一边说,老师一边在宁宁的碗里又盛了一点点饭和菜,宁宁犹豫了一下,端着碗盘走回了座位。坐下后,宁宁大口地往嘴里塞着食物,老师走过去说:"宁宁,不着急,时间还有很多,细嚼慢咽才不会砸晕肚子里的'小精灵'哦。"宁宁听了,点点头,认真地吃着饭。又过了一会,新添的饭也吃完了。老师对宁宁说:"今天的毛巾和水杯还没有换呢,你愿意来帮忙吗?"宁宁高高兴兴地去了。

图 4 - 3 - 4　吃得更好的宁宁

幼儿发展情况分析

● **自然支持下,孩子可以做得更好**:自从在老师的鼓励下说出自己的想法后,阿姨不再给宁宁添饭了,她的进餐速度果然快了很多,对吃饭的自信也慢慢建立起来了。但是她吃得太少了,为了让她多吃一点,老师特地选择了她爱吃的菜这一天,在她吃完后提出让她再添一点,并且没给她拒绝的机会就帮她添了,而且,为了不给她压力,只给她添了一点点。面对新添的饭菜,宁宁产生了一丝犹豫,可能心理感受到了一点点压力。但她还是回到座位大口吃了起来,想要快点把饭吃完,可见宁宁承受住了这份压力,并且以具体的行动想要让自己做得更好。老师看到后,用看过的绘本《肚子里的火车站》里的情节来提醒她细嚼慢咽。在她吃完后,还邀请她帮忙换毛巾和杯子,要知道,这些事情平时都是吃得比较快的小朋友去做的,所以宁宁非常乐意来帮忙,这也进一步加强了她对吃饭的信心。

经过一段时间的努力,宁宁的吃饭速度快了很多。

时间	周一	周二	周三	周四	周五
记录	A	A+	A	A	A+

注:饭量较多,在20分钟内吃完=A+;饭量正常,在20分钟内吃完=A;在30分钟内吃完=B;超过30分钟=C。

案例审思：

（1）用心观察的理解：从上文中可以看出，宁宁是一个比较腼腆的孩子，当老师询问进餐慢的原因时，多是以摇头或点头的方式来表示，当老师追问为什么盛太多时，是轻声的回答，面对阿姨的好心添饭，也没有提出拒绝，而是勉强自己慢慢地吃完，可见宁宁平时不太善于直接表达自己的想法。面对这样的孩子，老师首先要做的是细心地观察，理解孩子内心真实的想法和需要。

（2）落在实处的尊重：宁宁的胃口较小，虽然是自主餐点，但是成人为了确保每个孩子吃得饱而给孩子们添饭添菜，无形中让自主餐点形同虚设，宁宁因为不好意思开口拒绝阿姨的添饭，所以常常吃得很慢。在了解原因后，教师尊重了宁宁的个体差异，让她真正的自主餐点后，宁宁的进餐速度果然就快了。

（3）顺势而为的引导：面对宁宁这样一个胃口偏小，又比较腼腆的孩子，老师没有直接提供帮助，而是鼓励她说出自己的想法，同时私下和阿姨沟通好。在接下来的取餐、用餐过程中，关注宁宁的举动，并通过动作、语言、唤醒经验、邀请当小值日生等方式，逐步帮助宁宁建立自信，让她体会到，自己吃得下，而且吃得好。

文／陈凤娟

值日生成长记
——自信独立、愿意尽责的儿童

观察时间：11 月 16 日—12 月 30 日
观察地点：教室
观察对象：中 1 班幼儿

前期观察

观察情境

表 4 - 4 - 1 幼儿主动性行为观察记录表

时间	情境	对象	语言	行为
11 月 16 日	集体活动《谁来试一试》	小七、然然	小七：我可以！我想试一试！ 然然：我想自己来！	小七帮助小朋友整理书架上的书；然然决定自己整理玩具。

时间	情境	对象	语言	行为
11月17日	体育锻炼材料整理	诺诺	诺诺:阿姨我来帮你整理玩具!	诺诺跑过去帮助阿姨整理体育材料。
11月18日	午餐后	天天	天天:阿姨,我来帮你擦桌子,我擦桌子可厉害了。	天天走到阿姨旁边拿着抹布开始擦桌子。
11月19日	自由活动	秋秋	秋秋:我们自然角的植物好久没浇水啦,我要给它们浇浇水!	秋秋拿着洒水壶给植物们浇水,每一盆植物都浇了一遍水。
11月20日	晨检时	沐沐	沐沐:小乌龟的家好脏呀,我要给它换点干净的水。	沐沐拿着小乌龟的缸去厕所换水还喂了龟粮。

幼儿发展情况分析

● **渴望展现自己的力量,自主开始尝试:**通过这段时间对孩子们的观察,孩子们在各种活动中渴望表现,遇到问题时开始尝试自己去做,想要帮助别人,开始想要展现自己的力量并得到肯定,在语言、行为、情感需求方面都表现出来了。孩子们慢慢发现隐形的劳动并自发进行一系列活动,越来越多的孩子开始做一做,同时通过老师肯定孩子的行为,孩子对劳动越来越自豪,其他孩子也开始感受到了同伴榜样的力量,大家都愿意做更多的事情。

第一次观察

观察情境

与此同时孩子们开始和老师展开了讨论。

老师:"小朋友们,你们觉得什么是值日生呢?"

肉肉:"值日生就是老师的小帮手,帮忙发东西!"

满满:"值日生就是一起擦桌子、扫地!"

佳宜:"我姐姐做过,就是早早的去学校擦黑板、倒垃圾!"

思思:"值日生就是帮忙收玩具!"

老师:"你们知道这个红色袖标是什么吗?"

小叮当:"我看到过大班哥哥姐姐做值日生的时候袖子上会带红色袖标!"

图4-4-1 幼儿讨论值日生工作

文文："好厉害呀,我也想成为值日生!"

老师："小朋友们知道的可真不少,那我们班的值日生还可以做些什么呢?"

幼儿发展情况分析

● **感受榜样力量,向往值日生**:孩子们通过自己日常的生活经验了解到值日生需要做什么,同时观察到大班哥哥姐姐值日生的样子,感受到了榜样的力量。孩子们的自理能力逐渐增强,独立性也逐渐展现出来,对于很多事情想要自己去做。每个人都想为班级付出,为集体服务,开始向往做值日生工作。

第二次观察

观察情境

图 4-4-2　幼儿投票值日生工作

图 4-4-3　幼儿擦桌子

孩子们开展了值日生大调查,发现原来我们的值日生可以做很多的事情,孩子们还进行了归类:

（1）提醒——提醒小朋友专心吃饭、餐后漱口擦脸等。

（2）检查——检查小朋友早上来幼儿园后有没有签到、是否正确运用七步洗手法、衣服被褥有没有叠整齐等。

（3）服务——用餐后把桌子擦干净、吃完饭帮阿姨挂毛巾、帮小伙伴收拾玩具、书本、书包柜、给植物浇水、给小动物喂食、帮助阿姨搬体育玩具、每天更换天气预报和日期等。我们可以做的事情可真多呀! 那让我们来投票选一下班级里最需要的值日生工作吧。

最后,根据投票结果选出天气预报、擦桌子、照顾植物、搬玩具、照顾动物、挂毛巾、玩具书籍整理员、整理书包柜八种值日工作。

值日生的生活丰富多彩,每个小朋友都能够坚守在自己的岗位上,小小的身躯蕴含大大的能量!

孩子们在了解值日生、确定值日生内容、值日分工这三个阶段中不断地成长。

幼儿发展情况分析

● **通过自主调查,建立值日公约**:通过调查将孩子的零散经验整合,丰富孩子的值日生经验。每个孩子都渴望展现自己的力量,为自己、他人、集体服务。孩子们在面对挑战与困难时积极思考,能够主动担起班级小主人的角色,勇于变化、挑战,遇到问题积极讨论并尝试自己解决问题。通过劳动,孩子们学会了自我服务,学会了互相帮助;通过劳动,收获了责任感;通过劳动,收获了为集体服务的快乐。

第三次观察

观察情境

随着值日生活动的不断开展,小小值日生们也遇到了各种问题。

问题一:值日生脱岗

经过一段时间的值日生活,发现有些值日生不能够及时到岗,发生了什么事呢?

"早上妈妈送我来晚了。"

"看完书后忘记了今天要整理书本。"

"我生病请假了。"

在值日的过程中,许许多多的问题都会导致值日生脱岗,我们要怎样来解决呢?

肉肉:"晚上早点睡觉,早上早起。"

满满:"请爸爸妈妈帮定闹钟。"

小值日生们更有责任感了,每天能够早早地来到幼儿园,按时完成自己的工作。

问题二:如何擦桌子?

值日时,有小朋友用抹布将桌子上的食物残渣全部扫到了地上,造成了阿姨后续清洁的困难。

佳宜:"我总是会踩到地上的米粒,鞋子都黏黏的。"

雨桐:"上次球球擦桌子的时候把米粒都擦到地上啦。"

满满:"那应该怎么办呢?"

我们一起请教了阿姨,原来,可以用盘子来将桌面上食物的残渣装起来!这样既提高了我们的值日效率,也给阿姨的打扫工作带来了便利。

图 4-4-4 请教阿姨如何擦桌子

孩子们在值日的过程中,发现了自己的问题,也发现了别人的问题,他们在发现问题后能马上找到解决的方法,在不断的实践中收获到更多的生活经验。

幼儿发展情况分析

● **伙伴团讨互助,解决实际问题**:孩子们在遇到问题时,教师应给予孩子足够的信任和尊重,鼓励孩子们积极请教、解决问题,提升孩子的自主探索能力。在不断地自主决定、独立解决问题的过程中,增强了孩子们的自信心,从而达到孩子的自我满足。孩子们共同合作克服困难,有了尽责的意识。生活即课程,相信孩子,学会放手,感受孩子的成长惊喜。

第四次观察

观察情境

观察对象:小鱼
观察时间:12 月 26 日—12 月 30 日

小鱼是我们班以前比较内向胆小的孩子,本周小鱼担任擦桌子的值日生,以下是孩子完成值日生工作的表现。

时间	周一	周二	周三	周四	周五
记录	①A、②A、③A、④A	①A、②A、③A、④A	①A、②A、③A、④A	①A、②A、③A、④A	①A、②A、③A、④A

注:完成值日生工作的四个维度:①喜欢参与值日工作、②准时到岗并佩戴标志、③认真参与值日工作、④值日工作获得的成效,评分标准从高到低为 A、B、C。

本周小鱼有了先前的认识及经验,小鱼完美地完成了值日生工作。

幼儿发展情况分析

● **通过劳动获得自信,积极贡献力量**:小鱼在开展值日生工作之后,开始慢慢变得大胆、自信,愿意主动承担值日生工作,认真完成值日生工作并获得了不错的成效,愿意在班级中积极地贡献自己的力量。

第五次观察

观察情境

在实施了一段时间的值日生后,孩子们发生了很多变化,我们开始了随机采访……

盛渝越:"有了值日生工作后,我有了好多朋友可以一起合作完成,我们会一起搬玩具、一起整理玩具,好开心呀!"

球球:"我以前很少得到贴纸,现在我的值日生工作做得好了,老师还会奖励给我贴纸,有了贴纸爸爸妈妈就知道我在幼儿园表现得很好!"

小鱼:"以前我很胆小,不敢和别人说话,但是我当了组长后,我能够大胆提醒小朋友们餐后漱口、专心吃饭。"

涵涵:"有了值日生工作真是太好了,好多小朋友愿意为我们的班级做很多的事情,还愿意主动帮助别人,还会得到老师同学的肯定!"

幼儿发展情况分析

● **得到肯定,获得成就感:**孩子们在持续一段时间的值日生活动开展后,不主动的幼儿转化为主动的幼儿,把个别主动幼儿转化为集体幼儿主动,不仅提高幼儿社会交往能力,还能够帮助幼儿学会合作,感受合作的重要性。同时孩子们也得到了足够的情感需求以及肯定,帮助幼儿树立榜样,推进孩子主观能动性。

案例审思:

(1)落脚儿童立场:从上文中可以看出,孩子们特别想展现自己的力量,想要为班级奉献自己的力量,想要自己试一试,做一做,例如帮阿姨搬玩具、为自然角植物浇水等实际性行动,老师站在孩子的立场,给予儿童充分的成长空间,放手让孩子自主解决问题,自主完成值日生工作。值日生活动的开展增长了孩子们的责任心,锻炼了孩子们独立生活和做事的能力。孩子们也感受到了自己的成长,对于自己的变化感到自信和开心。

(2)实践体验引导:生活即课程,从孩子对值日生这一角色的猜测、设想,到和大家一起选择最需要值日生承担的工作,再到自己体验真正当一次值日生。孩子们能够细心发现各种各样的值日生工作,涵盖整个班级,充分体现孩子们为他人、为集体服务的精神,同时在活动中老师积极引导孩子实践、参与、体验,让孩子成为班级真正的主人。

(3)给予信任尊重:当孩子们发现值日生问题时,老师给予孩子足够的信任和尊重,鼓励孩子们自主讨论并寻求解决的策略,从而提高孩子解决问题的能力,帮助孩子将问题从根本上进行解决。老师让幼儿在活动中能够真体验、真探索,展现自己真正的学习与成长力量。

文/梅诗婷

收积木的故事
——共同探索、学会分工合作的儿童

观察时间: 9 月 20 日—10 月 14 日
观察地点: 户外建构区
观察对象: 大 5 班幼儿

第一次观察

观察情境

每周,班级都会有一次大型户外建构活动,户外建构的积木体积较大而且有一定的重量,当收积木的时候,将所有的积木搬回柜子整理整齐是一个浩大的工程,需要大家一次次徒手将相同形状的积木垒高来回运送。通过时间计算,发现完成积木整理需要 30 分钟,平均每位孩子来回搬运 10 次以上。这对大班幼儿的体力是一个很大的考验,幼儿每次收完积木都是满头大汗。

图 4-5-1 满头大汗收积木

表4-5-1　幼儿第一次收积木行为观察记录表

时间：9月20日　收积木用时30分钟

对象	行为	语言	折返次数
梓镒	把长方形砖块积木收集并垒高，与妍妍一起来回搬运。	好累啊，我都走不动了，你们看我头上的汗。	12次
妍妍	与梓镒一起将场地上的积木按照形状分类垒高，并运送到积木柜中。	我来回搬了好多次，力气都用完了。我们想想别的收积木的办法吧。	15次
珺珺	搬运长条形的大型积木几次后，换为拿起长条形积木的一头，在地上拖行运送。	我也好累，积木太重了，我都搬不动，后来我就放在地上拖着走。	13次
妞妞	不停地往返运送各种形状大小的积木。	积木实在太多了，都搬不完。有没有什么好办法，可以快点把积木收好呢？	15次

幼儿发展情况分析

● **发现问题，渴望寻找方法**：通过对幼儿收积木行为的观察，可以发现孩子们在收积木的过程中会有意识地将积木先按照大小、形状进行分类，并垒高进行运送，但这还不足以解决当下的问题。幼儿在对话中交流了收积木过程中发现的问题：积木太多太重，不仅搬不动，而且来回搬运的次数非常多。面对收积木中遇到的种种困难，孩子们也非常渴望能够寻找到快速、省力收积木的好方法。

第二次观察

观察情境

针对孩子们在第一次收积木过程中遇到的问题，老师与幼儿展开了讨论：

老师："你们有什么好办法，让收积木这件事变得轻松一些吗？"

妞妞："我觉得积木太重了，除了用手搬积木，还能有什么工具帮忙吗？"

妍妍："我想到了，搭积木的场地上有体育玩具小推车，我们可以把积木放在小推车里推着走。"

妞妞："这个办法好，有了小推车就不用手搬了，积木重也没关系。"

梓镒："而且小推车里可以放好多积木，这样我们也可以少运送几次。"

珺珺："我也想到了，操场上还有好多带轮子的玩具，都可以运积木的。"

图4-5-2　利用小推车合作运送积木

梓镒:"有轮子就方便多啦,而且速度也快,那我们下次试试吧!"

表4-5-2 幼儿第二次收积木行为观察记录表

时间:9月28日 收积木用时:25分钟

对象	行为	语言	折返次数
梓镒	准备好小推车,并将相同形状的积木放进小推车中,来回运送。	我是男孩子,力气大,我来推小车。	9次
珺珺	寻找到其他带轮子的工具,并将长条形积木垒在运送工具上。	长条形的积木太长了,小推车里放不下,还是放在我这个平板车上吧,你看,是不是很方便。	8次
妍妍	将场地上的积木按照形状整理叠放,等待运送工具,并整理零散积木。	我把积木都整理好啦,快放进小推车,小推车运积木太快啦。	6次
妞妞	整理积木柜,把运送来的积木都整理到积木柜中。	你们运得太快了,我都来不及整理啦!你看,积木都像小山一样多了!我太累了!	2次

幼儿发展情况分析

● **借助工具的力量**:第二次收积木,孩子们尝试了讨论出的方法——借助工具。通过实践和统计,可以看到,收积木的时间变短了,孩子们在收积木时来回运送的次数也变少了,说明借助工具的力量这个方法是比较可行的,这对他们来说是极大的鼓舞。而且对于不同形状、大小的积木,孩子们能通过思考与尝试,选择更适合的工具,孩子们解决问题的能力在收积木的过程中逐渐发展。

第三次观察

观察情境

通过借助工具的力量,让第二次收积木变得更省力了,与此同时,新的问题也在发生。

图4-5-3 积木柜旁没人收的积木

妞妞:"小推车这个办法真的很有用,以后我们可以一直用这个方法收积木!但是我刚才还发现一个问题,就是我们运到积木柜旁边的积木没人整理,那边堆了好多积木,像小山一样。我一个人整理了好久呀!"

梓镒:"我也发现了,因为我们运过去的积木没人马上整理,所以就越来越多。"

珺珺:"这样整理起来也很麻烦,下次我们在运积木的时候,可以找人在积木柜整理,这样积木就不会堆成小山了。"

　　妞妞:"要多找几个人,我觉得每个柜子需要一个人整理积木。"

　　妍妍:"我们一共有3个积木柜呢!人不够怎么办?"

　　珺珺:"我们可以邀请其他好朋友来帮助我们。"

　　梓镒:"这样的话,有人收积木,有人运积木,还有人整理,肯定速度更快了!"

表4-5-3　幼儿第三次收积木行为观察记录表

时间:10月11日　收积木用时:15分钟

对象	行为	语言	折返次数
梓镒 妍妍	两人合作,一起将相同形状的积木整理好放进小推车中,来回运送。	妍妍:我来整理积木,你来推小车。 梓镒:我们先一起整理积木,然后我再运过去,两个人一起收积木会更快一些。	8次
珺珺 妞妞	两人合作,共同将大型积木搬运到平板车上。珺珺负责托运,妞妞负责整理。	妞妞:这个长积木好重呀,我们拿住两头一起搬上去。 珺珺:我喊"1、2、3,我们一起用力。" 妞妞:这一车装满了,你先运过去,我继续整理。	7次
菡菡 天天 可芯	每人负责一个积木柜,将运送来的积木按照大小和形状进行整理。	菡菡:我和天天的柜里放的是小一些的积木,梓镒你的小推车运到我们这里。 可芯:珺珺,你们的长积木运到我这里,帮我一起从车上搬下来。	0次

幼儿发展情况分析

　　● **体验分工、合作的高效**:在第三次收积木过程中,有的人负责整理积木,有的人负责运送积木,还有人整理积木柜,他们各司其职,且相互配合,在短短15分钟的时间内,就将积木全部整理完成。孩子们的行为与对话,体现了相互的分工与合作。可见,孩子们在一次次的交流与实践中,分工与合作的意识已经萌芽,并正在逐渐发展。

第四次观察

观察情境

　　第三次收积木只用了15分钟,孩子们获得了成功,成就感满满。老师趁热打铁,与孩子们一起回顾、分析、总结成功的原因。

　　老师:"这次收积木我们成功啦!你们觉得这次收积木又快速、又省力的原因是什么呢?"

　　妞妞:"有了菡菡、天天、可芯的帮忙,积木柜整理得也很快,再也没有积木堆成小

图 4-5-4　整理积木柜组整理积木

山了。"

梓镒:"是的,现在我们只要负责收积木和运积木,专门有人负责整理积木柜,这样就很快了。"

老师:"原来,在第三次收积木的过程中,你们有了分工,分成了三组进行,收积木组、运积木组和整理柜子组,而且三组相互合作,配合地非常好。看来分工合作这个方法在收积木中起到了很大的作用。"

珺珺:"是呀,我们大家都是先分工好,然后一起合作收积木的。"

老师:"除了分工与合作,还有什么方法也让你们收获了成功呢?"

妍妍:"还有我们找到的各种运送工具,这些小车装得多而且运得快。"

珺珺:"有了小车,我来回搬运的次数少了好几次呢!"

老师:"是呀,使用工具也是一个能省力的好方法。其实,你们在收积木时,能先将相同形状、大小的积木分类整理,这也是一个好方法哦!"

妞妞:"我想把这些好方法画下来,贴在户外建构区,这样,其他班级的小朋友收积木的时候,也能用这些好办法。"

老师:"其实,分工合作、使用工具这些方法,不仅在收积木的活动中有用,在我们的生活中,很多事情都离不开这些好方法,我们也可以想一想,在你们的生活中,哪些时候也需要分工合作,使用工具呢?"

幼儿发展情况分析

● **总结方法,感受成功的喜悦**:活动后的回顾、反思与总结对于幼儿的身心发展起到了关键作用。教师作为幼儿学习的引导者,在第三次收积木获得成功后,引导幼儿对自己收积木时的行为与想法进行回顾与梳理,并共同总结出收积木的好方法。这个总结的过程,将幼儿从收积木这一单独活动中获得的经验,迁移到了生活中的方方面面,这是对活动的升华,也提升了幼儿的生活与学习经验。

案例审思:

(1) 实践中提升学习品质:大班幼儿正处于良好社会性发展的重要阶段,社会性能力主要是在日常生活和游戏中发展起来的。收积木这件事看似简单,其实藏着大学问,孩子们通过一次次的讨论与实践,想到了借助工具的办法使收积木更便捷省力,并通过分组合作,大大提高了收积木的效率。这个过程中不仅潜移默化培养了幼儿的合作意识,提高了合作能力,同时养成了幼儿不怕困难、坚持不懈、敢于探究和尝试的学习品质。这些良好的学习品质与合作能力都将成为幼儿珍贵的成长体验,陪伴幼儿一生,助力他们的茁壮成长。

(2) 活动中培养精神品质:当幼儿在收积木的过程中遇到问题,并有自主解决问题的意愿时,教师没有马上介入到游戏中帮助幼儿,而是成为幼儿探究问题的支持者,给予幼儿多次收积木的交流与实践机会,最终幼儿在自主探索中摸索出了收积木的好方法。本活动的切入点就来源于幼儿日常的建构活动,在一日生活中,类似的事件随时可能发生,这就需要教师拥有一双善于发现的眼睛,及时捕捉幼儿的需要,理解幼儿的学习方式和特点,提供幼儿自主探索问题的条件与机会,不断跟随着幼儿的步伐,最大限度地支持和满足幼儿通过直接感知、实际操作和亲身体验获取经验的需要,鼓励、引导幼儿在自主探索中解决问题、习得经验,培养坚毅、创新、自信等精神品质。

文/顾嘉悦

勇敢跳马的攸攸
——尝试突破、需要鼓励支持的儿童

观察时间: 10 月 26 日——12 月 16 日
观察地点: 室外运动场
观察对象: 大 5 班攸攸(女孩)

第一次观察

观察情境

表 4-6-1　攸攸跳马行为观察记录表(10 月 26 日)

时间	行　为
8:20	攸攸在一高一矮两个跳马旁边走来走去,看同伴排队跳马。
8:23	攸攸来到矮跳马前排队,轮到后助跑到跳马前,停下了动作,摇了摇头,重新走到一侧看同伴跳马。
8:25	攸攸再次排队跳马,助跑到跳马前停下,双手撑在跳马上跨坐上去,站立到垫子上。攸攸笑着跑回了队伍里。
8:27	攸攸手撑在跳马上跳了一下,腿一前一后落地,跳马倒了,攸攸摔在垫子上。
8:30	攸攸助跑到跳马前手撑着跳马起跳,人和跳马一块倒在垫子上。把跳马扶起来后,攸攸到一旁站着。
8:45	攸攸没有再尝试跳马,皱着眉站在一边看同伴跳马。

幼儿发展情况分析

● **对跳马兴趣浓厚,但不了解跳马技巧**:从该片段可以看出,攸攸对于跳马的兴趣一直存在,但并没有关于"跳马正确姿势"的经验,因此面对跳马的时候攸攸是谨慎的——观察同伴的跳马姿势,选择较矮的跳马进行尝试,尝试后不敢跳,再次观察同伴跳马。同时,她需要成功来增加自信心:第一次成功跨过跳马,攸攸笑着回到队伍,而在后两次的尝试中她并没有成功,于是再次选择回到一边观看同伴跳马。

第二次观察

观察情境

攸攸不敢跳马是因为并没有跳马正确姿势的相关经验。因此回到班级后,我们一起了解了跳马的正确姿势,新一次的跳马体验又会给攸攸带去怎样的感受呢?

第二天晨锻时间,幼儿排队跳马,轮到攸攸的时候,攸攸在起点处摆出跑步的姿势,嘴里喊完"1、2、3,跑!"之后摆动手臂向前跑去,到跳马面前时双手撑在跳马上,但脚并没有抬起来,因此带着跳马一块倒在了软垫上。

第二次尝试,攸攸到跳马面前先停了一下,双手撑在跳马上双脚分开尝试跳过去,但因为两只脚一前一后的缘故,并没有成功。攸攸对老师说:"老师,我不敢跳。"老师问她为什么,攸攸想了一会儿说:"我的动作连不起来。"老师鼓励她:"我发现刚才你把动作拆分再尝试的方法很棒,我们可以先一个一个动作来,熟练后再连起来。"攸攸大声说:"好!我来试试。"

图 4-6-1 教师鼓励下勇敢跳马的攸攸

攸攸将动作分开进行尝试,在每个动作成功后就会寻找老师,老师也不断鼓励她。多次尝试后,攸攸成功将动作连贯起来并跳了过去,笑着对老师说,"老师,我成功了!"老师及时表扬了她。

幼儿发展情况分析

● **尝试自主分解动作,获得成功体验**:了解跳马的正确姿势后,攸攸进行了尝试。在尝试的过程中,她虽然将动作进行了分解,但由于对动作掌握度不够,连贯性较差,并没有获得成功,而她说的"不敢"并不是心理上的畏惧,是因为"没有获得成功",所以"不敢"。

因此,老师引导其回忆自己的尝试过程,鼓励她通过分解动作的方式再次进行尝试。在一个动作一个动作尝试的过程中,攸攸不仅获得了成功感,更是增强了自信心,最终成功跃过跳马。

第三次观察

观察情境

接下来的晨锻时间中,攸攸继续尝试跳马,但并不是每次都能成功跃过。攸攸对我说:"老师,我发现有几次跳的时候,我的脚会碰到裙子,腿就分不开。"老师点头,追问她还有没有其他原因,攸攸想了想说:"是不是因为我跑得不够快?我跑得慢了,就撑不起来,然后就跳不过去。"于是我们一起总结了遇到的问题并讨论出恰当的解决办法。

问题一:着装不合适,太紧的衣服会限制腿张开的程度,裙子会限制助跑时的速度。因此,我们总结:在跳马时,应该穿便于运动的鞋子与衣裤,减少服装因素所带来的影响。

问题二:动作要领掌握的不好,爆发力、上肢力量与腿部力量薄弱。我们商量通过游戏的方式攻克难关,逐步递进掌握跳马姿势,并设计"我跳马我打卡"的记录表,将助跑、起跳、腾空、落地四个环节列出,每完成一步就可以在相应动作下打"√",仍需努力的打"○",自查自身对于跳马动作的掌握情况。

游戏1:极速"导弹":短途冲刺,练习爆发力。

游戏2:翻"山"越"岭":双手支撑挪过跳马,练习上肢力量。

游戏3:逐层登"山":连续跳过不同高度的跳马,练习腿部力量。

游戏4:跃过"独木桥":双腿分开跳过跨栏,练习腿部力量。

图4-6-2　跳马记录单

幼儿发展情况分析

● **在自我挑战中发现问题,探寻解决办法**:通过不断的尝试,攸攸发现了自己跳马过程中的问题——集中在着装与动作要领掌握较为薄弱两个方面。在这样一个不断发现问题、并针对问题找出解决办法的过程中,提升自主探索的能力,更增强了自信心。

第四次观察

观察情境

在经验支持下,攸攸不断优化跳马姿势,矮跳马对她来说已经没有难度,今日她开始尝试高跳马,以下是攸攸在尝试高跳马时的行为记录。

表4-6-2　攸攸跳马行为观察记录表(12月12日)

时间	行　为
8:27	攸攸在矮跳马前排队,助跑跨跳成功越过跳马,但跪在了垫子上。
8:30	攸攸第二次尝试矮跳马,这次成功站在了垫子上。
8:33	攸攸排到一旁高跳马的队伍里,助跑跨跳,跨坐在了跳马上,没有成功跳过去,来到一旁观看同伴跳马,同伴即使失败也依旧在尝试。
8:38	攸攸回到高跳马的队伍里,这一回跳了过去,但跳马和人一起摔倒在了垫子上。
8:45	攸攸继续尝试高跳马,直到收器械音乐响起。在此期间,有过两次的成功,但并没有在垫子上站稳。

幼儿发展情况分析

● **同伴影响下逐步突破自我**:在之前尝试矮跳马的过程中,通过记录单的打卡自查与老师的不断鼓励,攸攸对于跳马的姿势掌握较好,也建立了一定的自信心,因此她在尝试更高难度的跳马时,并没有一开始就退缩。在尝试了两次过后,攸攸发现自己跳不过去,在同伴不断尝试并获得成功的正向影响下,攸攸重新站回队伍中,进行新一轮的尝试,同伴的行为带给了攸攸一定程度上的自信心,也帮助她踏出了突破自我的一步。

第五次观察

观察情境

在这一周(12.12—12.16)的不断尝试中,攸攸已经能够成功跳过高跳马。

时间	周一	周二	周三	周四	周五
记录	①A、②A、③A、④B	①A、②A、③A、④B	①A、②A、③A、④A	①A、②A、③A、④A	①A、②A、③A、④A

注:成功跳马的四个维度:①助跑姿势准确;②并脚起跳;③空中分腿,双手支撑跳马;④在垫子上站稳。评分标准从高到低为A、B、C。

案例审思:

(1) 立足幼儿自身特点,多维度支持发展:从上述案例可以看出,攸攸渴望通过好的表现来获得他人的肯定与赞扬,因此在面对失败时缺少坚持性,比起继续挑战自我,她更倾向于观望、放弃,还会把"我不敢"挂在嘴边。此外,由于攸攸对于跳马这一新事物的相关经验的缺失,使得她在尝试中无法获得成功感,导致学习积极性并不高。作为教师,我们首先要做的是明确她"不敢"的真实原因,提供相关理论、经验支撑,一步步减少使她感到害怕的因素。其次,引导幼儿成为问题的解决者。关注幼儿在自主尝试过程中的亮点,鼓励其通过回顾自己跳马过程的方式发现问题,梳理解决办法。并通过分解步骤的方式降低难度、使其获得成功感,通过游戏的方式激发动机,在游戏中发展爆发力、上肢力量与腿部力量,维持幼儿对目标的追求,提高学习积极性。同时,教师及时加以鼓励,增加幼儿的自信心。

(2) 发挥同伴的积极影响,助推突破自我:在之前的尝试中攸攸已经树立了初步的自信,但面对更高难度的挑战,她仍然处于一个观望的状态。这时鼓励的作用是微乎其微的,而同伴的行为会在潜移默化中影响着自身的决断,因此当攸攸看到同伴不断尝试并获得成功时,她也会被鼓舞从而进行再一次的挑战。教师可通过"榜样示范"的方式,为攸攸找一个"榜样"与她共同挑战跳马,在同伴积极、正向的影响下,逐步尝试突破自我。

文/钱钰

第二节　家庭生活里的多彩儿童

快把弟弟送走
——在爱的鼓励下尝试接纳的儿童

观察时间:3月

观察地点:家中

观察对象:漾漾(3岁男孩)

观察者:妈妈

晚饭后,哥哥在茶几上做手工,奶奶和弟弟在围栏的地垫上拿着哥哥的赛罗奥特曼玩,过了一会,奶奶说:"哎呀,小鱼儿你怎么把哥哥的奥特曼小人的头弄掉了!"哥哥放下

图 4-7-1　赛罗摔坏了

手里的剪刀,冲进围栏,拿起奥特曼小人的脑袋,一边哭一边说:"你这个讨厌的小鱼儿,我的奥特曼又被你弄坏了,我不喜欢你了,我要把你送走!"

听到哥哥的哭声后,我走过来,奶奶跟我说明了情况后我就与哥哥进行了交流:

我:"哥哥,发生什么事情啦?"

漾漾一边哭一边说:"小鱼儿又把我的赛罗弄坏了。"

我:"赛罗的脑袋又掉了,你很难过,是吗?"

漾漾哭着点点头,我又追问:"是不是之前爸爸不小心把你的赛罗摔坏了,我们一起修好了,今天小鱼儿是故意弄坏的吗?"

漾漾摇摇头,我:"赛罗奥特曼是你最喜欢的玩具,那你放在围栏里,小鱼儿是不是很容易拿到呢? 如果你不想让小鱼儿玩的话,是不是可以把它收在弟弟拿不到的地方呢?"

漾漾点点头,我:"那你可以原谅小鱼儿吗?"

漾漾又点点头说:"那好吧。"

我:"玩具被弟弟弄坏了,我们可以怎么办?"

漾漾:"要不我们修一下吧,可以用胶带、胶棒来黏一下。"

我:"那明天等妈妈下班,我们一起来修一下吧!"

● **爱的抗拒**:平时,十个月的弟弟很喜欢哥哥,哥哥也非常愿意和弟弟一起玩,有时候会给弟弟玩小汽车,有时候会给他讲故事……但是因为弟弟年龄小,很多时候都会"误伤"哥哥,哥哥性格比较温和,有时候就会被"欺负"。作为家长,我们也察觉到哥哥对弟弟有些不满,内心对弟弟逐渐产生抗拒。于是,我们跟老师反映了这个情况,同时平时在家里也更加专注哥哥的情感需要,对哥哥更多爱的肯定。

第二天晚饭后,我便与哥哥开始了修补玩具赛罗,在我们的努力下,赛罗终于修好了。然后我又把家里的《猜猜我有多爱你》的绘本拿出来跟他一起阅读。

当讲到小兔子说"我的手举得多高,我就有多爱你",大兔子说"我的手举得多高,我就有多爱你"时,我请漾漾把手举起来跟我的手比较了一下,问:"谁的手比较长?"他说:"妈妈的手长。"我又问:"那你爱妈妈多还是妈妈爱你多呢?"他想了一下说:"妈妈爱我多一点。"然后我们紧紧地拥抱了一下,他在我脸上亲了一口,说:"妈妈,我爱你。"

我又说:"爸爸妈妈很爱你,是因为你很特别,你是我们的宝贝;爸爸妈妈也很爱弟弟,是因为弟弟也是我们的宝贝,你是大宝贝,弟弟是小宝贝,其实弟弟也很

图 4-7-2　亲子阅读

爱你,他会亲亲你的,是吗? 当弟弟做得不对的时候我们会提醒他。"漾漾点点头,转身去找弟弟,在他脸上也亲了一口。

图4-7-3　哥哥当小老师

● **爱的保证:**绘本《猜猜我有多爱你》是非常温暖的、恬淡的、适宜亲子阅读的绘本,在阅读过程中,我与漾漾的交流让他感受到了妈妈对他的肯定和鼓励,温情的故事和妈妈的陪伴让漾漾更加安心。同时我也与老师交流了这样的情况,老师在班级也与漾漾进行了交流。

又过了几天,漾漾吃好晚饭跟弟弟一起在围栏里玩玩具,他说:"弟弟,我来当小老师,给你做《拍拍小手点点头》。"于是他一边念儿歌一边给弟弟做操表演,弟弟也非常配合,开心地拍起小手。

表演结束后,我与漾漾进行了交流:

我:"哥哥,你刚刚在跟弟弟玩什么呢?"

漾漾:"我在当小老师教弟弟做操呢!"

我给他竖起大拇指:"哥哥你也太棒了,给你点个赞!"

漾漾:"今天星星老师跟我说了,我是家里的大哥哥,要给弟弟做榜样的,还可以教弟弟一些本领,所以我就回来表演给他看了。"

我再次给他点了赞,并在他脸上亲了一口,漾漾开心地笑了。

● **爱的榜样:**自从发现漾漾出现了对弟弟有点抗拒的情况后,我们及时与老师沟通,老师对他的引导和教育让他知道了在家里作为哥哥的责任感,利用当小老师的情境体验让他感受到了能干的哥哥可以给弟弟做榜样,他更加愿意把自己学会的本领进行分享。同时弟弟的鼓励也是对哥哥的肯定,让哥哥感受到弟弟对他的爱。

案例审思:

(1)用心观察,用爱践行:有效的亲子陪伴在家庭教育中非常重要。作为父母,我们要觉察孩子身心的变化,分析原因,尝试解决。在以上案例中,作为哥哥的漾漾有时会因为弟弟年龄小而被"误伤",一次次心灵的受伤让他对弟弟有些抗拒,甚至要把弟弟送走,我和爸爸及时发现孩子的心理变化,利用绘本故事等方式进行疏导,用动作语言对他肯定,让他充分感受到家庭的温暖。

(2)及时沟通,家园合作:幼儿园、家庭、社区是儿童发展中影响最大、最直接的微观环境,作为幼儿最早接触的社会文化环境,它对幼儿发展所起的作用是不言而喻的。因此,当我们发现漾漾出现了一些不一样的变化后及时与老师沟通联系,老师在日常教育活动中也做了充分的引导和教育,为孩子树立了正确的价值观,让漾漾知道可以给弟弟做老师,教他学本领,这样弟弟也会变得更加能干,这样的方式让漾漾体验到被肯定、被重视的感觉。

文/顾燕(3 岁幼儿漾漾妈妈)

主动画画的跳跳
——在肯定中逐步走出舒适区的儿童

观察时间:10 月 15 日—12 月 28 日

观察地点:家中书房

观察对象:跳跳(3 岁女孩)

观察者:爸爸

图 4-8-1 不爱画画的跳跳

跳跳在房间里很久了,我原以为她会画个我看得懂的图形,等走过去一看,她反而对我的到来更感兴趣,跟我玩起了"躲猫猫"。我说道:"跳跳,你不是说你要画画的吗?"跳跳不情愿地又走回桌子,但乘我不注意的时候拿起了我放在桌上的签字笔,假模假样地在纸上涂起来。我原以为她会专心画画,没想到过一会再去看的时候,她把 36 色水彩笔的笔帽统统拔了出来,把每一支水彩笔胡乱在纸上画了一下就扔了,期待中的"神笔马良"没出现,满幅的直线、圆圈、不规则图形,倒像是毕加索的抽象派风格。涂满了一张再让她好好画,她完全不理会,把笔统统扔在一边去练习跳跃和腰腹力量了。

其实,跳跳已经很多次这样画画了,问要不要画,一直说要,但画的时候又三心二意,一会摸摸这个一会看看那个,问什么都喜欢但都没有耐心。于是,这天晚上下班,我跟跳跳进行了交流:

爸爸:"你为什么只画了一半就跑了呢,画笔也没来得及收拾啊。"

跳跳站着不说话,眼睛吧嗒吧嗒地看着我。

爸爸:"那是不是觉得画画没意思? 是太难了吗?"

跳跳什么也没说,只是把头低着。

爸爸:"那可不可以每次就画一点,但我们很认真地画,好不好?"

跳跳抬头看着我,终于开口说道:"爸爸,我觉得我的线都画的好歪,难看死了,我就想随便涂涂不同颜色,这个好像简单点。"

爸爸:"那也可以啊,那下次爸爸就买一些涂色的本子回来,让你按自己的想法涂上去可以吗?"

跳跳："那我能做好吗?"

爸爸："相信我的宝贝一定可以的哦!"

● **画不好,不太愿意画**:跳跳是个非常要强的孩子,从小无论是比身高还是跑步,只要是身体素质方面的,跳跳没输给过任何同龄的小朋友。但可能父母在绘画方面的"基因不行",跳跳在幼儿园经常看到同学画得比她好,既然画画比不过你,索性我就不画了,在家里只按照自己喜欢的来。每个孩子有自己擅长的事情,但如果孩子一直情愿去干自己擅长的事情,那就会一直止步不前,陷入"能力陷阱"。在找到跳跳不愿意画的原因后,跳跳会做出什么样的转变呢?

图 4-8-2　主动画画但选择简单的内容

过了几天,我买了涂色的绘本带回家,跳跳看着新买的书非常开心,一会跟我说这个是爱莎公主,一会说是米奇,看着兴趣倒是蛮高的。但过了一会我说:"跳跳,这个是画画本,一会你要不要涂色啊?"跳跳点了点头。但她翻到中间一页的时候突然停住了,抬着头朝着我看,过了 10 秒钟说:"那我能挑选个简单点的吗,不要太难。"我对比了中间和前面几页,中间的确实难了点,于是说:"没关系,你想画哪个就画哪个。"跳跳开心地进屋了,20 分钟后拿着画本走过来说:"爸爸,你看我画的行吗?"我看着出格的色彩和她五颜六色的小手,知道她肯定尽力了,于是说:"我的跳跳很厉害啊,涂的特别好,色彩搭配都很棒呢!"跳跳哈哈大笑,那是发自内心的开心。

● **被认可,走出"舒适区"**:对于成人来说,都喜欢在"舒适区"内做自己比较擅长的事情,因为简单且有把握,做得好还能得到伙伴的羡慕,孩子同样也是如此。但如果只做自己喜欢的事情,这对孩子的进步是一种阻碍。跳跳害怕画不好,但属于特别听话的孩子,即使自己很不愿意做,但执行方面还是达标的。家长之前与她耐心地沟通,让她慢慢尝试,先从简单的来,不管画得怎么样,都给肯定的答复,激发她的画画兴趣,认可她尊重她。但是,难道就一直画最简单的吗?

又过了一个多月的时间,这时的跳跳已经完全可以主动给简单的内容进行涂色了,老师发回的涂鸦作业我也感觉和其他孩子差别不大。在家的"作品"不仅颜色选择合理,涂色的过程中也不会画到区域之外,只是对于后几页的大篇幅的图画,跳跳还是不太愿意挑战。这不,刚画完,跳跳就一路小跑冲过来:"爸爸你看,我今天画的又快又好。"一边说一边还做了个刚学的舞蹈造型。我露出惊讶的表情说:"跳跳好厉害啊,现在画画肯定跟跑步一样超过班级小朋友了吧。"跳跳听了犹豫了一下说:"他们就是画的比我快,我感觉我快点的话,也会和他们差不多的。"我乘机举了个例子:"你能告诉我为什么有人跑步快有人跑步慢啊?"其实这是我带着她给我学生训练时常说的话,跑步谁都会跑,但只有多练习才会跑得更快。小家伙的记忆是非常棒的,忙说:"我知道的,每天去训练的孩子就会跑得快啊。"我抓紧机会继续"洗脑"说:"对啊,画画也是这样,只有勤加练习才会画得又快又

图 4-8-3 越画越好的跳跳

好哦,你要不要多练习一下,尝试一下稍微大点的图片?"跳跳点点头说:"好的,我一定努力超过他们。"在她画画的时候我也一直在全程观察,但没有做任何技术上的指导,她画完了一幅居然还主动跟我说:"爸爸,我觉得也不难,我还想挑战下一幅。"

● **成就感,让她更优秀**:自从有了成就感后,跳跳再也不恐惧画画了,对于简单图形的涂色快了很多,自信心也慢慢建立起来了。但是不能一直画简单的,为了让她挑战较难的图形,我特地在表扬她后用生活中她接触并感兴趣的跑步举例,一步一步"做好圈套让她钻",从跑步再聊到画画,也让她明白了只有多练才能画得更好,才能和跑步一样超越所有的小朋友。在画完后还奖励她看了 10 分钟的《西游记》,并配合她模仿剧中的人物对台词,要知道,这是她每天得到最大的肯定才会得到的奖励内容哦。

案例审思:

(1)主动分析原因:从上文中可以看出,跳跳擅长运动类项目,这也给她带来了自信和优越感。面对画画这类不擅长的项目,孩子体会到了挫折感,作为家长首先不能过分责备,以免孩子失去自信心。其次要细心地观察,理解孩子内心真实的想法和需要,以朋友的身份跟幼儿聊天,帮助孩子分析困难出现的原因,引导孩子去解决困难。

(2)及时给予认可:跳跳的画画起步较慢,虽然降低了难度,但其实一开始时依然没什么进步,好在没有对比,孩子内心并没有落差。成功是对孩子最大的鼓励和肯定,当她进步的时候,要在不偏离实际的基础上给予她鼓励和肯定,尊重她的作品,这样她才愿意走出"舒适区",主动参与自己不擅长的项目。

(3)顺势引导思想:面对跳跳谨慎的性格,我没有急于求成,让她很快接触较难的内容,拔苗助长的方式只会使她失去信心,要循序渐进给她充分成长的时间。当简单的内容对她没问题后,我再用她感兴趣的话题举例,引导她主动挑战高难度的内容,以她每天能拿到的最高奖励肯定她的表现,这也有利于她建立努力、自信、快乐、开朗的性格。

文/李成玥(3 岁幼儿跳跳爸爸)

专心吃饭的心儿
——在耐心引导下慢慢成长的儿童

观察时间:10 月 15 日—11 月 5 日

观察地点：外面的餐店、家中餐厅

观察对象：心儿（5 岁女孩）

观察者：妈妈

在刚上中班的这段时间，我发现心儿吃着吃着饭就开始发呆，或者抓耳挠腮，一会感觉手痒，一会感觉胳膊不舒服要去挠挠，小动作特别多，这个情况持续了很长一段时间，我和爸爸两个人只会不断地提醒她。这次是在外面吃饭，点菜的时候，心儿一直很兴奋，小嘴巴不停地说，今天我一定要多吃点。看到心儿这样有信心的样子，我和爸爸也都很开心。饭菜上来了，心儿开始很努力地在吃，大概过了六七分钟，我就注意到她手上开始出现各种小动作了，一粒米粘在手上，她在那边研究了很久。我实在忍不住，就说："心儿，快点吃饭了，别弄手了。"心儿听了，又开始把饭菜往嘴里塞。但是没过五分钟，我发现她把手放在嘴里，嘴里的米饭还没有下咽，顺着她的目光看的方向，我看了一眼，原来那边有两个小孩在玩闹，这又吸引了她的注意力。我又开始了提醒："心儿，别发呆了，快吃你的饭。"

图 4-9-1 弄手的心儿　　　　图 4-9-2 发呆的心儿

就这样，一顿饭我提醒了不下十次。这样的现象其实已经持续了一段时间，几乎每顿饭都是在这样的提醒和催促下吃完的。作为父母，有时候我也深知这不是长久之计，最终孩子也会疲劳，对你的唠叨爱听不听，这样下去效果只会越来越差。所以饭后回去的路上，我和心儿好好地聊了会。

妈妈："心儿，今天的饭菜你喜欢吃吗？"

心儿："喜欢呀！"

妈妈："妈妈也能看出来你很喜欢吃，你看最后你都吃完了，很棒的，就是如果你在吃饭的时候能够再快一点，不要去玩小手，看看这儿看看那儿，我觉得你会更快的！"

心儿听懂我说的话，点了点头。我继续跟她说："其实妈妈不是要你吃的多快，只是希望你不要发呆,做小动作,下次你试试看,如果拿到饭饭,就开始吃,你是不是会很快就吃完呢?"

每次的沟通都会像这一次,心儿答应得特别快,结果却并未做到。所以这次我还跟心儿做好了约定。下次如果好好吃饭,不需要妈妈提醒,我可能会考虑奖励一个冰淇淋! 听到冰淇淋的心儿两眼放光。

● **注意力不集中,内驱力不足**:从心儿最近一段时间吃饭的表现来看,她吃饭慢最主要的原因还是吃饭过程中注意力不够集中,年龄较小,注意力难以维持较长时间,特别是在进食时容易分心。或者食物不是她喜欢吃的,又或者突然的一个事物刺激到她,引起了她的注意,就会很容易分心,而且我发现她在咀嚼食物的过程中,因为长时间的咀嚼,大脑的思维就会分散到别的事物上去。所以还是要想办法培养她的专注力,而且在进食的过程中尽量让她能够不被别的事情打扰。心儿内在"想吃"的欲望不够强烈,所以在初期我会用她喜欢的事物提起她吃饭的兴趣。不知道在这样的约定下,心儿接下来吃饭会有进步吗?

第二天在家里吃饭,我和爸爸为了能让她专心进食,都尽量可以给心儿营造良好的用餐环境,比如整洁的桌面、椅子舒适稳定、光线明亮等,同时也尽可能地减少外界干扰,电视、手机、玩具等异物远离饭桌,让心儿的注意力可以更集中。在饭前,我们又强化了一下之间的约定,整个吃饭的过程中,心儿都在努力地吃着碗里的饭,我和爸爸也尽量不说话,不去干扰她。有时候我会偷偷地观察她,她偶尔也会出神,但是这样的现象相比前一天已经少了很多。她吃吃饭,有时候想跟我说话,我用眼神示意了一下,她就又开始埋头吃饭了,吃饭的速度果然比之前要快很多。我和爸爸吃完饭就直接离桌了,心儿一个人在饭桌前吃饭,最后吃完了饭,跑到我这边很骄傲地说:"妈妈,我吃完了,你看!"我就顺势装作很惊讶的样子:"哇,你也太棒了吧! 今天必须奖励你一个冰淇淋了,这可是你努力的结果哦!"

趁着这个时候,我和心儿说:"心儿,你看,其实好好吃饭并没有那么难,你不是做到了吗,今天虽然爸爸妈妈也用小眼睛提醒了你几次,但是真的比昨天快多了,其实只要不发呆,一心想着把饭饭吃完,饭饭很快就会吃完的,你觉得简单吗?"

心儿一脸骄傲的说:"对呀,其实吃饭也没那么难嘛!"

图4-9-3 专心吃饭的心儿

● **一点点的进步,体会努力的结果**:心儿属于饭量比较小的,所以在一开始激励她的时候,饭菜可能会盛得少一点,这样让她觉得完成这件事并不难,慢慢地再添饭。在吃饭的时候我也会将饭菜分格,让她感觉在参加一项游戏,终极的目标就是要吃光所有格子里的饭菜。偶尔为了提升她吃饭的兴趣,也会给饭菜做特别的造型,比如爸爸给她做过一个小猪佩奇的造型,这一顿的饭菜就吃的可快了。让她在一次次的进步中获得成就感,知道吃饭也不是一件难事。当然我知道,这顿饭能吃得这么快,"冰淇淋"起了很大的作用,我深知,这不是长久的办法,一味的物质奖励并不能维持太久,要真正激发孩子内在的内驱力,又该用什么方法呢?

最近我和心儿一起制定相应的奖惩制度,以鼓励她更加积极进食。我们家有一个习惯自查表,哪方面表现好就可以获得星星,吃饭是其中的一项,集满 50 个星星就可以答应她一个愿望,以此来鼓励她,最近心儿的积极性特别高。吃饭之前让她保持饥饿感,不吃水果类容易饱腹的食物。这一天晚餐,吃饭前我先和心儿沟通了一下。

图 4-9-4　大口吃饭的心儿

妈妈:"心儿,妈妈觉得你最近吃饭进步很大,都能把饭饭吃完了,而且通过这样的努力,你也获得了自己想要的东西,发现了没?"

心儿:"对呀,妈妈,好好吃饭真的太好了!"

妈妈:"不过妈妈想告诉你的是,吃饭其实是为了让自己的身体变得棒棒的,长得高高的,你看妈妈给你讲过的故事书,吃饭饭不是为了获得玩具,这个妈妈希望你能明白。"在和心儿的沟通中,让她逐渐明白吃饭的目的不是为了获得东西,而是为了自己好。

晚餐桌上,心儿认真地吃着饭,大口大口地吃着饺子,最后都认真的吃完了,尽管速度还没有那么快,但是已经有很大的进步了,最重要的是吃完饭并没有要东西,而且拿着一颗星星问我:"妈妈,我今天吃饭可以获得一颗小星星吗?"我高兴地回应她:"当然,你今天吃得太棒了! 让妈妈看看明天是哪个小朋友可以获得小星星。"接下来的几天,心儿一直能够做到光盘,给我看看空空的碗,自己拿着小星星去贴。也许是她获得了成就感,慢慢的,我们用别的事情去替代物质上的奖励,循序渐进地引导。

图 4-9-5　光盘行动的心儿

● **强大内驱力胜过无尽的唠叨**:要想培养孩子自主进餐的内驱力,需要方法的引导,首先我会和心儿一起读绘本,从书本上的故事里找到榜样,《爱读书的圆白菜》《肚子里有个火车站》等书籍,我都会和心儿一起读,她也很感兴趣。有时候我也会让孩子参与到准备餐点的过程中来,比如包饺子,拿一个小的擀面杖让她自己琢磨,自己动手,告诉我这几个饺子是她包的,我们也会将她包的饺子煮好最后盛给她吃,这一顿的饺子她就会吃得津津有味。这让孩子感受到自己参与进餐的重要性,同时也能够增强孩子的自信心。

案例审思:

(1) 创造良好的就餐环境,实现就餐的仪式感:培养孩子吃饭的仪式感也是很重要的。一开始,我就给心儿配好最喜欢的汪汪队的餐具,从爱上餐具开始。当然这样的兴趣不可能一直维持下去,我还会和爸爸给她做她喜欢的饭菜,有时候询问她喜欢吃什么,由她点菜,我再根据她的想法合理搭配饮食。就餐的环境也很重要,不让会惹她分心的玩具出现在饭桌上,让她知道这个时间就只有吃饭这一件事情。

(2)肯定每一次的小进步,给予积极的奖励措施:心儿胃口比较小,对别人来说一点点的饭可能对她来说就有很多,所以我会根据她的情况来看待吃饭这件事。一开始只要她能把饭吃完我已经觉得很棒了,慢慢地速度再快一点,我就会大大地鼓励她,听到鼓励的她也有了很大的成就感。为了让她吃得多一点,我也会让她多锻炼,消耗体能,保持一种饥饿感,在她感觉很饿的时候让她吃饭,这样吃得多,也会觉得吃得很快。在这样正面积极的情况下,再加以奖励,一次愉快的进餐体验就深深地印在了孩子心里,对下次的进餐也有了愉快的心理体验。

(3)设法调动内驱力,让其获得成就感:其实说再多话,不如她内心真正意识到吃饭的好处。心儿很喜欢看书,利用这一点,我会和她一起读和吃饭有关的书籍,让她在书本上找到榜样,从而激发她的内驱力,同时我也会让心儿参与到进餐的整个过程中,有时候会帮奶奶一起择菜,有时候会一起包饺子,从各个方面让她对食物产生兴趣。我想,这比无尽的唠叨更加有用。

文/施煜庭(4岁幼儿心儿妈妈)

睡前活动我做主
——在榜样示范下尝试自主管理的儿童

观察时间:11月28日—11月30日
观察地点:家里
观察对象:布布(5岁男孩)
观察者:妈妈

我家宝贝活泼好动,平时喜欢叽叽喳喳说个不停,而且喜欢打打闹闹,总是静不下来,没有耐心,做事情还焦躁不安。更让我担心的事情就是他对电视和手机的痴迷,尽管我们也采取了一系列的措施,但效果不明显,被强制改变的那段时间他一直处于叛逆状态,家庭氛围非常不好。后来通过学习家庭教育,我们打算先从改变自己做起,为了给他养成一个良好的行为习惯,我和爸爸决定放下手机陪孩子一起做些有意义的事情,比如看书、搭乐高、玩益智玩具……总之想让他能静下心来做一些事情。为此我们家当时还开了个小小的会议,来表示我们需要改变的决心和态度。我们一起制定了一个规则:每天洗漱完毕之后,一家三口从书架上挑选自己喜欢的书静下心来看,或者挑自己喜欢的事情来做,但要保持安静状态,互相不打扰。这个规则已经实施一段时间了,效果非常明显,"21 天习惯养成计划"果然有效,后期继续坚持孩子会慢慢变好。在整个改变的过程中每天的变化也是各不相同的,最近他每天的行为我也做了一些记录。

图 4-10-1 睡前自主阅读

这天还和往常一样,孩子洗完澡穿好睡衣,自己跑到书架前拿起了一本喜欢的绘本,转头坐回到自己的小书桌上开始翻起来,心情很平静。

由于这本书比较短,所以几分钟就看完了,我本以为他会再去选一本书过来,可是并没有,也没有要求我读给他听,而是把手上的书放回书架,接着就把沙发底下的一些小玩具都翻出来,一个个的排队玩起来。大概玩了 30 分钟左右上床睡觉了。可能是这天精力释放得比较足,身体"电量"明显不足,上床之后很快入睡了。

● **阅读习惯的养成:**每天晚上,布布都会在睡前选择一本书籍自己安静阅读。兴趣是产生注意力和保持注意力稳定的主要条件,孩子对这本书的兴趣越浓厚,就越容易形成稳定的注意力。家长可以在孩子阅读前适当干预,例如:提出关于书本内容的一些问题,即把孩子的无意识注意力逐渐转变为有意识注意力(一些具体的注意目标,需要观察什么、注意什么、思考什么)。这样孩子会把注意力集中在具体目标上,寻求答案的愿望会更强烈,注意力会更加集中。家长在孩子阅读后可及时给予他们正向的评价和鼓励,使其产生满足和快乐。

这天孩子一如既往地洗完澡,自己跑到书架前选了一本喜欢的绘本。我一般会在书架上放 10 本左右的书供他挑选,这天我在书架上加了一本新书,果不其然被他一眼瞄中,选了这本《一只很没耐心很没耐心的毛毛虫》。接着我问他:"你知道这是什么吗?"他说:"当然是毛毛虫啦!"说完就迫不及待地拿着书走到了自己的书桌上翻看了起来,一边翻看,还时不时露出疑惑的表情,果然还是新书对他的诱惑比较大,专注度也比较高,大概看了七八分钟就把绘本递给我说:"妈妈,你快给我读一读,看看他们到底发生了什么事。"我没有立刻读给他听,而是让他把看到的故事内容先讲给我听一听,他滔滔不绝地快速讲完故事的大致内容,虽然故事情节被他讲得天马行空、天差地别,我还是竖起了大拇指表示赞同。紧接着我就开始从头到尾把这本书给他精讲了一遍。这本书讲的是一条没有耐心的毛毛虫,在化茧成蝶的过程中心情非常焦虑不安,没有耐心。当我读到"毛毛虫总是不停地问旁边同类,我现在变成蝴蝶了吗?我什么时候才能变成蝴蝶?我现在呢?现在变成了吗?"的时候,他的表情发生了明显的变化,不好意思地笑了,因为他从这只毛毛虫身上看到了自己的影子。毛毛虫因为自己的焦躁不安没耐心,第一次化茧成蝶失败了,但是最终还是通过改变自己,完成了蜕变。在整个过程中,孩子听得非常认真,目光丝毫没有离开过书,大概 30 分钟,故事结束,孩子把书放回书架准备睡觉,躺在床上的时候还在一

图 4-10-2 自主选书

直回味毛毛虫的故事。每个孩子都喜欢"妈妈牌故事机"。

● **营造良好的阅读氛围**：在孩子阅读时，家长应给孩子充分的时间和空间，避免不必要的打扰与介入，让他能够专注于阅读，享受阅读，并在阅读后鼓励他说一说看到的故事内容，即使说得与故事相差甚远，但这并非重点，重要的是孩子在阅读中形成的理解以及表述自己的观点与看法，这样的阅读才是有意义的。慢慢地，这能增加孩子的沟通和表述能力，自主思考的能力也会有所提高，此外，我们也考虑过可以让孩子尝试将观点以书面的形式"写"出来，意识到阅读与写作的重要性，孩子也可以从中获得成就感，从而增强对阅读的喜爱与积极性，变得更爱阅读。

这天，孩子洗完澡心情特别好，又开始"巴拉巴拉"，聊一些今天在学校发生的事情。爸爸看他说个不停便问了句："今天准备做些啥呢？"其实是提醒他该安静下来啦，他想了一下说："我要画画。"说着就把画画用的画板、颜料和一些工具都拿了出来。我和爸爸都在一旁静静地看书工作，他一个人开始静静地画起来，今天画的应该是老师这周教的藤蔓，画了大概 20 分钟就把围裙脱掉，清理了现场之后又把他最喜欢的乐高拿了出来，按照图纸自己拼成了一个造型，跟我们炫耀了一番之后本来准备要去睡觉了，又想起来爸爸今天下班回来还没有陪他玩，硬是要求爸爸陪他玩，爸爸放下手头上的工作陪他玩了一会才肯去睡觉。

图 4-10-3 画画

图 4-10-4 和爸爸玩乐高

● **孩子的习惯首先来源于家庭的生活方式**：很多家长想要学习好的教育方法，最好这样的方法还能够移植到孩子的身上，让孩子也取得成功。但是教育方法通常是和家庭中的生活方式联系在一起的，每个家庭的生活方式不同，教育方法也不同，孩子的习惯就更加不同了，父母要以身作则。孩子的习惯还来源于逐渐形成的思想意识，如果被家长要求去做，那么自然也就不会形成良好的习惯；如果父母带着孩子体验积极的生活方式，对于孩子来说会更加有说服力。

案例审思：

（1）独立的空间和时间：从上文中可以看出，布布在洗澡后根据自己的兴趣选择图书进行阅读，在阅读过程中我们应当将这段时间交给孩子，让他们自由活动、在没有成人的干扰中自我发展。

（2）有目的的阅读和表达：新的故事书总是能够吸引孩子的注意，布布在选择书籍时会一眼选中新书。他在自主阅读中了解故事的发展，并在家长引导下勇敢地复述故事内容，虽然说得磕磕绊绊，但这也是一种积极的锻炼。在倾听故事时，布布表现得十分耐心，能够静下心来专注听故事，并在故事中找到自己的影子，发现自己和毛毛虫一样的问题。

（3）适时的引导和介入：布布很爱和人聊天说话，有时候说着说着会停不下来，于是我们会适时引导他思考"现在有哪些事情可以去做"，让他根据自己的兴趣爱好有目的地去做一件事情。家长的鼓励与表扬会让他把事情做得更好。

文/杨佩（4 岁幼儿布布妈妈）

敢拼搏、能坚持的乐乐
——在大自然的课堂里不断突破自我的儿童

观察时间：3 月—10 月
观察地点：户外
观察对象：乐乐（6 岁男孩）
观察者：爸爸

在乐乐的意志力培养上，我们从进幼儿园时就高度重视和逐步锻炼，特别是男孩子，让他在一次次的实践磨炼中学会拼搏、学会坚持。有一次，我们给孩子报名了"DS 自然探索赛"，以培养孩子克服困难，解决问题为出发点，更通过户外技能的设计帮助孩子建立科学的户外生存能力。乐乐说："爸爸，这个比赛是不是很难啊，我会不会完不成？"我说："乐乐是最勇敢的孩子，不是从来都不怕困难吗？ 比赛中有很多的挑战，需要你去克服。"乐乐说："我勇敢，我想去试一下。如果有困难我也一定会坚持下去的！"

图 4-11-1　DS 自然探索赛

● **"去探索、去超越：我与自我的约定"**：在比赛中，孩子将会面临不同的困难和挑战，比如说泥水坑、丛林穿越、障碍翻越等，每一个赛事项目都是对幼小孩子意志力的重大考验。由于乐乐是第一次参加这样的赛事，在比赛前和比赛中我们也在担心孩子能否坚持下来、能否克服障碍，奔向通过自己努力得来的胜利。令我们欣慰的是，他在每一重困难面前都是咬牙坚持了下来，我们鼓励他自己去寻找技巧、探索方法，跌倒了再爬起来，沾满了泥浆无所谓。经过重重考验，乐乐终于实现了赛前自己给自己许下的承诺：一定要靠自己的力量去实现自己定下的目标！

最近我们带乐乐去体验了一把他心心念念的户外滑雪。我们对乐乐说："乐乐你知道

图 4-11-2 滑雪

吗？滑雪并不是一蹴而就的事情，是需要长期坚持学习的。"乐乐："我一定会坚持的，坚持就是胜利！"我们说："滑雪有规则哦，自己滑雪的同时不能够去妨碍别人，也不能够随意地脱离滑道，这些举动都是很危险的行为。"乐乐说："我知道，安全第一，爸爸，我不惧怕失败，无论摔倒多少次，我都可以勇敢地站起来。"我们很赞同乐乐说的："乐乐你真棒，滑雪就像人生，摔得多了也就走的平稳了。"

● **"去感受、去热爱：我与自然的对话"**：在真正穿戴好装备、即将踏上滑雪场的时候，我们心里还都是比较忐忑的。一方面是看到场上有不少的新老手都有摔跤的情形，安全形势令人堪忧，另一方面是孩子这么小，是仅仅由于好奇心驱使而来还是能够征服这项活动，是否能在与大自然的对话中真正体验到不同于城市生活的乐趣？保险起见，我们请了专业的教练现场教学，通过教练一次又一次耐心的指导和手把手的传授，孩子逐渐由开始在教练保护下一点点地往前滑，完成了教练在一旁观察协助自己往前滑的蜕变。终于在几次的摔倒和爬起的磨炼之后，自己开始了独立滑行，并高兴地"嘲笑"父母笨拙的动作和滑稽的表情，令我们又笑又气。

有一次，我们带着孩子来了一场说走就走的旅行，行程万里来到美丽的南疆喀什。在这里，有不同于小桥流水的异域风姿，有不同于一马平川的奇峰峻岭，也有不同于白墙黛瓦的民族建筑等。我们对乐乐说："古人说读万卷书不如行万里路，在乐乐成长过程中要多多接触外界环境，以及一些新鲜的事物。"乐乐说："我喜欢爸爸妈妈带我出来玩，变得更加自信、独立。"乐乐还说："在旅行的途中，也让我明白了在遇到什么事情的时候，应该怎么做才最正确。"

图 4-11-3 新疆旅行

● **"去挑战、去翱翔:我与自由的拥抱":**旅途不仅能够增加孩子的阅历和知识储备,更能够让孩子的胆识和毅力在旅行途中得到充分的锻炼。在喀什古城中,我们鼓励孩子主动上前询问路人应当如何前往下一个目的地,让孩子学会开口,学会和自己眼睛、肤色、样貌不同的人交流。旅游途中会遇到各种各样陌生的人以及陌生的环境,这些都在考验孩子的胆识以及面对陌生环境的本能反应。

案例审思:

(1)父母的榜样作用:孩子的教育是在学习模仿中潜移默化地开展的。在日常生活中,我们遇到困难的时候会给乐乐做榜样,告诉他爸爸妈妈遇到困难是会坚持下去的,给乐乐做了一个很好的榜样之后,乐乐也会认识到坚持不懈的重要性。

(2)家园的教育支持:乐乐原本在生活中有很多事情是我们包办代替的,因为我们怕孩子做得太慢或者不好,但在进入幼儿园以后,乐乐越来越有自主意识了,他不仅会强烈要求自己的事情自己做,而且还会主动做家里力所能及的家务,我们和老师协调一致,在乐乐做完这些事情之后都会给乐乐具体的表扬。

(3)生活的教育契机:我们在生活中会处处找机遇让乐乐去挑战自己、超越自己,不管是在家还是外出游玩,我们都会抓住教育契机,引导乐乐明白生活中处处有学问,所有事情只要坚持下去就能得到收获。

文/单杰(6岁幼儿乐乐爸爸)

三心二意的东宝
——在适合的活动中学会专注的儿童

观察时间:4月15日—4月18日

观察地点:家中客厅

观察对象:东宝(6岁男孩)

观察者:妈妈

东宝是一个十分活泼的小男孩,作为他的妈妈,对于东宝的性格和日常的行为十分了解。他是个相对独立的孩子,对于很多事物都有着浓厚的兴趣。遇到新的事物的时候,我总是问他:"你喜欢这个吗?"东宝的回答永远是"喜欢"。这天,东宝自己在客厅里玩新买的玩具——一个有趣的小球。这个小球是他主动要求买的,当时感觉对他有很大的吸引力,作为母亲,毫不犹豫地就给他买了。他回到家里,就迫不及待地打开包装玩了起来。

图 4-12-1 玩新玩具时
缺乏专注力的东宝

我看到东宝玩得很认真,就去厨房准备晚餐。原本我以为他能够在客厅研究这个新玩具很久,但等我从厨房出来,走过去一看,他反而对我的到来更感兴趣,跟我玩起了"躲猫猫"。我说道:"东宝,你不是说要玩这个球吗?你不是很喜欢这个球吗?"东宝听到我的口吻中充满了责备和埋怨,赶紧又回到座位上,不情愿地把玩起那个小球。但是,经过我的观察,他的心思已经不在这个新玩具上了,趁我不注意,他又偷偷地拿起了旁边新买的蜡笔,在白纸上涂鸦,我原以为,他亲自挑选的玩具一定会集中他的注意力,但实际上,他对于这个新的玩具只是一时的新鲜感。在小的时候,新鲜感还能持续一段时间,但是随着年龄的增加,这种新鲜感很快就消失了,久而久之,他对于很多事情都充满了好奇,却很难上心,这就导致东宝的注意力不集中,很难专心在一件事情上。

其实,我很早就发现了东宝注意力不集中的坏习惯。为了能够进一步地与他交流,我主动和东宝进行谈话。

我:"新买的玩具你为什么只玩了一小会就不玩了呢?"

东宝站着不说话,眼睛"吧嗒吧嗒"地看着我。

我:"你刚才非要买的玩具怎么现在就不喜欢了?是坏了吗?"

东宝什么也没说,只是低着头。

我:"还是你想和我一起分享吗?"

东宝抬头看着我,终于开口说道:"妈妈,我觉得它不好玩,但是其他小朋友有,我也想有一个。"

我:"我了解了,妈妈来陪你一起玩。"

东宝:"那我可以好好地学习。"

我:"相信你一定可以的!"

● **充满好奇但注意力永远不集中**:东宝是个性格开朗的孩子,对于什么新鲜的事物都想要进一步地尝试,却常常会坚持不下去。作为家长,通过观察,东宝需要的是一定的耐心指引,帮助他养成良好的习惯,找到一件事物的深入意义和价值,然后去刻苦钻研,实现注意力能力的提升。促进东宝成长的同时,也为其他家庭的教育提供自身实践的经验,帮助更多像东宝一样的孩子提升注意力、能力和思维习惯,使得学生的道德素养得到全面提升。

为了帮助东宝提升注意力,我在网上和书籍上查阅了大量的资料,发现有一种项目既可以锻炼孩子的思考能力,还能帮助孩子提升注意力,这就是棋牌。经过多方查找,我发现围棋是一项锻炼孩子思维,促进孩子注意力提升的有效智力游戏。于是,我买来了围棋,通过课程学习围棋知识,带领东宝一起进行围棋游戏。起初,东宝对围棋不感兴趣,但随着我给他推荐动画片《棋魂》，以及讲解了围棋的基本知识和历史渊源，东宝对于围棋真正产生了兴趣。和同伴切磋的时候，一盘围棋经常能够对弈四十多分钟，这个期间，东宝认真对待对弈的局势，注意力容易转移、没有耐心等小毛病也得到了有效的克服。作为家长，我悄悄地对孩子的下棋时刻进行了拍照和记录，目的是为了进一步提升、激发孩子对围棋的兴趣。

图 4-12-2　东宝和同伴切磋棋艺

● **借助围棋，提升注意力：**成人都喜欢在"舒适区"内做自己比较擅长的事情，因为简单且有把握，做得好还能得到伙伴的羡慕，孩子同样也是如此。但如果只做自己喜欢的事情，对于孩子的进步是一种阻碍。东宝的注意力不集中，总是在自己的熟悉的范围内玩耍和学习，久而久之对于主动学习以及主动发展不利。围棋是提升注意力的有效手段，借助围棋，可以训练东宝的思维方式，也能通过围棋训练东宝的观察能力以及随机应变的能力，为后续的成长和发展打下坚实基础。

图 4-12-3　东宝在自主阅读绘本

这一天，东宝又坐在了客厅的地板上。此时，我以为他在玩他的玩具。但当我悄悄走近的时候，发现东宝在聚精会神地观察周围的事物，专注度完全出乎了我的意料。经过围棋的教学，东宝注意力不集中的毛病得到了很好的改善。此次我没有打扰东宝，看见他在全神贯注地看书，我知道，东宝的注意力回来了，并且逐渐对更多的玩具和事情产生兴趣，他在日常生活与学习中获得更多的机会，也提升了自己的水平。

● **成就感，让他更优秀：**东宝在围棋训练中，凸显了自己的计算天赋。他连续参加了市里举行的围棋比赛，获得了很好的奖项。现如今，东宝对于围棋更加感兴趣，对其他的事物也充满了好奇心，同时，他的注意力更强了，现在看绘本、玩玩具的时候更加集中。

案例审思：

（1）主动分析：从上文可以看出，东宝活泼开朗，思维活跃敏捷，但对于很多事情缺少长久性，很难集中注意力，这和之前的教育方式以及东宝自身的性格有关。

（2）适时干预：通过围棋的训练，来提升东宝的专注度。因为围棋需要专注的思考，才能取得胜利。在围棋中，好胜心强的东宝找到了自己学习和发展的新道路，及时纠正了注意力不集中的问题，为今后成长打下了基础。

（3）顺势引导：面对东宝注意力不集中的缺点，积极开展围棋教育，培养东宝的耐心和专注度，实现家庭教育的高效性。

文/王娟（6 岁幼儿东宝妈妈）

第三节　大自然大社会里的自由儿童

嘿！胡萝卜君
——融浸自然、循序渐进生长的儿童

观察时间：10 月 10 日—10 月 29 日
观察地点：教室
观察对象：小 3 班琪琪（女孩）

第一次观察

观察情境

　　早点开始啦，孩子们一个个自主取餐拿取自己的点心，只见琪琪用夹子戳一戳这个胡萝卜块，又戳一戳那个胡萝卜块，犹豫了好一会才夹起一个最小的。十分钟过去后，大部分小朋友的点心都已经吃完了，只有琪琪低着头，一点点地啃着胡萝卜，缓慢咀嚼，伸长脖子咽下去。于是有小朋友走过去提醒道："琪琪快吃，我们马上就要开始好玩的活动啦！"琪琪听后，继续低下头咬了一小口胡萝卜。眼看活动时间马上到了，琪琪还没吃完，阿姨走过去说："琪琪，快快嚼起来哦，几口就吃完了。"琪琪听到后咬了一大口放进嘴里，可是嚼了几下后开始干呕，把嘴里的胡萝卜吐了出来。

幼儿发展情况分析

　　● **尝试着吃，难以下咽**：琪琪一开始在拿取点心的时候反复用夹子戳胡萝卜，犹豫了一会儿才夹起来，而且还挑了最小的一块。在大部分小朋友将点心吃完后，琪琪还是一小口一小口地啃着胡萝卜，而且需要嚼很久才能咽下去。在活动时间马上就要到来的时候，琪琪咬了一大口胡萝卜，但嚼了几下后就吐了出来，可见她很想参与活动，但又难以将嘴

巴里的胡萝卜咽下去。那是怎么回事呢?

第二次观察

观察情境

于是,这天在活动结束后的休息时间,老师和琪琪进行了交谈。

老师:"为什么今天吃点心这么慢呀?"

琪琪看了老师一眼,没有说话。

老师:"是不爱吃胡萝卜吗?"

琪琪点了点头。

老师:"那你能不能告诉我,为什么会不爱吃胡萝卜呀?"

琪琪轻声说:"胡萝卜好大呀,而且还硬硬的,也没有什么味道,我不喜欢它。"

老师:"胡萝卜可是一种很有营养的食物,它可以让我们的身体更强壮哦,下次我们可以尝试一下吃几口,好不好?"

琪琪想了一下说:"好的,我来尝尝胡萝卜到底什么味道吧!"

图4-13-1 犹豫不决的琪琪

幼儿发展情况分析

● **刻板印象,不情不愿:**琪琪对于不喜欢吃的胡萝卜,在自主取餐的时候也有所犹豫,但在老师和阿姨的注视下最终还是拿了。在进餐时,孩子们都需要将早点吃完,不允许随意倒掉,因此,琪琪只能慢慢吃,一点一点地啃着胡萝卜。在听到即将开始活动后,琪琪不情愿地塞了一大口,导致吐了出来。找到了琪琪不喜欢吃胡萝卜的原因后,通过逐步引导,来期待一下琪琪的改变吧!

第三次观察

观察情境

在一节关于胡萝卜的综合活动中,老师首先带领孩子们观察了解胡萝卜,让孩子们初步认识胡萝卜的大小、形状及营养价值等。琪琪的积极性很高,主动探索触摸胡萝卜,并认真倾听。

接着,老师还带领小朋友们用小手印画胡萝卜,琪琪觉得有趣极了,用小手印画了很多个胡萝卜,并开心地说:"胡萝卜真好玩呀!"老师走到琪琪的旁边,琪琪对老师说:"胡萝卜真厉害呀,有这么多营养,我想和它做好朋友。"

图 4-13-2 主动观察的琪琪

幼儿发展情况分析

● **探索了解,尝试接受**:出于营养的全面均衡性考虑,胡萝卜是幼儿园餐桌上常见的"朋友"。在倾听了琪琪的心声后发现她不喜欢吃胡萝卜,对胡萝卜存在反感情绪,大多源于过去她对胡萝卜产生的"刻板印象"。因此,通过开展课程与胡萝卜交朋友,激发琪琪对胡萝卜的积极情感。

图 4-13-3 积极印画的琪琪

第四次观察

观察情境

小厨房的活动时间到啦,通过上次开展的综合活动,孩子们对于胡萝卜的呼声很高,于是我们准备一起来做关于胡萝卜的美食,其中也包括了琪琪。只见她将胡萝卜洗干净,在阿姨的帮助下削好皮,她迫不及待地闻了闻胡萝卜的味道后对老师说:"胡萝卜闻着还有点香香甜甜的呢,好想快点做出美食来吃呀!"老师露出了开心的表情说:"好呀,胡萝卜美食做完后,你要像小兔子一样'啊呜啊呜'大口吃哦!"

琪琪继续开心地与同伴制作着胡萝卜美食,用模具将胡萝卜压成各种各样的好看形状,不一会儿,"缤纷胡萝卜"美食做好啦。琪琪激动地大口吃了起来,老师走过去说:"琪琪,慢慢吃,不着急哦!"琪琪一边嚼一边点头说:"原来胡萝卜还是甜甜的,这么好吃呀。"不一会,琪琪盘子里的胡萝卜被一扫而光,全都在肚子里啦。老师对琪琪说:"我们一起把缤纷胡萝卜美食拿去和旁边班级的哥哥姐姐分享吧,让他们也来尝尝!"琪琪高兴地与老师走了出去。

图 4-13-4　制作美食的琪琪

幼儿发展情况分析

● **真心接纳,逐渐喜爱**:自从发现琪琪对于胡萝卜有抵触心理,老师便开始逐步引导,与琪琪一起认识胡萝卜并与胡萝卜交朋友,逐步建立对胡萝卜的积极情绪。通过让琪琪与胡萝卜有进一步的互动,亲自动手制作胡萝卜的美食并把胡萝卜变成"超级美味的大餐",琪琪就迫不及待地大口吃了起来。在琪琪吃完后,再与琪琪一起去向哥哥姐姐分享自己制作的胡萝卜美食,激发了琪琪的成就感,逐步让琪琪真正接受胡萝卜、喜欢吃胡萝卜,养成良好的饮食习惯。

第五次观察

观察情境

经过一段时间的努力后,琪琪逐渐爱上了胡萝卜……快瞧,发生了什么?

午点时间开始啦,这次的午点是胡萝卜鸡蛋面,只见琪琪看到了午点开心地说道:"啊呀! 还有胡萝卜呀!"她一大口一大口地将胡萝卜塞进嘴巴,没过一会儿,胡萝卜鸡蛋面就被吃得精光。琪琪还主动走到老师旁边说道:"老师,你知道吗? 我现在好喜欢吃胡萝卜,胡萝卜最好吃了! 我在家一直让妈妈做胡萝卜给我吃,有蒸胡萝卜、炒胡萝卜,接下来我还要和妈妈一起种胡萝卜呢!"

于是,老师与琪琪妈妈分享了琪琪的这一改变,妈妈也表示,琪琪在家里看到有胡萝卜的菜会非常高兴,会吃得津津有味,接下来在家里还要和琪琪一起尝试种植好吃的胡萝卜呢!

案例审思:

(1)从生活细节处把握教育契机:从上文中可以看出,当小朋友和阿姨提醒琪琪大口吃胡萝卜的时候,琪琪没有进行回应而是一直啃着,甚至最后大口塞进嘴里导致吐出来。当老师进行追问时,琪琪才逐渐说出自己不喜欢吃胡萝卜的原因。作为老师,我们要关注幼儿每一个细小的行为,从中挖掘有价值的教育资源,珍视教育的每一个细节,助推幼儿不断生长。

（2）在多样活动中强化亲身体验:《纲要》中指出:"教育活动内容的选择既符合幼儿的现实需要,又有利于其长远发展,既贴近幼儿的生活来选择感兴趣的事物和问题,又有助于拓展幼儿的经验和视野。"孩子们的学习经验很大程度上都来自于他们的亲身体验,教师在幼儿原有经验和认识水平的基础上,借助多元的活动,如探究胡萝卜的秘密、制作胡萝卜美食等,引导琪琪与胡萝卜亲密接触,这不仅拓展了琪琪关于胡萝卜的认知经验,更让她体验到了制作、品尝与分享美食的快乐,引发了成就感,使其逐渐爱上了胡萝卜。

文/汪莲心

幼儿园里的人
——关注生活、需要情感联结的儿童

观察时间:5 月 17 日—6 月 5 日
观察地点:幼儿园户外、教室内
观察对象:小 2 班幼儿

第一次观察

观察情境

场景一:幼儿园夏日的操场上,王叔叔(后勤总务)、保安师傅正在为孩子们安装防晒网,几个孩子们停下手中的游戏,趴在窗边围观。尚尚自言自语:"这是大门口的师傅吗?"梓言说:"是的,他是肖师傅。"老师问:"你们认识肖师傅啊?那你们知道肖师傅是做什么的吗?"梓言抢先回答:"我知道,他是保安。"梓言又指指四楼天台的王叔叔,说:"那是王叔叔,我也知道。"尚尚说道:"他们在干什么呀?"老师说:"你们想去问问吗?"几个孩子羞涩地摇摇头,就走开了。

场景二:户外野趣场,孩子们对新改造的玻璃栈道和树屋很感兴趣,尚尚说:"这个玻璃桥肯定是保安师傅装的。"萌萌说:"有可能是王叔叔。"小菲菲说:"会不会是工人叔叔。"就在这时,他们看到沙池边有几个陌生叔叔在搭建凉棚,乐轩说:"那里有几个叔叔,会不

图 4-14-1　从教室门围观叔叔干活

图 4-14-2　羞涩地询问陌生叔叔

会是他们。"我鼓励乐轩去问问。乐轩向前走了几步,在离叔叔们还有一段距离的地方小声问道:"叔叔你们在干什么呀?"我提醒他大声一点,他又问了一遍,叔叔回答:"我们在搭凉棚。"乐轩听后,立即笑着跑开了。

幼儿发展情况分析

● **"跃跃欲试"的发展需求缺乏有效支撑**:幼儿对于周围环境及人的关注,随着认知和经验的不断提升呈现由近及远的发展趋势。到了小班下学期,孩子们和班级同伴、老师阿姨已经建立了比较稳定的关系,认知和情感需求也在不断向外拓展,从以上几个情境可以发现,孩子们正用他们特有的视角打量着幼儿园里的每一个人,观察着他们的工作:他们是谁? 他们在做什么? 在以上场景中,教师也试图鼓励幼儿主动表达和向前一步探索,但是由于经验储备不足、爱的情感动力也不足,幼儿呈现出羞怯和畏缩的反应。于是我们决定带着孩子们通过走近工作场景和体验工作内容,一起去了解幼儿园里的人,包括保安、后勤、后厨、保健等各类人员。

第二次观察

观察情境

场景一:在王叔叔的办公室里,他们对办公桌上的各类工具发生了兴趣,王叔叔说:"你们可以摸摸我的宝贝,看看认不认识是什么?"轩轩拿着螺丝刀说:"这个我知道,我爸爸拿这个修过玩具。"小屹说:"王叔叔,你也用这个修东西吗?"王叔叔说:"是啊,它们每一个形状都不一样,你们发现了吗?"昕昕说:"这个头上好像不一样。"小屹问道:"王叔叔,你

图4-14-3 参观王叔叔办公室

的这些工具修什么东西啊?"王叔叔说:"给你们修坏掉的各种东西啊。"昕昕马上说道:"你上次就用这个给我们修了水杯架对不对。"王叔叔说:"对啊。"轩轩补充道:"好像还修过我们的门锁。"

场景二:孩子们来到安保室,体验保安叔叔的工作,他们体验了遥控电子门锁,观看了门卫室的监视屏幕,扛起了超重的安放装备,和保安

图4-14-4 试搬饮水桶

叔叔一起到园子里巡逻,最后叔叔带他们到存放饮水桶的地方。洋洋问:"叔叔,你们要搬这个水桶到每个教室吗?"保安师傅说:"是啊。"洋洋提出想要试一试,但是发现搬不动,晨晨说:"我来帮你。"四个小朋友一起上阵,结果水桶纹丝不动,洋洋感慨道:"这也太重了吧。"其他小朋友也说:"叔叔你力气真大啊。"

场景三:清晨八点多,孩子们来到了幼儿园的厨房,观看了从验菜到洗切菜的全过程,

图4-14-5 参观厨房

还在厨师爷爷的带领下参观了厨房的角角落落。他们拿起锅、铲、漏勺,在手里颠颠,淇淇说:"你们看,这个漏勺比我的头还大。"厨师爷爷说:"这个是下面条、下馄饨的时候用的哦。"希希说:"爷爷,你这个铲子好大,比我家大多了。"杭杭指着边上的一口大锅说:"这个锅也好大啊,都有浴缸那么大了。"厨师爷爷笑笑说:"因为幼儿园有很多小朋友啊,要吃很多的饭菜。"乐天佩服地说:"爷爷你每天好厉害啊,做那么多菜。"

幼儿发展情况分析

● **"走进式"活动带来深度体验**:"小小体验官"的职业体验活动让孩子们走近了幼儿园的每一个人,除了后勤叔叔、保安、厨师,孩子们还近距离体验了会计、保健医生、园长妈妈、保洁阿姨的工作过程。体验过程中可以看到,孩子们都能大胆地表达自己的已有认识,并能提出自己的疑惑。由于教师和被访者前期做好了充分的沟通,小组体验、教师跟随的模式,让这些小班的孩子充满了安全感,表达和沟通的欲望得以充分满足。这里没有大人和小孩,没有个头的差距,孩子和成人更近了,耐心、和蔼的解答让孩子们感受到了被重视、被尊重。同时,这种个体和小组的认知经验还需要通过一个合适的形式,共享给群体,拓宽每个幼儿的认知和情感。

第三次观察

观察情境

参观体验之后,我们开展了"幼儿园里的人"分享会活动,每一组孩子通过参观照片和记录表征向全班介绍小组体验的内容。分享后,孩子们有了很多自由的表达。

轩轩说:"王叔叔经常给我们修东西,什么都会修,好厉害!"

开心说:"厨师爷爷每天起那么早给我们做饭,真辛苦。"

馨馨说:"保健医生每天都仔细检查我们的身体,我想对她们说谢谢。"

洋洋说:"保安师傅保护我们,他能控制大门,好酷。"

潼潼说:"希望园长妈妈能帮我们订更多好玩的新玩具。"

小宝说:"周老师有那么多的黏土,好开心。"

尚尚说:"谢谢保洁阿姨把我们幼儿园打扫得干干净净。"

幼儿发展情况分析

● **共享表达建立情感联结**:从孩子们的话语中,读到的是对幼儿园里的人以及他们的工作的认同和敬佩,这种认同已经能很好地与自己的在园生活发生联结,知道了幼儿园里工作的各类人都有一个共同目的:为了"我"的健康成长。这种基于真实体验和了解后生发出的感恩之情也更加的真切。同时,情感的体验还需外显到生活中的行为,发自内心的尊重和关心才是活动的最终目的。

有了这一次幼儿园职业体验、分享活动,孩子们的行为也有了相应的改变,教师记录下了一周内幼儿典型个例。

时间	场景	幼儿	对话
5.30	自由活动环节,孩子们在自由喝水	萌萌,乐轩	萌萌:你怎么不喝完啊? 乐轩:我喝不掉了。 萌萌:那你也不能倒掉,这是保安师傅辛辛苦苦搬来的。 乐轩:那好吧。(把杯子里剩下的水喝掉了)
5.31	区域游戏时间,三个孩子在玩新的木制玩具	恩泽,睿睿,小宝	恩泽:这个新玩具好好玩。 小宝:肯定是园长妈妈给我们买的。 睿睿:我们下次要谢谢园长妈妈。
6.1	六一儿童节的美味自助餐,孩子们选好美食坐下来品尝	天天,杭杭	天天:今天自助餐好丰盛啊。 杭杭:厨师爷爷今天一定很辛苦,我们不能浪费。

续　表

时间	场景	幼儿	对话
6.2	晨间进园环节,孩子们陆续来到班级	毛毛、馨馨	毛毛:老师,你看那是保洁高阿姨。(指指拐角处护导的阿姨) 馨馨:我们刚刚跟她说早上好了。
6.3	放学时间,孩子们排队走向大门口,保安肖师傅经过	全体	梓言:你们看,那是肖师傅。 全体幼儿异口同声:肖师傅好!(边喊,边伸出手和肖师傅热情击掌)

案例审思:

(1) 观察倾听与价值判断:为幼儿提供更多的发展契机。议论身边的人,关注成人的生活,这些幼儿在成长中看似寻常的表现,也具有能力发展的空间和价值。在这个案例中,教师细心观察孩子们在生活场景中的对话,敏锐捕捉到了孩子们的兴趣点和发展可能性,并给与了课程上的回应和支持。

(2) 亲身体验和分享表达:促进幼儿与成人的情感联结。幼儿对于身边成人的了解,不仅仅来自于观察,教师给予幼儿走进成人生活场景、体验成人工作内容的机会,帮助幼儿切身体会到他们与"我"的关系。同时,班级分享和团讨,让幼儿在梳理自己的经验中加深对这种关系的理解。

(3) 内化为生活中的行为:幼儿对情感的深层次理解与应用。在体验和分享过后,幼儿在生活中的各个环节,都有对幼儿园里的成人的联想和表达,并有以此初步约束自己行为的个例出现,这才是幼儿在这个课程活动中收获的最有价值的部分。

文/姜旭

金鱼"守护者"
——感知生命、诱发深度学习的儿童

观察时间:3 月 15 日—4 月 4 日
观察地点:班级自然角
观察对象:中 7 班松松、叮当、谦谦、琪琪、加敏

第一次观察

观察情境

在我们班的自然角,养了三条可爱的小金鱼——"小白""小红""小花",孩子们路过自

然角都会去看看它们。周一早上，水培区的孩子们正忙着给花儿浇水，进进出出，忙得不亦乐乎。突然，一言惊奇地说："快看，小鱼睡觉了。"永泰说："鱼儿好像是死了吧。"一言："不是，它们是睡觉了。"永泰："死了，它都飘上来了。"他俩你一言我一语地争论声引来了小朋友的围观。琪琪："你看它的眼睛还没有闭上呢。"叮当："小金鱼肚皮朝天浮在了水面上，肚子胀得很大，是死了。"孩子们看到鱼缸内的水很浑浊，散发出一阵阵臭味。只有小红还能动。他们七嘴八舌地嚷着："小金鱼真的死了吗？""小金鱼死了，怎么办啊？""我们只剩下一条鱼。""它们是怎么死的？"

图4-15-1　发现金鱼死亡

幼儿发展情况分析

● **持续关注，萌生探究欲望**：从幼儿对于金鱼是否死亡拿不定主意，可以看出他们对于金鱼是否死亡的判断经验是存在差异的，对于金鱼的死，他们仍存在较大的争论。但是，在整个幼儿围着鱼缸寻找金鱼是否死亡的答案的氛围中，我们可以发现他们对于金鱼是否"死亡"的特征极为关注，有强烈的探索金鱼是否死亡的好奇心。对于他们提出的层出不穷的关于"金鱼死了怎么办"的问题，可以看出他们具有想要深入探究金鱼死亡原因的欲望和学习兴趣。

第二次观察

观察情境

下午起床后，我和孩子们再次观察了金鱼死亡的现场环境。蹲在地上的叮当大声说："呀！什么味道这么臭？"大家都围了上来，子睿指着水面漂着的枯叶子和水里的营养土残渣说："鱼缸里好脏啊！你们看下面好多脏东西。小鱼是不是被熏死了？"孩子们开始你一言我一语地争论起来，他们有的说是周末两天没喂食饿死的，有的说是水太脏了熏死的，都觉得是自己说得对，谁也不愿意听谁的。为了弄清楚死亡的真相，我们又仔细地观察了一番，并上网查找了金鱼死亡的各种原因。经过网络上讲述的金鱼死因的启发，叮当像是想起来什么似的大声说："星期五放学，我看到思远把贝壳扔到鱼池里去了。"思远一听低下头说："对不起，是我把贝壳扔进去的。"松松恍然大悟说："我看到鱼缸里有很多鱼食，鱼池里还有花盆里的土。小金鱼是因为水太脏不能呼吸才死的。"经过孩子们自己的"检举揭发",金鱼死亡的真相逐渐浮出水面。

图 4-15-2 金鱼死亡现场

图 4-15-3 金鱼死亡揭秘团讨

幼儿发展情况分析

● **细致观察对比,促使经验互通关联:**根据现场细致的观察,可以看出幼儿的观察力和注意力较为集中,且细致的观察促使他们对鱼缸的水质和环境有了新的认知和经验。受到网上金鱼死亡原因的思维冲击,幼儿对周五放学前的情境进行了及时的回忆再现,可以看出,他们已经能够将前期经验和现有经验进行必要的互通关联。他们在自我不断地讨论中分析、推断出水污染导致金鱼死亡的真相。从幼儿低下头,不好意思地回答可以看出,他们对自己行为的正确性与否也有了反思和判断。

第三次观察

观察情境

小鱼死了,新的问题摆在了大家面前:怎样处理死掉的小鱼们呢?"把它们扔到垃圾

图 4-15-4 安葬小金鱼

桶吧!""不行,那样他们太可怜了!""把它们扔到小河里吧""也不行,大鱼会把它们吃掉的!"在大家七嘴八舌讨论不出怎样处理的时候,谦谦走到我面前说:"老师,我觉得可以把死掉的小鱼埋起来。清明节我去扫墓的时候,妈妈就告诉我,那里都是安葬死去的人的地方。我觉得我们也应该把小鱼埋起来,给它们插个牌子,经常去看看它们。"这个方法得到了大家的认可。我们用树叶把小鱼包了起来,在种植园的角落里挖了个小坑,把小鱼埋了进去,

松松还在小鱼埋葬的地方插了一根雪糕棍,告诉大家以后可以经常来看看它们。

幼儿发展情况分析

● **迁移已有经验,积极付诸行动**:幼儿从自身的生活经验出发,从清明节扫墓知道了人类死亡后要安葬躯体,从而自然萌发了"小金鱼死了也需要好好地安葬它们"的想法。整个过程自然顺畅,幼儿自然直面的谈论了死亡的话题,萌发了尊重生命、爱护生命的情感。幼儿在确定了埋葬金鱼的想法后,纷纷行动起来,带着金鱼的尸体,在种植园里自己挖坑、埋葬、并且用雪糕棍给小鱼制作了墓碑。从这一系列的过程中,可以看出幼儿在有了想法后还能积极付诸于行动。

第四次观察

观察情境

埋葬完小鱼后,孩子们还是很伤感。松松走到鱼缸前看到小红说:"就剩小红了,它好孤单啊。"边上的孩子纷纷点头表示赞同。"小白和小花死了,那我们要怎么安慰和关爱剩下的小红呢?"琪琪说:"我要给它画幅画,这样它看到就不会孤单了。"其他孩子听到了,也纷纷点头。松松说:"我们可以给小红重新做个家,我让妈妈再买一些小鱼带到幼儿园来,这样它就会有很多好朋友了。"本以为事情到此,孩子们这么说说就结束了,可是没想到孩子们真的把自己说的话放在了心上。中午吃完饭后,很多孩子都跑到美工区拿起了纸给

图 4-15-5　分享送小金鱼的画

图 4-15-6　照顾金鱼

小鱼画起了画,有些没来得及画的小朋友,在第二天带来了和爸爸妈妈一起制作的给小鱼的卡片。第二天,加敏和妈妈送来了几条小金鱼(有红色的、白色的和花色的),放进了小鱼的新家。过了一天,松松又和爸爸带来了一条大黄锦鱼。鱼池里一下子热闹起来,孩子们纷纷围过来观看。从此,每天孩子们都自觉地带小红出去晒太阳,给它换水、喂食。

幼儿发展情况分析

● **拓展多种新经验,持续互动交流**:从幼儿通过分享自己照顾剩下小鱼的想法的过程中可以看出,他们对于"怎样关爱小鱼"的情感更多的是从自身出发,还存在"以自我为中心"的现象。但整个过程中,我们可以发现这些讨论和行动不仅拓展了幼儿对于照顾、关爱生命的多种经验,还丰富了幼儿沟通和表达的多种方式,提高了他们的社交技能和表达能力。他们之间的互动和交流,也让他们建立起自信,愿意更加深入地了解金鱼的喂养方式,并将其付诸于行动,每天去观察、照顾它们。

案例审思:

(1)发展初步的探究能力和自主性:幼儿与生俱来的好奇心,促使他们充分调动感官,在探究金鱼死亡原因的过程中通过看、听、闻等多种感官,对金鱼死亡现场进行比较观察和连续观察,并采用对比、猜测、验证等方法来探究金鱼死亡的原因,整个过程中发展了幼儿初步的探究能力。且幼儿在真实的问题情境中不断地去思考、去实践自己的想法,养成了自信、自主的学习品质。

(2)促进经验的整合与迁移,萌发热爱生命的情感:幼儿从生活中的清明节扫墓,知道了人类死亡后要安葬躯体,并把这种前期经验自然迁移到安葬小金鱼上。整个过程中,幼儿自然直面地谈论了死亡的话题,萌发了尊重生命、爱护生命的情感。

文/王悦

美味小站大变身
——善于发现问题、会探索乐动脑的儿童

观察时间:10 月 21 日—11 月 3 日
观察地点:班级角色游戏区"小餐厅"
观察对象:中 2 班幼儿

第一次观察

观察情境

这一天角色游戏讲评的时候,美味小站的服务员阿程和厨师 KK 分享了一些遇到的情况。

KK:"今天就一个小客人来买蛋糕,我都没事情做。"

阿程:"是啊,小客人好少,我也没事情做了。"

KK:"我也是。如果有很多小朋友都愿意来买我们的蛋糕该有多好啊!"

阿程:"怎么样才能吸引更多小顾客来我们美味小站呢?"

图 4 - 16 - 1 原来的美味小站

幼儿发展情况分析

● **善于发现问题的儿童**:问题的发现来自于幼儿在游戏过程中感受到的不顺利、不满意的状态。当美味小站中的二位服务员发现近期客人很少时,他们表现出了无所事事的状态。而游戏中持续的无事可做的状态,也激发了他们对于问题的发现,让他们产生了解决游戏现状的初步想法和动机。

第二次观察

观察情境

孩子们围绕这个问题,结合自己的生活经验展开了讨论:

汐汐:"我觉得可以加一些新的美食来吸引客人们。"

媛媛:"对,有更多好吃的,小客人一定会想要去看看的。"

美美:"没有小客人的话,老板还可以叫得大声点,让大家都来买吃的。"

阿程:"我们昨天已经用过这个办法了,嗓子都叫累了,还是没有人来……"

幼儿发展情况分析

● **想要解决问题的儿童**:阿程和 KK 对于美味小站问题的分享,吸引了其他孩子加入讨论。对于他们来说,这个问题或许是他们也曾遇到过的,由此产生共鸣。孩子纷纷依据自己的已有生活经验提出解决问题的方法。

第三次观察

观察情境

还有什么办法呢? 讨论一时陷入了僵局。

正好第二天是周末,KK 说:"妈妈周六会带我出去吃饭。"

这时好几个孩子都纷纷表示自己也出去吃过好吃的,或者准备周末出去吃好吃的。

汤汤:"上个星期妈妈带我去了一家披萨店,那里面好大,有两层呢。有好多种披萨,还有各种我喜欢的饮料。"

叮当:"我去的店里也很大,爸爸给我点了牛排和意面,妈妈点了一份炒饭。店里的人好多,我们等了好久才等到位置。"

原来孩子们几乎都有外出就餐的经验啊,看来他们的见识还挺广。

那真正的餐厅到底是什么样的? 人满为患的餐厅又做了什么小功课,让自己的生意爆满呢? 不如趁着这个机会去参观、学习一下吧! 让孩子们在品尝美食的同时找到答案。

幼儿发展情况分析

● **善于联系生活的儿童**:在讨论中,孩子们达成共识,一次"带着问题去吃饭"的自发性家庭活动应运而生,它让孩子们在观察、讨论、调查的过程中获取很多幼儿园里得不到的、有益生活的经验。这是生活、游戏与学习之间的有效链接。

第四次观察

观察情境

周一,孩子们一起分享了周末和爸爸妈妈外出用餐拍摄下的餐厅照片,发现了很多可以借鉴的好办法:

蹦蹦:"我吃饭的餐厅里有很多漂亮的旗子,我们也可以做一些装饰美味小站。"

阿程:"我在西餐厅吃饭,有牛排和薯条,我很喜欢,可以加在菜单里。"

量量:"我看到我吃饭的地方桌子很大,如果美味小站也有个大桌子就好了。"

KK："我去的那家店门口就有价目单,可以在门口就看到想点什么菜和多少钱。"

……

图4-16-2　分享餐厅信息的蹦蹦

图4-16-3　用黏土制作"牛排"的阿程

通过热烈的分享与讨论,孩子们发现可以从各个方面对美味小站进行改进。经过梳理,大家发现要从餐厅环境、菜谱等方面做出改变。随即,幼儿共同收集了各种材料,一起设计、制作了一些装饰品和新的价目表,并用超轻黏土、海绵纸等材料制作了新的"美食"。

幼儿发展情况分析

● **善于解决问题的儿童**:将生活经验迁移到游戏中后,孩子们发现:原来美味小站中遇到的游戏问题可以从很多方面进行解决。通过生活中的观察、分析、讨论,来园后与同伴进行交流分享,最后到归纳、梳理解决问题的方法,孩子们从中实现了经验的互换,彼此间拓宽了学习的途径,也扩展了解决问题的思路和眼界,这是一个双向学习的过程。

第五次观察

观察情境

经过大家近半个月的丰富和改进,美味小站变得焕然一新:新的价目表、新的菜系、新的装潢、新品推荐广告等。为了提升小顾客的用餐体验,孩子们搬了两张长桌拼成一张大桌子,铺上桌布,摆上餐具和花束,让整个环境更优美。除此之外,还设计了一个顾客等待阅读服务,可以让等待的小顾客有事可做。

图 4-16-4 改造后美味小站的装饰

图 4-16-5 美味小站新增甜品

图 4-16-6 美味小站桌面摆盘

图 4-16-7 美味小站新品推荐

图 4-16-8 顾客等待阅读角

图 4-16-9 美味小站更新价目表

图 4-16-10 美味小站顾客排队点单

某一天的游戏中——

妞妞："你好,请问你想吃些什么?"

小顾客："我想吃牛排。"

妞妞："好的,请你先到椅子上坐一会儿。"

厨师量量立刻将"牛排"用夹子夹到锅里煎熟,然后盛出放在盘子里:"妞妞,你端给小顾客吧。"妞妞端着餐盘送到小顾客那里,路过的小客人看到后也纷纷过来排队,不一会儿小客人就排了长长的队伍。

点完餐后,小顾客们坐在椅子上等待食物上桌,这期间不少小顾客都拿起了架子上的绘本图书进行阅读,还没看完就能够等到食物端上桌了。

幼儿发展情况分析

● **会探索乐动脑的儿童**:从半个月前阿程、KK对问题的发现和提出,到如今更多的孩子投入到美味小站的游戏中,自愿成为小站服务员中的一员。在这近半个月的时间里,孩子们始终带着热情持续关注美味小站的情况,参与美味小站的改造活动,最终使得美味小站的环境变得焕然一新,而呈现出的自然又生动的游戏情境,也展现出了美味小站的热闹非凡和孩子们动手动脑的良性结果。

案例审思:

(1)提供问题分享平台:在游戏的过程中不仅会有孩子们的"哇"时刻,也会有他们觉得困惑的问题时刻。游戏结束后的分享环节可以帮助他回忆游戏中获得的经验,也可以提出游戏中遇到的困难。当问题被分享出来的时候,大家可以一起讨论,想办法解决问题。

(2)资源支持自主学习:当问题被提出,通过讨论无法解决的时候,我们还可以充分挖掘身边的资源,拓展孩子的生活经验,并通过交流分享完成他们经验的互换和再提升,并运用到游戏中去,使孩子们真正成为学习和游戏的主人。

文/顾唯

大力的"足"迹
——自尊心强、在自我挑战中进阶成长的儿童

观察时间:3月17日—3月31日
观察地点:室外足球场
观察对象:大4班大力(男孩)

第一次观察

观察情境

我们的足球游戏总共划分成了五个不同的区域,有"障碍大比拼""安全屋""捣蛋鬼"

这类熟悉球感的游戏,以及"射门大挑战"和"红蓝对决"这类合作竞技类游戏。

今天的户外足球游戏,大力选择了"红蓝对决"中的蓝队。比赛开始,在红队发球的同时大力立马冲上去抢球,正当红队队员要把球传给队友时,大力一个滑铲把球抢掉了,并带着球往对门方向跑,但没一会儿,球就被踢远了,大力赶忙跑去追球,但球还是出了边界。紧接着红队继续发球,大力又一次上去断球,但没有成功,随后红队率先破门得分。见此,大力叹了声气,赶紧让队友将球发给他,大力开始带球进攻,但是很快,又将球踢远了,正好踢在了红队队员的脚下,又给了红队一次进攻的机会,大力急了,赶忙去追,还没追到,红队又射门得分了……最后,在大力一次次把球带丢的情况下,蓝队输掉了比赛,大力哭了。

幼儿发展情况分析

● **努力地踢,但总丢球**:在比赛进行的这一段时间当中,大力的每一次进攻、抢断和追击,都让我们看到了一个想通过自己的努力,来带动自己球队获得胜利的大力。而在带球的过程中总将球踢出边界,暴露了大力的控球能力比较薄弱。这给大力带来了一些打击。

图 4-17-1 一直丢球的大力

第二次观察

观察情境

在午后散步经过足球场时,大力跟老师聊起了这件事:

大力:"这球怎么一直不跟着我,老是走掉,是不是坏了?"

老师:"球在所有人的脚下都会跑丢吗?"

大力摇摇头。

老师:"那球有没有漏气?"

大力还是摇摇头。

老师:"每次带球用脚踢时就会被踢丢,说明你用的力是大了还是小了?"

大力想了一下说:"可是跑步跑太快,我收不住力气啊!跑得慢又要被别人抢掉,怎么办呢?"

老师:"跑得快,球也可以一样快速地带在脚下哦。你平常踢足球都玩哪几个区域?"

大力:"我就喜欢在'红蓝对决'踢比赛。"

老师："那怪不得呢！我们其他几个区域游戏都是练习将球如何带在脚下的,下次要不要去试试?"

大力狠狠点了点头。

幼儿发展情况分析

● **师幼谈心,寻找原因:** 大力平时选区域,只选自己喜欢的红蓝对决,难得选择其他区域也是兴趣缺缺,导致他的球感比较生疏,因此去挑战难度最大的比赛时,步子迈得太大就吃了亏。于是今天在散步时,教师抓住了大力比赛失利沮丧又急于求成的心态并进行了交谈,激发大力对其他区域的兴趣,从而引导大力逐步去提升自己的球感。找到了大力控球薄弱的原因后,我们来看看大力的改变吧!

图 4-17-2　绕障碍的大力

第三次观察

观察情境

第二次足球游戏活动,大力选择了相对较简单的"障碍大比拼",只见大力翻转沙漏就带着球出发了。起初几次,大力在带着球绕障碍时为了追求速度,不是撞到障碍物就是将球踢丢。这时大力抬头看向了老师,看到老师对他点了点头后,又开始了挑战。

时间在大力不断的挑战中慢慢流逝,6分钟后大力拿起球走到老师旁边说:"老师,我现在能够带着球通过障碍了,但是好像超时了。"老师看着大力说:"没事,你看你都能带球通过障碍了,真是太棒了!"大力听了,挠了挠头,露出了一个害羞的微笑。

幼儿发展情况分析

● **渴望成功,需要肯定:** 经过上次的谈话后,今天大力选择了主要练习控球的"障碍大比拼",但是因为心急,总是碰到障碍或者把球带丢。后来在意识到丢球的原因以及老师的点头示意下,大力能静下心放慢速度并能坚持下去,最终成功带球通过障碍。虽然超过了规定的时间,但老师还是给予了肯定,让大力体验到了自己也能控制住球的成就感,为他接下来继续尝试其他的球感游戏做好心理建设。

第四次观察

观察情境

在接下来几次的足球活动中，大力陆续挑战成功了"障碍大比拼"和"安全屋"。这天的足球游戏，大力转战到了"捣蛋鬼"游戏。在游戏中，不仅"建筑物"是障碍物，连在里面游戏的人也成了移动的障碍物，需要大力不停地带球躲避游戏，一开始，大力没办法边带球边观察周围的情况，以致于游戏效率没有对手高，经常输掉比赛。

图 4 - 17 - 3　玩"安全屋"的大力　　　　图 4 - 17 - 4　玩"捣蛋鬼"的大力

但是大力没有气馁，通过不断反复的游戏慢慢掌握了边带球边观察的技能，比赛获胜率也在大力的坚持练习中稳步提升。

大力："老师，我现在一边带球一边还能观察好多东西呢。"

老师："哈哈，大力你看，坚持练习，一定会有很大的收获，加油！"

幼儿发展情况分析

● **坚持不懈，进阶成长：** 通过老师积极正面的鼓励和引导，大力不再对某个区域有着强烈的偏爱，愿意沉下心来去尝试原本不感兴趣的"障碍大比拼"和"安全屋"等。并且在自己的不懈努力下，每个区域的游戏都能练习得越来越熟练，这也给大力带来了一些积极的情绪体验，让他感受到每个区域的游戏都会带来不一样的收获，让自己的球感越来越好。

第五次观察

观察情境

经过一阶段的努力，大力的球感有了很大的提升。

时间	周一	周二	周三	周四	周五
记录	B	B	A	A	A+

注:能边观察边带球跑动躲避障碍＝A+;能带着球躲避障碍＝A;能将球带在脚下跑动＝B;控制不住将球踢丢＝C。

案例审思:

(1)读懂童心、顺势引导:从上文中可以看出,大力是一个性子比较急又比较要强的孩子,平时总喜欢挑战比赛类型的游戏,对于一些需要更多耐心来完成的控球游戏不太感兴趣。但是因为基础不扎实,大力经常输掉比赛。尽管平时老师多会以正面鼓励的形式去引导,但是效果不明显。这次,老师摸准了大力想赢的心理,和他开展了谈话,引导大力看到了成功的"秘诀",促使大力自发的去尝试其他的控球游戏。

(2)陪伴肯定、给予信心:对于大力这样个性比较急的孩子,要让他沉下心来去逐个体验控球游戏是比较难的。因此,在大力游戏的过程中,老师总是以陪伴者的身份在旁,给予他及时的肯定和鼓励,让大力从有兴趣去尝试其他游戏,到有勇气去面对困境,再到有策略去提升球感,一步步体验到成功的喜悦。

文/蒋家华

窗户秘密多
——积极融入、主动学习的儿童

观察时间:11 月 24 日—12 月 11 日
观察地点:幼儿园
观察对象:大二班幼儿

第一次观察

观察情境

这天,汤圆在美工区画画,只见她一边画一边不时抬头看看旁边展示的现代建筑和古代建筑图片。小梁问:"你在画什么?""这是古代的亭子,我要把它和现代建筑都画在一起。"汤圆笑着说。汤圆画好一部分后,再次观察继续在纸上添画,多次重复。

游戏结束后,汤圆介绍了她的设计图:"这个是我的建筑设计图,我把古代和现代的建筑都建造在一起。我还画上了古代的窗户呢,它的花纹很好看。你们有没有发现和我们

图 4-18-1 认真画画的汤圆

图 4-18-2 汤圆的建筑设计图

现在的不一样。"

苏苏说:"形状也不一样呢!"

呱呱说:"里面的花纹好特别呀!你画的窗户花纹也都不一样。"

可可:"真想亲眼看看这些窗户到底是什么样子的。"

幼儿发展情况分析

● **对古代窗户产生兴趣,但缺乏经验**:汤圆的分享引发了小朋友对古代窗户的关注,他们发现古代窗户形状和花纹都很特别,与生活中看到的窗户是有差异的。由于对古代窗户缺乏认知经验,图画已经不能满足他们的好奇心,他们更想亲眼去看一看、探索古代窗户,可以看出幼儿对古代窗户的探索兴趣。

第二次观察

观察情境

小朋友利用周末进行了实地观察。

几天后小朋友们分享自己参观建筑窗户的发现。

艾莎:"我周末去了苏州园林,里面的窗户有的是木头的,有的是石头做的。"

小译:"我在苏州园林看到了镂空的窗户,而且窗户里还有花纹。"

嘟嘟:"我在苏州博物馆里看到了六边形的窗户,和我们平常的窗户形状不一样,但不能打开。"

妙妙:"我看到的建筑都是玻璃窗,在上面还印出了蓝蓝的天空。"

小彭:"妈妈看的古代电视里,窗户是木头的,还糊了一层纸,一戳就破。古代的窗户是像门一样,往外推开的。"

翔翔:"我家里的窗户是不锈钢做的,很硬。"

老师："你们不仅观察了现代窗户,而且还找到了古代窗户,现代窗户和古代窗户有什么不同呢?"

汤圆："他们的花纹不一样,现代的窗户都是玻璃没有花纹,而古代的窗户有花纹,有的是镂空的,有的是糊层纸。"

嘟嘟："形状也不一样,现代窗户都是长方形或者正方形,古代窗户有很多形状,有六边形、扇形、菱形。"

芃芃："还有材质也不一样,现代的窗户边框很硬,不容易坏,古代窗户有的是石头的,有的是木头的。"

图 4-18-3　专注记录的幼儿

幼儿发展情况分析

● **在实地参观中满足兴趣,积累经验**:根据幼儿的讨论,可以看出虽然幼儿的观察是比较仔细的,但也带有自己的个人偏好,所以一方面从细致的观察中让他们积累了新的认知和经验,但另一方面由此带来的观察也是比较零散的。

第三次观察

观察情境

在热烈的讨论中,嘟嘟说:"我们把发现记录下来吧。"于是大家推选汤圆来记录。
"这是我看到的窗户,在这里,它的花纹像一朵云。"

图 4-18-4　调整后关于窗户的记录

"我的窗户像一把扇子,你可以画一把扇子。"

……

汤圆急切地说:"你们说得太快了,我都来不及记。"场面一度有些混乱,这时老师说:"有什么办法可以记得又清楚又不会遗漏呢?"

"一个一个说,然后一个一个记。"

"记录的时候也要排好队。"

"可以像老师一样画好格子。"

……

汤圆重新拿了一张纸开始记录,孩子们又开始七嘴八舌地说开了,有的说形状,有的说花纹,汤圆有点无从下手。这时老师提醒:"可以试试分类记录。"于是,孩子们讨论一番后,决定先从简单的形状开始记录,然后是花纹,还有窗户的打开方式。

幼儿发展情况分析

● **在同伴分享中发现问题,丰实经验**:当幼儿对窗户的经验积累到一定程度时,他们有了与同伴一起分享、记录的愿望。但在这个过程当中,由于每个人积累的相关经验是带有自己的偏好和片面的,所以给记录增加了难度。教师的适时介入给了幼儿解决问题的新思路,幼儿通过讨论初步找到了有序记录的方式,也在这个过程中丰实了关于窗户的相关经验。

第四次观察

观察情境

在分享记录表后,孩子们对窗户的关注还在持续。某天餐后散步时,路过一楼,汤圆推开了窗户说:"这个窗户和我家里的窗户不一样。我家窗户的开关在中间,是向外推的,这个窗户的开关也在中间,但它是左右移动的。"说着汤圆用手移动了窗户,孩子们也开始讨论起来。

那么窗户到底还有哪些打开方式呢?

孩子们先在幼儿园里寻找了起来,并进行了记录,同时还引发了新的思考:窗户为什么要这样设计呢? 经过一番交流分享,孩子们有了以下发现:

窗户的打开方式主要由以下几种:

内外平开——构造简单,方便安装纱窗;

上下悬开——满足特殊需要;

左右推拉——不占空间;

滑轴折叠——通风好,视野开阔。

深入探究后小朋友发现,窗户的打开方式和楼层、教室的功能都有关系,原来建筑设计师在设计的时候会考虑很多东西。

图4-18-5　记录窗户的打开方式

图4-18-6　幼儿的发现记录

幼儿发展情况分析

● **在窗户再探究中兴趣延展,迁移经验:**随着幼儿对窗户的经验愈加丰富,他们观察窗户的兴趣愈发浓厚,从对窗户外显的形状的好奇延伸到了对其开关方式的探究。在这个过程中,幼儿通过自我探索、查阅资料、请教成人等方式来获取相关经验,并能迁移记录古代窗户的经验,进行总结和记录。

案例审思:

(1)儿童是积极主动的学习者,任何一件小小的事物都有可能引发他们的自主探究。从上文中可以看出,我们班有一群像汤圆一样善于观察的孩子,他们能够观察到很多老师想不到的东西,如古代建筑花窗的特别之处,现代窗户打开方式的不同等。纵观幼儿整个学习过程,从最初由兴趣引发的对周围环境窗户的关注,到自主通过实地观察、同伴分享、讨论记录等方式进行的深度学习,我们可以看到幼儿是积极主动的学习者,也是活动的开启者,任何一个不经意的小事物都可能引发他们的探究兴趣,并促使他们通过自己的主动探索一步一步丰实经验,完成有意义的学习。

(2)教师是具有敏锐观察力的学习同伴,适时介入和适宜引导都将成为助力幼儿深度学习的有效支架。在每一个有效的深度学习活动中,教师必然是一个能够快速捕捉幼儿兴趣点,引导幼儿用适合他们的学习方式去不断尝试、不断探索并积累经验的陪伴者。

在孩子们的窗户探索之旅里,教师从一开始敏锐关注到幼儿的兴趣点进而鼓励他们用不同的方式深入探究,到幼儿自主学习过程中遇到困顿时的适时支架,为幼儿自主学习提供有力支撑。

文/许盈兰

第五章
融入生态——基于儿童本位的生活教育

在课程活动中幼儿是主体,教师和家长是活动的引导者和支持者,基于幼儿熟悉的生活内容、尊重幼儿热爱自然、热爱探索的本性,追随活动中孩子们发现的问题,引导他们对感兴趣的问题开展实践体验并持续探究,孩子们就会在主动学习的过程中获得发展。

课程活动中如何贴近幼儿的生活,符合儿童成长的需要?

如何从儿童多样化的生活需要出发,充实环境和资源,让幼儿在与环境的互动中获得丰富、多样化的经验?

活动中如何支持幼儿的主动探索和学习?

我把春天请进幼儿园

春天就像一位飘飘然的仙子,穿越着岁月的长河,将点点滴滴的生机洒在每一个角落。

花花绿绿的风筝牵着我的孩子们,在蓝天下,追着风,撒着欢,疯跑疯玩,到处是肆意的快乐。于是我们和春天共同制订了一个伟大、神圣的计划——把春天请进幼儿园。

我在幼儿园的墙壁上,贴上了绚丽多彩的画作,上面刻满了对春天的期盼和祝福。孩子们争先恐后地写下自己的心愿,希望春天能带给他们更多的快乐和成长。那些稚嫩的字迹,透露出孩子们内心深处对生活的向往。

春天给予了我们太多美好的礼物,如那晶莹剔透的雨滴,轻轻地拍打在窗户上,给孩子们诉说着春天的故事;如那鸟儿清脆的歌声,在枝头上跳跃,让孩子们感受到大自然的和谐与美好。

我请来了一位老师,带领孩子们一起走进大自然,在花海中徜徉、在春雨中嬉戏。他们捧着显微镜,仔细观察那些小小的昆虫,用温暖的手掌呵护着它们。孩子们从中学会了爱护生命,学会了珍惜大自然给予我们的一切。

我请来了一位艺术家,带着一把画笔,教孩子们绘制春天的图画。他们用五彩斑斓的颜料描绘出一个个美丽的世界,让幼稚的童心和艺术的灵感碰撞出无限的火花。

我请来了一位园艺师,带着孩子们锄地、翻新土地,播种茄子、辣椒、香菜,栽上向日葵、西红柿,虔诚地浇水、施肥,泥土默默地吐纳一地的芳香,不管春风和煦、烈日炎炎、秋风瑟瑟、天寒地冻……孩子们对生命的成长充满好奇,他们精心呵护、仔细观察、关注生命成长过程中的每一个细节,对生命充满感情、倾注热情。

当春天的阳光洒满整个幼儿园,孩子们的眼神也变得明亮起来。他们开始更加积极主动地探索世界,发现身边的美好。春天就像一场无声的音乐会,让孩子们沉浸在其中,感受到生命的奇迹。

我真心希望,孩子们能够永远保持对生活的热爱和对世界的好奇心。让春天的气息一直陪伴着他们成长,给予他们力量和勇气。

我把春天请进幼儿园,将著名儿童教育家陈鹤琴先生也一起请进幼儿园,他说"大自然、大社会"统称活材料,教育必须无限接近真实自然。孩子们在幼儿园的春天里感受到生活的美好,感受到春天的温暖。希望他们在春天的怀抱中苗壮成长,绽放出自己的光芒,传递出爱与美的力量。

春天,请你永远留在我们的身边,陪伴着孩子们度过每一个快乐的日子。就像一首美丽动人的诗歌,让孩子们用心去品味、用情去感受,把这份美好记在心间,永远铭刻在记忆深处。

文/徐舟

第一节 融近自然的生活体验

小班主题活动《水精灵》

生活中,孩子们时常拿着洒水壶给植物浇水。今天,他们发现洒水壶还能在地上作画……"水宝宝"引起了孩子们浓浓的探究兴趣,他们不断发现着"水宝宝"身上各种有趣的秘密。

图 5-1-1 孩子们在使用洒水壶为植物喷水)

一、看见儿童

孩子们对"水宝宝"充满喜爱。他们喜欢在洗手的时候玩水,喜欢踩地上的积水,喜欢伸手接雨水……对所有与水有关的活动,他们都表现出极大的兴趣,即使没有玩水工具,他们也照样能对着一盆清水玩得不亦乐乎。

孩子们平时能够利用水创作美丽的作品:洒水画、喷壶画、晕染画……还会用水做各种有趣的实验:沉浮实验、染色实验……他们还会利用雨水对植物进行浇灌,对水资源进行简单的二次运用。

孩子们知道水与我们的生活密切相关,但是对于水的作用、水对于人类社会的重要性

图 5-1-2、5-1-3 幼儿记录哪里可以有水精灵

等方面的了解还比较浅显,节水意识也比较薄弱。想要让孩子们充分发现自然界水的奇妙和价值,在与水的亲密接触中发现更多趣事、产生更多"小问号",还需要我们紧密联系生活,由浅入深地开展课程活动,引导幼儿充分调动多种感官去亲近水、感知水、游戏水、探索水,在日常生活中与水做亲密的好伙伴。

二、构思发展

主题活动具体目标	对应园本课程目标维度与要求
1. 发现大自然中各种各样的水,愿意关注自然界中的各种水体(如:洼地、河流、湖泊、小池塘、小溪等),了解它们的特征。通过日常生活中对水的接触和观察,了解各种玩水的方法,并积极参与亲水游戏。	**天真活泼:** 好奇乐闻 会玩乐玩
2. 能用比较完整的语言表述自己"眼中的春雨",并用图片、符号等方式尝试记录春雨的探索旅程。通过集水、运水、洒水、制水等多种玩水活动感知与水有关的科学现象,并用绘画、歌曲、表征等方式表达自己的感受。	**潜能多元:** 会表达善交流 会观察善发现
3. 喜欢亲近大自然,对大自然中各种各样的水感兴趣,萌发愿意探索水的积极情感。初步感受春雨的美好,能关注下雨时的天气变化,体验收集雨水的乐趣。	**精神丰饶:** 自主大胆 专注灵活

三、支持活动

(一) 活动准备:

自然生态资源	幼儿园的雨水回收系统可以帮助幼儿了解、认识水的循环使用。另外,幼儿园周边丰富的自然生态环境资源,如:莲池湖公园、青剑湖、阳澄湖等,可以帮助幼儿观察雨后的自然变化。
社会文化资源	通过宣传活动,帮助幼儿了解3月22日是"世界水日",知道"世界水日"的宗旨是呼吁每个人都爱护水、珍惜水、节约用水。同时,通过将春雨与传统节气文化相结合,帮助幼儿初步了解春分节气以及清明节的文化内涵。
师幼经验资源	幼儿对水具有初步的了解,知道它是无色透明的,知道大自然中有很多地方都有水,也愿意去寻找水的足迹。在生活中能够关注雨天,对水有初步的好奇心,想要了解更多玩水的方法。盥洗环节能够在成人提醒下节约用水,如用适量的水漱口,洗手时水龙头开小,洗完手及时关闭水龙头等。 与孩子一起关注每天的天气预报,鼓励幼儿细致观察雨天的变化,并进行简单记录。共同收集雨水,在生活中做到节约用水。

(二) 内容架构:

我们开展主题审议,归纳幼儿的需求和兴趣,大致将活动预设为"好玩的水""水的本领大""雨水滴滴答""护水小卫士"四个版块,预设了幼儿可能感兴趣的丰富多元的活动,并以集体活动、小组活动、亲子活动、区域活动等不同的形式开展。引导幼儿认识水、感受水、珍惜水,促进幼儿全面协调发展。

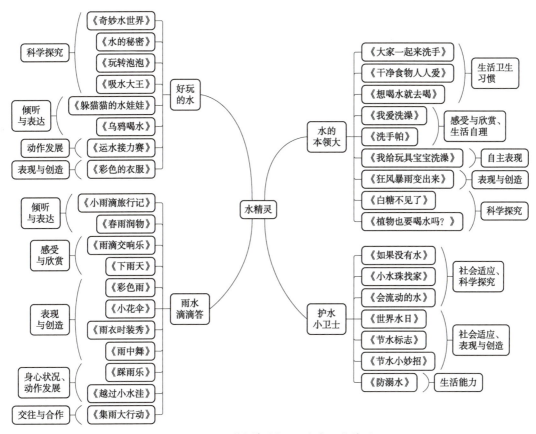

图 5-1-4 "水精灵"课程内容思维导图

（三）组织实施

表 5-1-1 "水精灵"主题活动计划表

周次	活动内容	学习活动	游戏活动	其他活动 （生活活动、社会实践、家园共育、节日活动）
第一周	好玩的水	科学活动：奇妙水世界 综合活动：水的秘密 语言活动：躲猫猫的水娃娃 健康活动：运水接力赛 美术活动：彩色的衣服	点心店：提供空杯子、颜料和水，鼓励厨师制作各种各样的果汁，并向小客人进行重点推荐。 加工坊：提供泡泡水、泡泡器和油画棒，引导加工坊的员工推出泡泡装饰画并进行售卖。建筑工地：投放装饰物：栅栏、桌椅、小花园、小池塘、鹅卵石小路、小桥等，引导建筑工人用多种材料搭建房屋以及带有小池塘的精美院子。	社会实践：公园小池塘探秘 家园共育：一起榨果汁或蔬菜汁，体验水的颜色变化，感受水的神奇。

周次	活动内容	学习活动	游戏活动	其他活动（生活活动、社会实践、家园共育、节日活动）
第二周	水的本领大	科学活动：白糖不见了 美术活动：狂风暴雨变出来 健康活动：大家一起来洗手 社会活动：我给玩具宝宝洗澡 音乐活动：我爱洗澡	小书吧：根据图片说一说水的本领。 加工坊：投放颜料、梳子、棉签、画纸，引导加工坊的工人制作"狂风暴雨"以表示不同的天气情况，并装饰在加工坊内。 小超市：提供干豆以及各种盒子、瓶、罐引导超市老板自制"听雨盒"，并向小客人推荐售卖。	家园共育：可以尝试自己洗澡、洗菜、洗小毛巾，或开展与水相关的科学小实验，了解水的多样本领。生活活动：七步洗手法
第三周	雨水滴滴答	语言活动：小水滴旅行记 音乐活动：下雨天 美术活动：彩色雨 健康活动：越过小水洼 综合活动：集雨大行动	小书吧：阅读关于春雨的绘本。 户外拓展：利用春天的雨季，与幼儿共同听雨声、踩雨水、集雨水。 自然角：利用收集到的雨水给自然角的植物浇水。 小舞台在小舞台表演春雨的故事。	生活活动：雨天踩水 家园共育：引导孩子在家学习如何穿雨衣、雨鞋，学会正确使用雨具；在下雨天戴好雨具后外出玩接雨水、踩水塘等游戏。
第四周	护水小卫士	语言活动：小水珠找家 科学活动：会流动的水 社会活动：如果没有水 综合活动：世界水日 健康活动：防溺水	小书吧：阅读关于水的重要性的绘本。与同伴分享自己的护水小故事。 小舞台：表演护水小儿歌。	家园共育：引导幼儿节约用水，收集生活中的水进行二次利用。 节日活动：3月22日是"世界水日"，收集雨水活动。

四、活动片段

"水精灵"主题活动从认知水——感知水——游戏水——了解水——节约水的线索来进行经验架构，开展了多种多样的亲身探索与实践活动。这些活动都是基于孩子们的想法、行为以及兴趣和需要，并且与春天多雨的季节特征以及3月22日的世界水日相结合。孩子们在直接感知、亲身体验、实际操作中丰富着对"水"的认识，来看看孩子们是如何与水亲密互动的。

片段一：与春雨做游戏

孩子们经过一星期对水的认知，知道了从天上来的水就是雨。3月20日至3月24日这一星期的天气基本都是春雨连绵。孩子们对雨水的探索欲望愈加浓烈了，在教师的支持下，孩子们开展了与春雨有关的一系列游戏活动。

环节1:听雨

"下雨啦下雨啦!"孩子们开心地叫起来,大家都纷纷跑到窗边看下雨。"雨下得好大呀!""是的呀,大雨滴都砸到地上了!""对呀对呀! 我都听到下大雨的声音了!"孩子们你一言我一语地讨论了起来。教师顺着孩子们的讨论适时地加入:"雨滴就像小锤子,砸到地上会发出声音呢! 就像在户外科探区敲敲打打一样!"水果说:"我听到过雨滴砸到盆上的声音,是'哒哒哒'的!"小布说:"我以前听到的是'叮叮叮'的!"教师说:"那我们看看教室里有没有材料可以让雨滴敲敲打打的? 一起去听听看吧!"

孩子们在教室里找到了铁皮饼干罐子、塑料糖果罐子、奶粉罐、塑料水桶、易拉罐⋯⋯大家抱着瓶瓶罐罐来到了大厅门口,在教师雨伞的护送下,把瓶瓶罐罐倒扣在地上,一场雨滴交响乐就要开始啦⋯⋯孩子们站在大厅门口,安静地听着,发现了雨滴砸在铁皮罐上的是"叮叮叮"的声音,砸在塑料桶上的是"哒哒哒"的声音,还有的孩子发现雨滴落在大树上是"沙沙沙"的声音⋯⋯在这一场大自然的音乐会中,孩子们特别专注地去倾听、去分辨、去观察,从自身的体验中感知大自然中雨水的灵动。在这过程中,教师遵循着幼儿的兴趣,灵活地引发幼儿的探索欲望,鼓励幼儿自己寻找雨滴奏乐的材料,自己去倾听雨滴奏乐的声音,给予幼儿尊重与支持。

环节2:集雨

"雨水会不会流到罐子里去呀?""我们把雨水收集起来给小植物浇水吧!"在雨滴交响乐中,孩子们发现了雨水会流到罐子里的现象,从而引发了收集雨水的想法,教师帮助孩子把反扣的瓶瓶罐罐摆正了,让雨水从瓶口、罐口流进去。等雨停后,孩子们发现瓶瓶罐罐里装满了雨水,又捧着满满的瓶罐回到了教室,把它们放在自然角。"用雨水来浇水,小植物们会长得更好吧!"从大自然中收获的珍贵资源,又回馈到孩子们的自然和生活中去了。

环节3:踩雨

雨停后,孩子们的游戏还没结束哦! 大家发现台阶和地面交界的地方,还有路面凹凸不平的地方会有一些有趣的小水洼。显然这些水洼又激发了孩子们又一游戏的兴趣——我们去踩雨去吧! 孩子们兴奋地穿上自己的小雨鞋,踢踢踏踏地来到刚下过雨的户外。"那里有个小水坑!""这里还有一个大水坑!""快来踩呀!"孩子们快乐的小脚丫在雨后的小水洼里踩来踩去,快乐的水花溅在可爱的小雨鞋上,一片欢声笑语⋯⋯

图5-1-5 幼儿听雨

图5-1-6 幼儿集雨

图5-1-7 幼儿踩雨

片段二:吹泡泡游戏

喝水是孩子们在幼儿园里不能缺少的环节,孩子们都喜欢用吸管小水壶喝水,天气慢慢变暖,有几个孩子的水壶从保温壶换成了透明塑料小水壶。孩子们在用小水壶喝水时也有不少乐趣,还能发现水的秘密。2月15日,孩子们刚锻炼完,正拿着水壶大口喝水补充水分,喝着喝着,"咕噜咕噜"的声音从一个小朋友的水壶里传了出来,有其他小朋友听到后,都说:"我也会,我也会!"越来越多的"咕噜咕噜"声传了出来。大壮用的是透明塑料水壶,他用吸管往水壶里吹气,不仅发出"咕噜咕噜"的声音,还出现了很多小泡泡,他喊道:"看,我还能吹出泡泡!"孩子们都很感兴趣,围着看这些奇妙的泡泡,他们决定一起来玩一玩吹泡泡的游戏。

环节 1:吸管吹泡泡

孩子们发现,把吸管插在水里吹气,水杯里就会出现很多泡泡,还会发出"咕噜咕噜"的声音,小宝说:"我们一起玩吹泡泡吧!"孩子们听到了都很开心,想要参加,可可拿着她的保温壶说:"可是我的杯子看不到泡泡。"还有很多小朋友也是保温壶,看不到里面的泡泡,大家一起讨论了起来。汤圆说:"那我们把盖子打开吹。"斌斌说:"但杯子里看起来黑漆漆的。"茉茉说:"那可就看不到咯。"伊伊说:"那我们可以用教室里的小茶杯呀!"斌斌跑到水杯柜,拿出自己的小茶杯说:"我也有小茶杯。"孩子们找到了自己的茶杯,排队接水。芮芮接好了水,拿着小茶杯说:"可是小茶杯没有吸管。"安安说:"可以用早上喝牛奶的吸管。"阿姨给孩子们拿了吸管,吹泡泡小游戏开始啦!"看我吹的泡泡那么高!""我吹出了好大好大一个泡泡!""泡泡一会就没啦!"……孩子们都很开心,还发现了停止吹气后,泡泡过一会就会消失。

环节 2:自制泡泡水

吸管吹泡泡的游戏中,安安还发现把吸管从水杯里拿起来就吹不出泡泡了,为什么吹泡泡器就可以拿出来吹呢? 我们制作了一张亲子调查表,孩子们和爸爸妈妈一起找到了答案。咕噜噜举起自己的调查表说:"吹泡泡要蘸一蘸拿起来吹。"可可说:"吹泡泡器里面是泡泡水,这个要用水调出来。"瑞瑞说:"一瓶浓缩液要加五瓶水!"第二天,孩子们带来了泡泡浓缩液,拿出小水盆,调配好了泡泡水,用小小的吹泡泡器,吹出了会飞起来的小泡泡。

环节 3:工具升级

孩子们还想吹出更多更有趣的泡泡,大家围在一起讨论。灏灏说:"我家有很大的泡泡器,可以吹很大的泡泡。"雯雯说:"我的泡泡机按一下就可以一直吹泡泡,还会放音乐。"第二天,孩子们带着各种各样的泡泡器和泡泡机来到了操场上,准备好了自己调配的泡泡水,吹出了大大小小的泡泡。

图 5-1-8　问题调查

图 5-1-9　怎样玩泡泡

图 5-1-10　操场吹泡泡

片段三：制作节水标志

孩子们了解水探索水的奥秘，还玩了很多关于水的游戏。3 月 24 日午餐前，孩子们去洗手。"哎呀，你忘记关水龙头了！"洵洵大声地说着，俊驰听到就走回去关了水龙头。孩子们都已经了解了不是所有的水都可以日常使用，淡水资源也是有限的，大家决定要一起保护"水宝宝"。辰辰说："可是不小心忘记怎么办？"贝贝说："我来提醒你。"妞妞说："我们有好多水龙头。"翻翻说："还有饮水机！"桐桐说："需要那么多人。"小哲说："要一直看好的。"小亦说："那就不能玩了。"张张看到了墙上消火栓的标记，说："我们也贴一个标签！"孩子们拿起画笔，画出了小爱心和小水滴的标志，把画好的标志剪了下来，贴在了水龙头、饮水机的边上，大家看到自己画的小标志，都关小了水龙头，每次接半杯水。

图 5-1-11　认识标志

图 5-1-12　绘制标志

图 5-1-13　张贴标志

五、回顾反思

幼儿是天生的探索家，他们热衷用自己的每一处感官去探索这个世界的奥秘。幼儿的兴趣，决定了他们探索的动力，一切从幼儿内心生发出的，都是他们真正需要的。他们互相支持、共同分享，这点点滴滴都将记录在他们的成长道路上。

1. 在初识雨水与相会春天中感受自然之趣

雨水是大自然对植物的馈赠,植物有了雨水的灌溉,才生长得更好。这恰恰也是大自然提供给幼儿的生活课程资源,值得我们发现并挖掘。生活中充满了丰富的资源和可能性,我们的课程实践要从生活中来,在生活中进行,最终回归于生活。在《水精灵》的主题活动中,教师选择以幼儿感兴趣的事物和问题为出发点,及时捕捉孩子对于春雨的"小问号"和新发现,在观察、讨论、游戏、感受中发现春雨的特征,从而进行深入的探索与研究,这是与水的初识,也是后续活动开展的良好铺垫。

2. 在实际操作与亲身体验中获得经验生长

图 5-1-14　水宝宝搬家的实验记录　　　　图 5-1-15　沉浮猜想

幼儿对于水的探索在持续进行。在日常生活中,幼儿喝水时不经意间发现的神奇现象引发出了一系列活动。活动中,幼儿通过找泡泡、变泡泡、吹泡泡和自制泡泡水,一步一步游戏和探索;同时通过观察、猜想、比较、操作等多种方法,不断积累经验;在家园合作的过程中,幼儿在了解水、探索水时有了强有力的支持,不仅主动获得了相关经验,也实现了自然资源与自身生活的完美融合。

3. 在"节约用水从我做起"中触动责任与约定的成长体验

水是生命的源泉,是人类赖以生存和发展的物质基础。通过制作节水标志,孩子们对保护水资源有了更深刻的了解和认识,同时初步养成了珍惜水资源的好习惯。他们用绘画的形式表达如何在盥洗时节约用水,他们设计循环用水的活动、发动循环用水的倡议、践行循环用水的行动……孩子们用问题推动探索,在解答的过程中产生新的疑问,并继续深入探究,真实地感受"水"对我们可持续发展的重要性,知道"节约用水"是生命教育的起点和重要前提。水是贴近幼儿生活的好伙伴,只有幼儿真正体验到学习内容对自己及与自己相关的事物有意义,是自己当前想要了解和解决的问题,他们才愿意积极主动地去探究,并在责任与约定中和同伴共同收获一份独特的成长体验。

文/朱星然　颜文逸

中班主题活动《树真好》

孩子们经常在小树林里或者树荫下游戏、观察、探索……大树朋友们引起了孩子们浓浓的探究兴趣，发现着树朋友身上各种有趣的秘密。

一、看见儿童

在日常的户外活动中，幼儿在不经意间发现大树的变化时会惊喜不已，常常会自发地讨论各

图 5-2-1　孩子们在树林中探秘

种话题。童童说："那棵树开花了，好漂亮呀！它是什么树呀？"布布说："这片树叶像个扇子！我想把它带回家！"有时，幼儿会捡起掉落在地上的树叶拼拼摆摆、玩过家家……在这样的情境中，幼儿积极地探索并发现着树的秘密，与自然交融，在真实、生动的情境中获得经验与发展。

我们发现，幼儿对开花的树、树叶的形状产生好奇，但是，对树的名称、种类等经验还不够丰富。如果给予恰当的支持，幼儿还可以利用生活中的树木资源，展开大胆的探究与想象，通过动手动脑获得多方面能力的发展，萌发关爱自然生命的情感。

二、构思发展

主题活动具体目标	对应园本课程目标维度与要求
1. 乐意对身边的树进行探究，经常问一些与探究事物有关的问题，常常动手动脑探索并乐在其中。	**天真活泼：** 自信乐言 好奇乐闻
2. 能对事物或现象进行观察比较发现其相同与不同，乐于通过简单的调查收集信息，通过图画或其他符号进行记录，并能运用绘画、手工制作等多种方式表现自己对大树探究后的所思所想。	**潜能多元：** 会观察善发现 会探索善想象
3. 乐于、敢于尝试有一定难度的树探究活动和任务，在遇到问题时能够尝试解决，并能在适度时间内持续参加一项感兴趣的活动。	**精神丰饶：** 自主大胆 专注灵活

三、支持活动

（一）活动准备：

自然生态资源	幼儿园内种植了 20 个品种共计 112 棵树,其中有 7 个品种的果树,共 18 棵;有 8 个品种的树会开花,共 70 棵。在幼儿园的旁边是一个小公园,公园里不仅种着品种不同的树木,还有一片小树林,其中紧靠着幼儿园东面的围栏就有一片茂密的树林。幼儿园周边的翡翠湖生态公园、莲池湖公园、仙樱湖公园、西湖湾生态体育公园等有着丰富的树资源。
社会文化资源	3 月份的植树节、4 月底的爱鸟周,可结合课程开展系列主题活动、亲子实践活动等。
师幼经验资源	对树的"泛灵"情感:中班的幼儿比小班要"理性"一些,比大班的孩子更"感性",他们会对周围世界的一草一木都赋予生命,对于他们来说树是有生命的,会跟自己一样会哭会笑,会不高兴。 在日常生活中,幼儿喜欢对树进行观察,对于常见的柳树、枫树、松树、枇杷树等,能够发现它们的基本特征与不同,好奇"树叶为什么长的不一样",对于树的种类、作用方面的认知还比较零散、缺乏。

（二）内容架构：

我们开展主题审议归纳幼儿的需求和兴趣,预设了"幼儿园里的树""树与我们的生活""我们的班树""快乐小树林"四个部分内容,以"自然中的树——生活中的树——我们与树的游戏——选班树"为线索,采用集体活动、小组探究、亲子实践、区域活动等丰富多元的组织形式,引导幼儿全方位、多角度认识和感受生活中的树,促进幼儿全面协调发展。

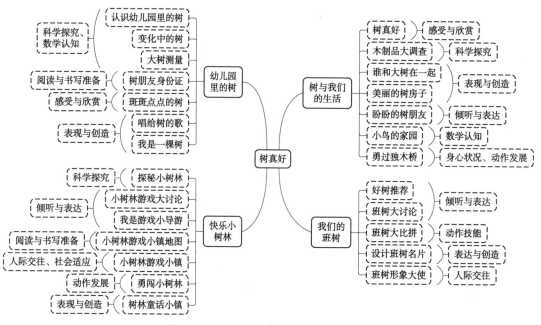

图 5-2-2 "树真好"课程内容思维导图

（三）组织实施：

表 5-2-1 "树真好"主题活动实施表

周次	活动内容	学习活动	游戏活动	其他活动（生活活动、社会实践、家园共育、节日活动）
第一周	幼儿园里的树	科学活动：认识幼儿园里的树 数学活动：大树测量 综合活动：树朋友身份证 美术活动：斑斑点点的树 音乐活动：唱给大树的歌 综合活动：我是一棵树	科学区：定期拍树照片，按时间顺序展示，了解树成长过程。 语言区：听关于树的图书、音频，创编树的故事。 美工区： 1. 绘画、制作大树身份证。 2. 制作立体大树 益智区：几何图形拼小树，标志记录不同图形数量。 建构区：搭建小树林 音乐区：表演关于树的歌曲。	节日活动：植树节活动 家园共育：变化中的树——去周边的小公园、小树林观察树的变化
第二周	树与我们的生活	社会活动：树真好 综合活动：木制品大调查 美术活动：谁和大树在一起 语言活动：盼盼的树朋友 数学活动：小鸟的家园 健康活动：勇过独木桥	美工区：设计制作木工品如小凳子、小房子、小动物等。 科学区：古法造纸 生活区：树枝毛线编织 木工区：美丽的树房子	社会实践：参观木质品工厂 家园共育：和孩子查阅资料了解古法造纸术
第三周	我们的班树	综合活动：班树大讨论 美术活动：班树名片 健康活动：树朋友大比拼 语言活动：班树辩论赛 社会活动：班树形象大使	语言区：班树辩论赛 美工区：设计班树标记	生活活动：采集桂花在小厨房制作桂花小圆子、桂花茶、桂花糕等。采摘果树上成熟的果子制作鲜榨果汁等进行美食制作活动。
第四周	快乐小树林	综合活动：探秘小树林 语言活动：小树林游戏大讨论 社会活动：游戏小导游 健康活动：穿越小树林 美术活动：树林童话小镇	户外角色：小树林游戏小镇——在小树林里开展户外角色游戏 户外骑行：勇闯小树林 音乐区：打击乐《发芽啦》	社会实践：社区小公园护林行动

四、活动片段

"树真好"的主题活动中有各种形式的实践探究的活动，这些活动都是基于孩子们的想法、行为以及兴趣和需要。孩子们在直接感知、亲身体验、实际操作中丰富着对"树"的认识，来看看孩子们是如何与树亲密互动的。

片段一：一起来种树

3.12日植树节这天，一大早，孩子们带着水桶、小铲子等，来到了商量好的种植地点——社区小公园。孩子们选择种植的是樱花树，在开始植树前，老师带领孩子们了解了植树节的由来和植树造林的意义，以及正确植树的步骤等。接着，孩子们便热火朝天地行动起来了。有些树苗太重，需要合作搬运，孩子们还会邀请老师和保安叔叔帮忙，还有的想到直接用小推车运输,轻松又方便。他们用铲子挖出树坑,再合力把树苗扶起来,运到挖好的树坑中,发现有的树坑因为不够深,树苗的根部都露在了外面,于是铁锹、铲子齐上阵,齐心协力地把坑挖得更大更深,给小树苗一个安稳的"家"。树苗放好后,再用铲子把树根盖上,小脚踩一踩、压压实,用小桶运水给小树苗浇水……就这样,经过一个多小时的努力,大家顺利地给小树苗安好了"家"。

为了让樱花树快快长大,孩子们还举行了认养仪式,来自各个班级的小代表为认养的"班树"举行挂牌仪式。这些"心愿牌"都是孩子们自己提前手工制作的,他们用绘画的方式表达了对小树苗茁壮成长的美好期许。在期待樱花林送来美景与花香的同时,翡翠孩子们"爱绿护绿"的环保意识也在心中萌芽。

图5-2-3　照顾樱花树　　　　图5-2-4　认养樱花树　　　　图5-2-5　挂心愿牌

片段二:数数有几棵

自然资源存在于孩子生活的角角落落,中班的孩子们对于小树林里到底有多少棵数非常感兴趣。好奇心鼓励着他们不断地进行探索和尝试。

环节1:讨论数树方法

多多说:"树林太大,不知道哪棵树数过,哪棵树没数过。"于是大家展开讨论,乐乐说:"可以给大树贴上纸头做标记。"大家纷纷认同后,一起讨论确定了方案:先给树贴上纸片,并检查、确认每棵树都有纸片,然后边数边做标记,并记住数到几,最终得到答案。

环节2:数树行动

方法确定好后,孩子们决定分六组进行统计,准备好要用到的各色纸片后,还确立了"小组长"在统计过程中负责最主要的数数工作。在组长的带领下,按照之前讨论的数树方法,每组都完成了自己的统计。但最后出现了26、27、28、29四种结果,那么怎么验证呢?巧合的是,27这个数字与该班级当天出勤人数刚好是一致的,多多提出了她的想法:"可以每人站一棵树。"于是利用午后散步我们再一次来到小树林,正好27个孩子每人站一棵树,成功的喜悦在每个孩子的心中迸发。

环节3:进阶活动

接下来,大家讨论出了更好的想法:可以一边贴纸一边计数,并且将数字记录下来。

掌握了数树的好方法,悦悦提出挑战一下更难的任务:"我们去数一数幼儿园有多少棵树吧。"可是幼儿园里的树木数量太大了,该怎么数呢?经过讨论后,教师帮助孩子们设计了一张统计的表格,每一行有十个格子。在格子记录纸的帮助下,这些中班的孩子们能很好地理解十位数递进的关系,数起这些对他们来说非常"庞大"的数字一点都不费力气。统计结果出来,孩子们惊叹不已,教师也由衷赞叹孩子们能一起完成这样一个比较困难的任务。成长就在与大树的互动中自然发生着,在探索中,孩子们和自然和谐相处,在尝试后,他们的能力悄然提升。

  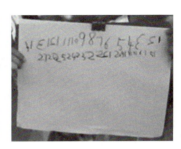

图 5-2-6 划范围数树　　　图 5-2-7 边数边记　　　图 5-2-8 合作数树

片段三:树朋友的身份证

一次饭后小朋友们在园内散步,走着走着,他们发现两边的树都变绿啦!他们争先恐后地问:每种树都叫什么名字呀?它们都有什么特点?怎么让大家都认识它们呢?最终,通过讨论,孩子们决定给树朋友做身份证,开始了一场对树朋友的发现、认识、探索之旅。

环节 1:树朋友大搜索

这天,孩子们带上了纸和笔准备去搜索大树。在自由搜索过程中,他们在纸上记录自己认识的树,但很快就发现了问题:集体分享后,有小朋友发现自己喜欢的那棵树没有人记录到,而且漏了好多树没有搜索到。于是通过大家的讨论,在老师的带领下实地认真观察了园内场地,将其进行区域划分,最终把幼儿园分成了七个区域,大家再一个区一个区地进行搜索。经过自由搜索、分区搜索后,孩子们不仅用表征记录了树的种类,还掌握了搜索的好办法。

环节 2:树朋友大调查

了解树的种类后,每个孩子选择自己喜欢的树,把想调查的内容用简单的标记画下来。通过亲自调查,深入了解自己喜爱的树的特点、习性等,提升关于树的认知。充分了解后,我们组织了集体分享,小朋友们也将自己的调查结果介绍给全班,把个体的经验推广到集体。

环节 3:树朋友大统计

为了让大家认识每一种树,大家决定给树朋友做身份证。但是每种树的身份证需要几张呢?在一次亲身实践的数树活动后,孩子们发现同种类的树太分散了,不好统计。他们发现了一个好办法:利用之前分区搜索的经验,大家决定使用分区统计的方法,小组合作、前书写记录,最后将小组统计的结果进行汇总。

环节4:树朋友的身份证

正式开始设计身份证,为方便大家了解树朋友,在家长的帮助下,孩子们通过视频的方式呈现自己喜欢的树,并将视频制作成二维码贴在身份证上。对照统计图,孩子们将身份证一个一个挂在树朋友身上,方便其他小朋友们认识、了解更多树朋友。

　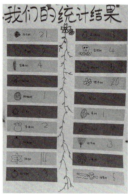　

图5-2-9　小组分区统计　　　图5-2-10　统计汇总　　　图5-2-11　树的身份证

五、回顾反思

对于幼儿来说,真实的学习情境,真实的问题总能让他们切实地感受到学习带给他们的乐趣,总能让他们享受、沉浸在学习的过程中。而这些经历都将在幼儿的生命历程中留下美好的记忆。

1. 挖掘自然资源丰富课程活动让幼儿乐享生活

小树林就在幼儿的身边,对于教师而言,原有的课程资源观得到进一步的拓展和更新,由教师随机地组织各种活动,带领幼儿共同体验、探索自然,变为能够贴合幼儿的学习方式和特点,以适宜的资源为抓手,生成并渗透到多样活动中。幼儿的学习总是由生活中、自然中大大小小的问题而来,又跟随问题去思考、探索、发现。对于幼儿来说,可以自由自主地在其中游戏、探索,发现自然的更多秘密,畅想其中。

2. 探秘小树林亲身实践与体验让幼儿乐享生命

树林里的探秘让幼儿发现了许多奥秘,多样化的树木探索活动把自然还给幼儿,萌发了幼儿热爱、保护自然的意识。幼儿园、小公园中都有幼儿忙碌的身影,测量大树、寻找树叶、记录发现等。在探索过程中,与自然生命形成和谐联系的同时,与自我价值观产生了共鸣,用自己的视角诠释对自然的理解与发现。童童说:"我找到了许多不一样的树叶,做成了书签。"悦悦说:"我发现了一棵长得很特别的树,它的树根特别大,像个椅子,我们可以坐在上面休息。"在探究的过程中,幼儿的想法会碰撞到一起,一个想法会衍生出更多想法。相信他们会在未来的学习探索中逐步发现大树更多的秘密,感知生命的无限可能性与奇妙之处。

3. 不断建构、提升认知经验让幼儿乐享成长

面对任务和挑战,孩子们从最初的尝试到获得最终的结果,是一个剥丝抽茧、化繁为简的过程。教师对孩子原有经验的充分把握是帮助孩子进一步建构经验的基础。例如在《数数有几棵》的活动中,孩子们原本具有的经验在于:点数二十位以上的数字、数物对应的概念、简单的标记和数字记录、小组分工与协作、清晰的语言表达自己的想法。在充分理解了孩子们的原有经验基础上,判断后续的活动中孩子们可以进一步提升的经验在哪里,再给予充分的支持。在遇到问题的时候,孩子总是能够通过回忆、观察、比较,发现线索,从而根据自己的线索,提出各种各样的假设或者猜想。在孩子们不断探索尝试的过程中,老师要给予的支持是:帮助孩子们实现自己的想法、鼓励孩子们互相合作、组织孩子们分享自己的经验。在这些支持的背后,更多地引导孩子们去讨论和探索解决问题的方法。

文/杨晓楼　刘斐

大班主题活动《园区,美丽的家园》

　　春天的莲花岛,拥有金黄灿烂的油菜花;东沙湖的荷花到了夏天铺满湖面;秋天阳澄湖的环自行车道,让人骑着单车感受大自然的生态美;金鸡湖与独墅湖使园区充满了灵动,"大裤衩"东方之门挺立在金鸡湖畔。在科技发展的同时,我们应当保护大自然赋予园区的美丽,赞美劳动者赋予园区的美丽,呵护园区这片美丽的家园。

图 5-3-1　孩子用雪花片搭建东方之门

一、看见儿童

　　园区,是我们美丽的家园。我们在这里生活,在这里学习,在这里成长。园区的优美景色、现代建设、车水马龙以及园区这些年发生的翻天覆地的变化,孩子们跟随父母外出的时候都能感受到。在孩子们的相互交流中,我们可以听到他们在园区发生的各种好玩、有趣、新奇的事情,他们会情不自禁地展露对园区的喜爱和赞美,也会不经意地表现对园区一些新鲜事物的好奇。

但在享受园区带给我们的美好、便利生活的同时,孩子们却很少关注在背后默默为我们付出、服务的人们。而且大部分孩子只关注到自己生活周边的事物,对于园区的其他区域还不是很了解。在这个主题里,我们将多角度地了解园区的发展及变迁,全面发现园区的美。重点关注园区里的劳动者,了解他们从事的行业以及为园区发展做出的贡献。通过多样的活动,激发孩子们对园区的喜爱及作为园区人的骄傲。

二、构思发展

主题活动具体目标	对应园本课程目标维度与要求
1. 体会园区建设的不断变化,了解各种各样的新鲜事物,体验园区各种服务设施给生活带来的便利,感受园区的美丽。	**天真活泼:** 好奇乐闻 会玩乐玩
2. 感知园区不同行业劳动者的工作特点及他们的工作与整个社会的关系,体会劳动的重要性。能用完整、连贯的语言表达对劳动者的喜欢与热爱。	**潜能多元:** 爱劳动善运动 会表达善交流 会观察善发现
3. 关心人们在园区里的生活,为城市的发展变化感到高兴,愿意用环保的方式来维护城市的环境。	**精神丰饶:** 自主大胆 快乐真诚

三、支持活动

(一)活动准备:

自然生态资源	提供园区标志性建筑、周边的街道、小区、公园、超市等建筑设施供幼儿观赏。
社会文化资源	在"五一劳动节"期间,请家长带领幼儿感受园区各行各业劳动者的工作特点,体会劳动的重要性。
师幼经验资源	大班下学期的幼儿自理能力和自主意识有了显著的提高,他们爱祖国、爱自己的家乡,也十分喜爱参与成人的劳动。但因缺乏对事情的专注性,需要成人的不断提醒才能坚持完成劳动任务;他们对各行各业的工作有了粗浅的认识,但因缺乏内在的情感经验,对成人劳动与自身的关系认识不足。在环境保护方面,大班孩子们开始学会关注周围环境,对于环保也拥有了初浅的认知。

(二)内容架构:

我们开展的主题审议归纳了幼儿的需求与兴趣,大致将活动内容编排了三个线索:美丽的园区——园区里的劳动者——我爱我的园区。我们预设了幼儿可能感兴趣的学习活动和区角活动,采用集体活动、小组探究和亲子实践等丰富的活动形式,以促进幼儿全方位发展。

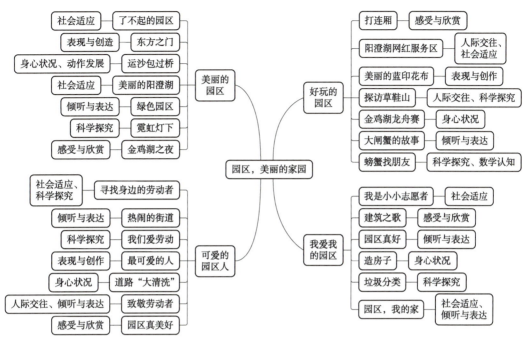

图 5-3-2 "园区，美丽的家园"课程内容思维导图

（三）组织实施

表 5-3-1 "园区，美丽的家园"主题活动实施表

周次	活动内容	学习活动	游戏活动	其他活动（生活活动、社会实践、家园共育、节日活动）
第一周	美丽的园区	社会活动：了不起的园区 美术活动：东方之门 健康活动：运沙包过桥 科学活动：霓虹灯下 语言活动：绿色园区 综合活动：美丽的阳澄湖 音乐活动：金鸡湖之夜	建构区：绘画、搭建园区标志性建筑、阳澄湖和金鸡湖的风景 语言区： 1.看、听关于园区的图书、音频 2.创编、表演关于园区的故事 3.说一说我的家庭住址（省市区、小区、单元号、门牌号）	社会活动：参观园区标志性建筑，拍摄阳澄湖、金鸡湖的照片。 社会活动：拍摄小区楼栋照片
第二周	好玩的园区	音乐活动：打连厢 社会活动：阳澄湖服务区 美术活动：美丽的蓝印花布 综合活动：探访草鞋山 健康活动：金鸡湖龙舟赛 语言活动：大闸蟹的故事 数学活动：螃蟹找朋友	音乐区：韵律表演《打连厢》 角色区：创设阳澄湖服务区的角色游戏表演情景 表演区：情景表演《我是阳澄湖的一只蟹》 户外沙水：和同伴一起合作设计挖河道（金鸡湖、阳澄湖、青剑湖、独墅湖）的路线	生活活动：提供角色游戏的材料，如：各式各样的苏式点心、苏式建筑风格的屋顶等等 节日活动：中秋节进行故事表演，准备"蟹"的服装道具

续　表

周次	活动内容	学习活动	游戏活动	其他活动 (生活活动、社会实践、家园共育、节日活动)
第三周	可爱的园区人	社会活动:寻找身边的劳动者 语言活动:热闹的街道 科学活动:我们爱劳动 美术活动:最可爱的人 健康活动:道路"大清洗" 综合活动:致敬劳动者 音乐活动:园区真美好	小舞台:职业走秀表演 美工区:画一画各行各业的人 音乐区:歌舞表演《劳动最光荣》	社会活动:提供各种职业的服装表演道具进行表演,背景音乐歌曲《劳动最光荣》
第四周	我爱我的园区	社会活动:我是小小志愿者 音乐活动:建筑之歌 语言活动:园区真好 健康活动:造房子 科学活动:垃圾分类 综合活动:园区,我的家	美工区:制作城市文明标识 语言区:学说苏州话	社会活动:进入周边社区、小区公园和遇到的人打招呼,说说简单的苏州话。

四、活动片段

"园区,美丽的家园"主题开展过程中有各种形式的活动,其中不乏一些精彩片段,展现了我们在主题活动中的行动与思考。

片段一:在集体活动中的讨论

集体活动《了不起的园区》引起了大家的热烈讨论,有的说园区很美,它有很多风景优美的公园;有的说园区很大,我还有很多地方还没去过;有的说园区很现代化,到处都是高楼大厦;有的说园区很高级,有很多科技产业园……关于园区,孩子们有很多的了解,平时的生活经验、所见所闻都成了他们讨论的内容。

环节 1:园区的起源

他们眼中的园区是美丽繁华的,但是,园区是本来就这么美丽繁华的吗? 这又引起了大家的热烈讨论,有的说是的,我看到的园区一直都是这样的;有的说不是的,我听妈妈说园区以前是乡下。不同的结果引起了大家的好奇,我们查阅资料后得知,苏州园区成立于1994 年,以前是大片的荒地,慢慢发展起来后,才变得如此繁华美丽。

环节 2:园区的发展与变迁

在得知园区的起源后,小朋友们有了新问题,园区是怎么才变成了现在这样的呢? 新问题引发了大家新一轮的热烈讨论。我们通过照片、视频、新闻等渠道,多方面了解了园区这些年的发展规划、变迁与在这背后付出的人们。

环节3：畅想园区

园区还在飞速发展，我们一起讨论"未来的园区"。孩子们有很多新奇的想法："园区会建造月亮形状的高楼。""园区会有很大很大的游乐场。""未来的园区会有更多的高架桥。"孩子们进行大胆的猜想并用画笔描绘"未来的园区"。

图5-3-3 园区现状　　　　图5-3-4 园区变迁　　　　图5-3-5 畅想未来园区

片段二：在社会实践中的发现

我们通过调查、讨论、分享，了解幼儿对身边哪些人的职业感兴趣，根据幼儿的采访、调查统计情况和幼儿的兴趣组织社会实践活动。引导幼儿探索发现园区不同劳动者的工作特点、工作态度，感受、体验为美丽园区作出贡献的劳动者的工作意义，萌发爱劳动和对劳动者的美好情感。

环节1：寻找劳动者

在幼儿生活的周围，到底有多少劳动者？他们都是做什么的呢？带着这些问题，家长和幼儿利用空余时间到附近的社区进行走访、调查，分享后，孩子们发现原来社会上有各种各样的职业，医生、警察、环卫工人、消防员、老师……孩子们体会到现在的幸福生活都离不开劳动者们的辛勤付出。

环节2：可爱的园区人

虽然每个职业的劳动内容不一样，他们或光鲜亮丽，或平凡无奇，或无私奉献，但是都值得一样的尊敬。美丽的园区背后有许多默默奉献的人，孩子们走上街头，寻找自己心目中最可爱的人，和他们合影留念，说说暖心的话，通过一张张诚挚的笑脸，孩子们更深刻地感知到他们的存在让园区更加美好。

环节3：致敬园区的劳动者

通过前期和周围的成人互动、建立关系，孩子们感受到身边的人对他们的爱、关心和付出，孩子们为身边的各劳动者做了肖像画并且布置在了展示墙上。他们还制作感谢的手工花和奖章送给身边的劳动者，还会自己制作感谢信，表达对各行各业的崇敬和感恩之情。

图 5-3-6　访问消防员

图 5-3-7　制作手工

图 5-3-8　表达感谢

片段三:在园外活动时的探索

教室内,孩子们正在开展"园区,美丽的家园"大讨论,为了更多地了解苏州工业园区的各类建筑以及不同建筑的风格特点,我们开展了"我眼中的房子""建筑的演变""小小建筑师"等系列活动,让孩子们对房子结构有初步的了解。为了加深孩子对建筑的印象,开阔孩子的视野,我们让家长利用周末时间带孩子们去看一看身边的伟大建筑,了解园区现代化建筑的发展历程。园区建筑是由哪些组成的呢? 它们的外观是怎么样的? 有多少层? 我们应该用什么材料来搭建呢? 带着这些问题,孩子们对园区建筑展开了探索之旅。

环节 1:设计图纸

孩子们分别绘制了关于"园区,美丽的家园"具体的建构设计图,利用投票方式选出了五幅有特色、可操作的建构图纸。入选搭建的建筑有东方之门、环球 188、国际金融中心、现代传媒广场和圆融摩天轮。孩子们根据自己的兴趣分别组成了五个建构队伍,小组讨论如火如荼地进行着,每组按照设计图进行人员的分工合作。

环节 2:搭建建筑

这天,大家来到了户外建构区。大家走到相应的图纸位置,按照之前分工的内容热火朝天地搭起了各种建筑,有的搬运大积木,有的找来了雪花片,有的搬来小纸盒,有的运送各种牛奶罐,还有的四处搜寻装饰的材料……

在建构的过程中,孩子们互相提建议,不断调整建构策略,比如"材料是选择积木还是雪花片""用几块""怎么摆"……倒塌的次数越来越少,房屋越来越大,需要的积木数量越来越多,空间也越来越大,孩子们尝试架空、排列、组合、镶嵌等技能搭建美丽园区的建筑,发现打地基、筑墙面、垒高方法可以使搭建的建筑特别的稳固,还发现用雪花片这个材料搭出来的建筑更漂亮、颜色更鲜艳! 结合小伙伴的意见后,搭建出来的园区建筑不仅功能强大了,而且也更美观了。每个小朋友都像小小建筑师,分工明确,有条不紊地建构自己负责的部分,最后在大家的合作下,一座美丽的园区诞生啦。在建构作品完成后,孩子们向同伴们介绍自己的作品。

环节3：交流总结

我们将孩子的建构作品拍摄下来，并组织孩子们分享自己的建构想法以及和同伴一起合作搭建的过程，又提出自己在每次游戏中遇到的问题。在不同的想法碰撞中，孩子们能从不断的解决交流中获得新的经验，并通过探究、交流、分析、完善，体验着实际参与带来的惊喜与发现。通过亲身体验和直接感知，对自己生活的地方——苏州工业园区产生了更加浓厚的感情。

图 5-3-9　设计图纸　　　　图 5-3-10　合作搭建　　　　图 5-3-11　雪花片"园区"

五、回顾反思

1. 大量的园区历史资料帮助幼儿了解园区的过往与现在

教师利用现代化多媒体手段，家长资源等方式搜寻园区从建立到现在的历史变迁资料，带领孩子感受园区的变化，引发幼儿讨论。通过团讨、小组式讨论等方式，孩子们记录自己对园区的了解，也提出对园区发展的变化。通过讨论和思考，孩子们能用比较完整的语言进行描述并派生出许多对于事物的一种认识。另外，有的幼儿还会鼓励小听众们参与到介绍中，介绍的形式对于孩子讲述、沟通、交流能力的提高很有帮助。

2. "好吃又好玩"的生活感知增生幼儿对园区的热爱之情

我们的园区不仅环境优美，还有许多好吃的、好玩的地方。孩子们将生活中在园区游玩的、品尝美食的照片进行班级内的分享，对园区有了更进一步的了解。通过《探访草鞋山》《打连厢》《美丽的蓝印花布》等集体活动，幼儿对园区当地特色的民间技艺有了新的认知，知道园区的文化底蕴非常丰厚；在"好吃的园区"中，孩子们都知道阳澄湖大闸蟹非常出名，也在活动中对大闸蟹进行了研究和认识，学会分辨蟹的雌雄以及大闸蟹的当季品尝时间。孩子们通过美食美景感受"好吃又好玩"的园区，对园区萌发亲切的归属感和热爱之情。

3."劳动创造美"的真实体验鼓励幼儿致敬每一位可爱的园区人

在主题活动中,通过集体活动、社会实践、亲子时光等方式,引导从幼儿身边的建筑物到身边的人,逐渐扩大范围,通过区域让幼儿在游戏中感知城市的各项建筑,通过运一运、搭一搭、折一折的方式来感受每个建筑建成的艰辛和要付出的努力。在语言活动中,通过谈话的形式让幼儿了解园区劳动者为美丽的园区作出的贡献,从而培养他们热爱劳动和对劳动者的情感……一系列的学习实践活动让幼儿对园区有了更深的了解,孩子们的独立性增强了,自我表达能力也有明显的提高。让我们把勤劳和爱的种子播撒在孩子的幼小心灵中,未来会因他们而更美好!

文/赵珣瑜　周星彤

第二节　融进社会的生活感知

小班主题活动《亲亲热热一家人》

孩子从出生就和家人亲密地生活在一起,家中有妈妈温暖的怀抱,有爸爸强壮的臂弯,有爷爷奶奶无尽的爱与包容。家是共同生活在一起的人们的集合,孩子在日常生活中感受到亲情的温暖,并对此产生好奇。

图 5-4-1　和爸爸妈妈在一起真开心

一、看见儿童

在日常生活中,幼儿经常会和周围的好伙伴说一说自己的爸爸妈妈是多么的厉害,经常会引发出各种各样的讨论。豆豆说:"我最喜欢妈妈,她会抱抱我,哄我睡觉。"布布说:"我的爸爸很厉害,嘴巴特别大,是大老虎的嘴巴,啊呜。"我们发现,孩子们都非常爱自己的爸爸妈妈,也对爸爸妈妈对于自己的爱有初步的了解。

家庭对一个人一生发展的影响是深刻且绵长的,越早意识到家庭对于孩子的意义,越早与家人形成良好的亲子关系,对孩子一生的成长就越有裨益。小班幼儿对"家"的理解还比较模糊,要让幼儿感受到家人对他们的细心呵护、了解这些呵护背后的辛苦,还要让幼儿知晓爸爸妈妈的本领,体会这些本领后面隐藏的深沉的爱。和睦温馨的家庭是幼儿的港湾,希望孩子们都能感受到家庭是他们永远的后盾,无论他们身处顺境还是逆境,家都可以支持他们一路向前!

二、构思发展

主题活动具体目标	对应园本课程 目标维度与要求
1. 知道自己是家庭的一员,了解自己的家庭结构和人际关系,感知一家人之间的亲密关系。	**天真活泼:** 活泼乐动 好奇乐闻
2. 用语言、行为等方式向家人表达自己的情感,开始理解家人的辛苦,对家人怀有感恩之心,愿意学着关心家人。	**潜能多元:** 会表达善交流 会观察善发现
3. 乐意参加与家庭生活相关的各类活动,能够大胆进行尝试、探索、发现,并进行记录,感受家庭的温暖。	**精神丰饶:** 自主大胆 勇敢坚强

三、支持活动

（一）活动准备：

家长 资源	在活动前期,请家长与孩子一起收集关于家庭生活中能够反映家庭成员之间彼此相爱、相互关心的图片以及小故事,鼓励幼儿说出自己的问题或者说出自己的想法,强化孩子对于家庭的归属感,同时鼓励幼儿与家长一起进行劳动,做一些力所能及的事情。
师幼经 验资源	围绕主题,师幼共同创设与"家"元素相关的班级环境、走廊环境,创设"全家福""夸夸我的爸爸妈妈""温馨小站",师幼共同收集相关材料,如:班级幼儿的全家福、关爱爸爸妈妈的相关表征、讲述家庭的绘本故事。
社会文 化资源	5月份的母亲节、6月份的父亲节,可结合课程开展系列主题活动、亲子实践活动等。

（二）内容架构：

我们开展主题审议归纳幼儿的需求和兴趣,大致把活动分为"妈妈辛苦了""爸爸本领大""幸福的宝贝""我爱我的家"四个部分,从感知父母的爱与辛苦为起点,感受父母的不易,从而达到移情的效果,引发幼儿成长的渴望,最终达到勇敢地向父母表达自己的爱,能够自己的事情自己做,让父母也感受到幸福。

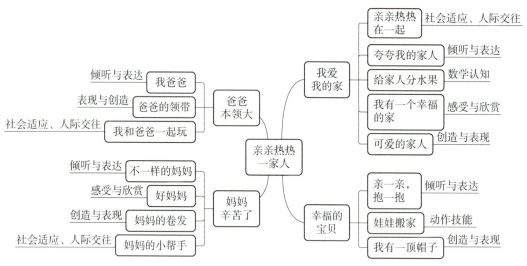

图 5-4-2　"亲亲热热一家人"课程内容思维导图

（三）组织实施：

表 5-4-1　"亲亲热热一家人"主题活动实施表

周次	主题	学习活动	游戏活动	其他活动（生活活动、社会实践、家园共育、节日活动）
第一周	妈妈辛苦了	美术活动：妈妈的卷发 语言活动：不一样的妈妈 音乐活动：好妈妈 社会活动：妈妈真爱我 科学活动：妈妈的肚子 健康活动：母鸡妈妈 综合活动：妈妈的小帮手	娃娃家：扮演家庭成员中妈妈的角色。 小超市：售卖新年、春季物品。 美食屋：制作饺子、汤圆、蛋饺等新年、元宵美食。 小书吧：阅读关于妈妈的绘本。 巧手坊： 1.设计制作给妈妈、奶奶的"三八"妇女节礼物。 2.绘画、拼贴妈妈的发型。 小舞台：表演关于喜欢妈妈的歌曲。	家园共育：请幼儿帮妈妈一起做家务、帮妈妈捶捶背。 节日活动：母亲节活动，我帮妈妈做朵花。夸夸我的好妈妈。
第二周	爸爸本领大	社会活动：我和爸爸一起玩 语言活动：我爸爸 美术活动：爸爸的领带 音乐活动：好娃娃 科学活动：我是男生 健康活动：大脚小脚	娃娃家：扮演家庭成员中爸爸的角色。 美食屋：推出外送服务。 小书吧：阅读关于爸爸的绘本。 巧手坊：装饰爸爸的领带。 小舞台：表演关于喜欢爸爸的歌曲和儿歌。	家园共育：请幼儿和爸爸一起游戏，享受和爸爸在一起的快乐时光。

续 表

周次	主题	学习活动	游戏活动	其他活动 (生活活动、社会实践、家园共育、节日活动)
第三周	幸福的宝贝	健康活动:娃娃搬家 社会活动:我长大了 科学活动:小明的家 美术活动:我自己 语言活动:亲一亲,抱一抱 综合活动:我有一顶帽子	娃娃家:学会照顾娃娃家中的宝宝。 小书吧:听关于家人的图书、音频,说说爸爸妈妈对自己的爱。 巧手坊:绘画一顶帽子送给爸爸妈妈的礼物。 玩具吧:学会我住几层楼游戏。	生活活动:自理能力大比拼 家园共育:请家长与幼儿讲一讲一家人的故事。
第四周	我爱我的家	综合活动:我的家 社会活动:夸夸我的家人 美术活动:可爱的家人 科学活动:给家人分水果 音乐活动:亲亲热热在一起 语言活动:我有一个幸福的家	娃娃家:扮演家庭中的各种角色。 建筑工地:用积木搭建我的家。 小书吧:说说自己家庭发生的故事,用指偶进行演绎。 巧手坊:绘画、制作我的家人。 玩具吧:学会玩分水果游戏。 小舞台:表演关于爱家人的儿歌。	家园共育:和爸爸妈妈一起说一说彼此亲密的悄悄话。

四、活动片段

在"亲亲热热一家人"的主题活动过程中,孩子们与自己的家庭成员进行了许许多多的互动,温暖而美好,甜蜜而温馨,来看看孩子们的幸福时光吧。

片段一:这是我爸爸

环节 1:爸爸的名片

爸爸对孩子的爱藏在生活的点点滴滴里,我们经常会听到孩子们说:我的爸爸力气很大,所以他是个大力士;我的爸爸很勤劳,家里的家务都被他承包了;我的爸爸是个温暖的

图 5-4-3 名片 1

图 5-4-4 名片 2

图 5-4-5 送给爸爸的名片

人,经常陪伴在我们身边。那就让我们把自己最棒的爸爸介绍给所有人吧！于是孩子们给自己的爸爸做了一份世界上独一无二的名片,大声告诉所有人,这是我爸爸！

环节2:我和爸爸的故事

孩子们和爸爸的故事还在继续:爸爸陪我阅读,我陪爸爸看球赛,我和爸爸一起下厨房……每个孩子的心中都有很多关于爸爸的趣事。我们将这些故事记录下来,做成调查表和连环画,与同伴分享的过程既使人欢乐,又让人感动。

图5-4-6　制作连环画1　　　图5-4-7　制作连环画2　　　图5-4-8　连环画

片段二:妈妈辛苦了

环节1:说一说我的妈妈

在一次关于妈妈的谈话活动中,孩子们纷纷表达了自己对妈妈的看法,从孩子们口中得知妈妈们有温柔美丽、勤劳能干、心灵手巧等优点,同时,孩子们也知道自己的妈妈很辛苦,每天要做很多的事情……孩子们尝试将妈妈每天需要做的事情运用前书写的方式画了下来,还为妈妈做了一份"爱的小调查",了解妈妈的所有喜好,并制作了一份任务单,尝试帮助妈妈做自己力所能及的事情。

图5-4-9　妈妈的一天　　图5-4-10　喜好调查表　　图5-4-11　任务单

环节2:妈妈的心愿清单

妈妈的爱是无私的,总会帮孩子实现各种各样的愿望,那妈妈的心愿又是什么呢？该如何实现呢？今天就让我们为妈妈实现自己小小的心愿吧！有的小朋友陪着妈妈一起在湖边散步,有些小朋友尝试给妈妈做饭,有的小朋友给妈妈洗脚……妈妈们的小小愿望,被孩子们细心地记录了下来,并得以实现。

图 5-4-12　帮妈妈洗脚

图 5-4-13　帮妈妈做饭

图 5-4-14　湖边骑车

环节 3:妈妈体验日

每一个宝宝都是在妈妈的不断呵护下长大的,为了让孩子体会这种"爱"与"被爱"的双重情感,让我们一起来玩一个小游戏,感受一下妈妈的不容易吧! 塞一个皮球或者小枕头到衣服里,试试看睡觉、吃饭、穿衣穿鞋时有什么不一样。"走路都看不到脚啦""吃饭也不方便""不能跳和跑啦"……尽管如此,宝贝们保护"宝宝"的信念一直都在。瞧他们,时不时地用手护着肚子,生怕撞到哪儿;怕把"宝宝"压坏,午睡喜欢翻来翻去的宝贝们也变得小心翼翼起来。原来,看起来很有趣的"大肚皮妈妈"是这样的不容易,因为爱,妈妈需要克服好多的困难,才能把我们带到这个美好的世界上来。

图 5-4-15　妈妈体验 1

图 5-4-16　妈妈体验 2

图 5-4-17　妈妈体验 3

片段三:我来照顾这个家

孩子们清楚地知道当爸爸、妈妈的辛苦,感受到了爸爸、妈妈把他们呵护长大的不易之处,也体会到爸爸、妈妈为自己的成长,为整个家庭付出了诸多辛苦,孩子们都变得更爱爸爸妈妈和自己的家。于是,孩子们自发地运用起专属的方式对自己的家庭付诸了一系列的行动:整理家里的衣物、给爸爸妈妈倒茶水、打扫家里的卫生等等,在帮家人劳动的过程中,孩子们的责任心、家庭责任感有很大程度的提升。

图 5-4-18 整理衣物　　图 5-4-19 给花浇水　　图 5-4-20 打扫卫生

五、回顾反思

与爸爸妈妈在一起的时光总是美好的,孩子们在一次一次的活动开展过程中也更加深刻地了解到了来自家庭的爱。这些获得爱的过程中所收获的经验,也将是幼儿一生的财富。

1. 在家庭生活中获得自我悦纳

家是宁静的港湾,浓浓的亲情,会使幼儿感到安全,得到温暖。幼儿沿着"营造→体味→抒发→回报"的脉络将家庭成员之间最自然的情感予以渲染和提升,使这种情感成为幼儿丰富的情感世界中永不褪去的组成部分。在家庭生活中,幼儿逐渐形成自我悦纳的能力,并进行反思活动。父母在创造安全环境和培养良好关系的同时,帮助幼儿发展自我悦纳和自我反省的能力。通过建立规则和给予正面的激励,父母可以帮助幼儿学习反思自己的行为,并逐渐形成良好的自我认知,从而获得自我悦纳。这些活动不仅是孩子对家长的祝福,也是教师默默支持的结果,同时也是幼儿经验提升的机会。

2. 在家园合作中实现个体成长

通过深入探讨家园合作对幼儿发展的重要性并反思其在幼儿个体成长中的作用,可以使幼儿更好地实现个体发展。家园合作能够使幼儿的成长更贴近实际需求,同时也能提升家长和教师的教育意识,从而促进幼儿的发展。通过反思家园合作对幼儿发展的重要性,可以使幼儿更好地认识自己,激发他们的活力,实现个体的成长。

3. 在互动体验中激发无限潜能

在多样化的家园合作实践活动中,幼儿能够从与父母的互动中发现对他们的爱,同时

也能了解到对他人、对家庭和对集体的爱。通过亲子游戏、日常教育教学活动以及与同伴和老师的交流,幼儿能够认识到父母在家庭中的重要角色和地位,并体验到与父母一起活动的温馨和快乐。学习是一个不断发展的过程,通过学习,幼儿可以增强自信心,激发潜能。通过不断学习,幼儿可以建立自信,发掘潜能,进而获得成功。

文/刘芯妤 毛馨仪

中班主题活动《朋友见面真高兴》

孩子们知道,朋友就是能在一起开心游戏的同伴,因为与好朋友在一起很快乐,所以他们更愿意与好朋友一起游戏、学习。

图 5-5-1 开心地和好朋友拥抱在一起

一、看见儿童

在来园活动中,幼儿来到班级看到自己的好朋友会热情主动地打招呼,说"早上好",甚至会与同伴抱一抱。在区域活动中,幼儿与朋友合作时会自发地进行交流讨论,豆豆:"我们一起搭建停车场吧!"果果:"好呀,停车场有三层,我们一起把积木搭得高一点吧!"有时,在户外体锻游戏的时候出汗了,好朋友会主动来帮忙擦一擦汗、相互提醒喝水休息……在这样的情境中,幼儿与同伴亲密互动,体验交往的乐趣,建构和谐的同伴关系。

中班是幼儿容易产生矛盾冲突的年龄段,我们发现在生活中也常常会遇到这样的孩子:别人伤心难过的时候,他站在一边旁观,或在交往中发生矛盾时用哭闹表达情绪。我们发现中班的幼儿有强烈的交往愿望,喜欢交朋友,但由于能力和经验的不足,缺少交往技巧,还不能够对他人的情绪变化产生关注,在游戏中幼儿喜欢和同伴合作游戏,但还不能很好地进行轮流或分享。幼儿在交往过程中可能会出现一些障碍,无法获得成功的体验,但如果给予恰当的支持、引导与帮助,幼儿在与同伴亲密互动的过程中会体验到交往的乐趣,逐渐建构起和谐的同伴关系,从而不断提高社会适应能力。

二、 构思发展

主题活动具体目标	对应园本课程目标维度与要求
1. 保持情绪愉快、愿意分享高兴的事,不高兴时能较快缓解。喜欢和小朋友一起游戏,并乐意分享。对大家都喜欢的东西能轮流、分享。	**天真活泼:** 活泼乐动 会玩乐玩
2. 愿意与他人交谈,喜欢谈论自己感兴趣的话题。能基本完整地讲述自己的所见所闻和经历的事情。讲述比较连贯。	**潜能多元:** 会表达善交流
3. 在遇到问题时,能够尝试解决一些问题。	**精神丰饶:** 快乐真诚 勇敢坚强

三、 支持活动

(一) 活动准备:

社会文化资源	6月的儿童节、开展《朋友见面真高兴》系列主题活动、开展亲子实践活动等。亲子实践活动可动员家长采用"走出去,请进来"的方式给幼儿创造与小朋友交往的机会,邀请小朋友来家里玩,或鼓励幼儿去朋友家玩,并引导幼儿说一说与同伴相处时的具体情景和感受,在共同游戏中获得朋友的认同。也可以通过讲故事的形式或利用随机教育的方式,家长及时传授一些如何关心、帮助别人的技巧和方法,当孩子之间出现矛盾的时候,鼓励孩子尝试自主解决冲突,发展其交往技能。
师幼经验资源	随着年龄的增长,中班幼儿的自我意识正在逐步完善,有主动与他人交往的意识,交往的范围也在逐渐扩大。他们开始关注更多的同伴,尝试交新朋友,与新朋友共同游戏,产生交往动机和愿望。 围绕主题师幼共同创设与"朋友"相关的班级环境、走廊环境,墙面设置"好朋友连在一起"版面。师幼共同记录好朋友之间的快乐或有趣的事情,随着幼儿对同伴关系认识的不断深化、具体,教师不断帮助幼儿丰富纸条上的内容。同时,和好朋友共同布置班级环境,营造温馨、友好的气氛,让幼儿体验朋友间的友情,产生集体归属感,为他们的同伴交往创设机会,深入开展《朋友见面真高兴》主题活动。 在日常生活中,幼儿会通过观察、比较、绘画、语言等方式,表达自己对朋友的认识和喜爱。与同伴发生冲突时,能在他人帮助下尝试和平解决矛盾冲突,初步具有集体归属感。在主动表达自己的意见、注意同伴的情绪、倾听和接受同伴的想法等方面的能力和经验比较缺乏。

（二）内容架构：

我们开展主题审议归纳幼儿的需求和兴趣，大致把活动分为"我有好朋友""和好朋友好相处""好朋友一起玩"三个部分，预设幼儿可能感兴趣的学习活动和区角活动。

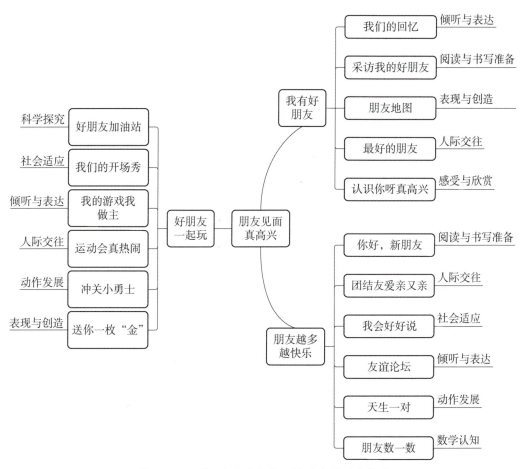

图 5-5-2 "朋友见面真高兴"内容架构思维导图

（三）组织实施：

表 5-5-1 "朋友见面真高兴"主题活动实施表

周次	活动内容	学习活动	游戏活动	其他活动（生活活动、社会实践、家园共育、节日活动
第一周	我有好朋友	艺术活动：我们的回忆 语言活动：采访我的好朋友 综合活动：朋友地图 社会活动：最好的朋友 音乐活动：认识你呀真高兴	语言区： 1. 听关于朋友的图书、音频，创编朋友的故事。 2. 定期采访好朋友，了解好朋友的情况。 美工区：绘画、捏泥、自然物等多种	家园共育：与家长一起阅读关于好朋友的图书，了解交朋友的方法。 社会实践：和好朋友一起打卡各类博物馆、科技馆、艺术馆等社会实践场所，感受与好

续 表

周次	活动内容	学习活动	游戏活动	其他活动 (生活活动、社会实践、 家园共育、节日活动
			方式表现自己的好朋友。 益智区:找朋友。根据线索找到好朋友在哪里。 音乐区:表演关于朋友的歌曲、故事。 建构区:合作搭建"快乐小区"。 科学区:投放调查表和镜子,发现自己与好朋友的"一样不一样"。 生活区:投放编织材料,给好朋友编手环、编手链。	朋友共同学习、交流的乐趣。
第二周	和朋友友好相处	语言活动:我会好好说 综合活动:友谊论坛 健康活动:天生一对 数学活动:朋友数一数 社会活动:团结友爱亲又亲 语言活动:你好,新朋友	语言区:设置"图书制作区",把幼儿的"与好朋友的故事"制作成图书进行展示分享。 美工区:设计制作与好朋友相处友好约定。 益智区:好朋友猜猜乐。根据线索猜出好朋友的名字。 音乐区:表演和朋友相处的故事。 建构区:搭建"好朋友游乐场"。 科学区:投放好朋友的五官图片,找一找好朋友的面部特征。 生活区:投放 DIY 手链、项链、戒指材料,为好朋友制作儿童节礼物。	节日活动:儿童节活动。 家园共育:共同阅读与人际交往相关的绘本图书,了解多种和好朋友相处的方法。 生活活动:帮助好朋友做一件力所能及的小事,感受助人为乐的快乐。
第三周	好朋友一起玩	综合活动:好朋友加油站 社会活动:我们的开场秀 语言活动:我的游戏我做主 社会活动:运动会真热闹 健康活动:冲关小勇士 美术活动:送你一枚"金"	美工区: 1. 绘制运动会加油手幅。 2. 班级出场秀装饰制作。 3. 制作运动打卡记录单。 益智区:"运动小人",根据卡片摆出各种运动时的动作、造型等。 音乐区:表演加油歌《加油加油》 建构区:搭建运动场 科学区:投放各种动物图片,帮助动物朋友配对。 生活区:投放好朋友收纳站,帮助好朋友整理生活用品。	家园共育:去周边的篮球场、足球场体验与好朋友一起运动的快乐。 社会实践:和好朋友一起参加打扫楼道、宣传环保等社区活动,感受劳动服务的乐趣

四、课程片段

片段一:《天生一对》

"朋友"这个词是什么意思?"朋友"对你来说意味着什么?基于"朋友"这个话题,我们展开了一次采访,以理解孩子眼中的"朋友"。通过采访我们发现,孩子将"朋友"定位在日常的、友好的、有共同爱好的相处模式。

正当我们准备和孩子们深入聊一聊朋友的话题时,晨晨小朋友带来了一本绘本《天生一对》,故事中小个头的鳄鱼先生和大个头的长颈鹿女士相爱了,它们因彼此巨大的差异而面临着许多的麻烦,但它们最终勇敢地携手,开始幸福的生活。

绘本中可爱的角色性格,以及那贯穿始终的温馨氛围,引起了孩子们很大的兴趣。孩子们听得意犹未尽,以至在自由活动的时候,都迫不及待地翻看这本书,一起讨论书中的情节。长颈鹿和鳄鱼竟然成为了一对,一个那么高大,一个那么矮小,孩子们不禁为它们担心起来……

问题一:鳄鱼和长颈鹿身高差那么多,它们两个要坐在同一张桌子上吃饭有点麻烦,怎么办?

睿哲:让鳄鱼坐在高椅子上,它爬不上就让长颈鹿抱它上去。

依依:鳄鱼坐到长颈鹿的头上,长颈鹿一低头鳄鱼就能吃到啦!

Amy:可是如果鳄鱼有恐高症,就不能坐这么高的。

豆豆:那可以鳄鱼坐矮桌子,长颈鹿坐高桌子。

孩子们帮长颈鹿和鳄鱼想了好多的办法,还把这些好办法用画画的方法记录了下来!

图 5-5-3 抱鳄鱼

图 5-5-4 鳄鱼坐身上

图 5-5-5 高桌子和矮桌子

问题二:鳄鱼和长颈鹿一个高一个矮,怎么拥抱呢?

两两:鳄鱼可以爬上梯子上去拥抱长颈鹿!

悦悦:让长颈鹿弯下腰来抱鳄鱼!

在孩子们七嘴八舌的讨论中,鳄鱼和长颈鹿相亲相爱、团结互助、相互包容的精神感染了他们。也让他们知道,遇到困难要和朋友互相帮助,一起解决困难,创造奇迹!

乐乐说:"鳄鱼与长颈鹿遇到困难都没有放弃,而是互相帮助,原来好朋友之间就是要互帮互助的!"于是,孩子们一起合作打包被子、一起搬运玩具、一起挂毛巾……孩子们把

图 5-5-6 打包被子

图 5-5-7 搬玩具

图 5-5-8 挂毛巾

互相帮助的方法渗透到日常生活中的细节,在一点一滴中慢慢理解"朋友"的含义,教会他们如何去真心对待朋友、如何去珍视情谊、如何去爱……

片段二:和好朋友相处

环节1:了解我的朋友

对于如何成为更好的朋友,孩子们一致认为了解自己的好朋友是最重要的。糖糖说:"我们可以做小记者,去采访我们的好朋友。"于是我们一起设计了一份"好朋友大调查"的表格,通过采访、记录的方式,了解自己的好朋友。

环节2:为什么会吵架,因为什么事情?

幼儿对同伴交往的需求越来越大,同时他们的自我意识与个性化表现也愈加鲜明,因此班级中"不和谐"的对话成了"高频输出"。在团讨的过程中,孩子们分享了自己和好朋友吵架的原因。小溢说:"我特别喜欢绿色雪花片,可是我的朋友睿哲全部抢走了,也不分享给我,然后我特别生气!"壮壮:"敦敦一直会在排队的时候和我抢位置,所以我总是会和他吵架!"梓宸:"我和好朋友看书的时候,他总是要发出一些声音,我都不能好好看书,我就不理他!"

图5-5-9 抢雪花片　　　　图5-5-10 抢位置　　　　图5-5-11 打扰我看书

环节3:怎么解决吵架的问题

如果真的吵架了,你会怎么做呢?未未:"以前,我会很大声地和朋友吵架,现在我要向长颈鹿学习,我和我的好朋友都会先冷静一分钟,然后再和好。"童童:"我们会一起想想,是不是一定要吵架?想想自己是不是也做错了。"经过一系列的阅读、探讨活动,孩子们对如何成为好朋友有了新的认识和理解。即便是形影不离的一对好朋友,也会有生气、吵架的现象,但孩子们有很多解决吵架的好方法:分开冷静下来、注意自己的行为、互相理解等。

环节4:默契大挑战

孩子们经过对"天生一对""友谊"的探索,默契度有了很大进步。辰辰表示,我们可以和电视里的人一样玩一个叫"你说我猜"的游戏。游戏过程中,我们发现孩子们的默契在日常生活、游戏中已经培养起来了,大家也在配对和配合活动中,感受到了朋友之间的和谐。

图 5-5-12 你说我猜 1

图 5-5-13 你说我猜 2

片段三:和好朋友来一场运动会

不知不觉,春天到了,天气晴朗,鸟语花香。翡翠的园子里也十分的热闹。大中小班的孩子们正在筹备着一场盛大的活动——春季运动会。那么运动会可以设置哪些比赛项目呢? 运动会的具体流程可以有哪些呢? 小中大班的准备可以有哪些不同呢? 翡翠的孩子和老师们开始了一场热闹的讨论和准备,孩子们也十分期待这一场和好朋友们一起准备、参加的运动会……

环节 1:运动会前期和好朋友们一起团讨

运动项目、道具服装、项目打卡单、器械场地安排……原来有这么多需要讨论的内容呀,那就赶紧开始吧! 每个班级的孩子都开始了热火朝天的讨论,首先和自己的好朋友进行,接着以小组为单位进行,通过激烈的讨论和投票的方法确定了各个班级不同的服装、口号和场地,但在和朋友们讨论的过程中,孩子们也发现了一个问题:小中大班的项目打卡单应该设计成不一样的,可是什么样的方式适合小班的弟弟妹妹,什么形式是大班的哥哥姐姐可以尝试的呢? 于是我们组织了一次跨年龄段的讨论,最终在老师的帮助下,确定了大中小班特别的打卡方式:小班使用敲章的方式,中班以积分的形式,大班的孩子则以记录具体时间的方法打卡。

图 5-5-14 和好朋友们一起团讨 1

图 5-5-15 和好朋友们一起团讨 2

环节 2：与好朋友们一起为运动会做准备

运动会的前期讨论告一段落了，那么为了运动会更顺利地开展，可以做一些什么准备呢？在讨论中，孩子们确定了各个年龄段不同的打卡方式，接着他们一起商量自己班级打卡单的样子，并和好朋友一起设计了特别的打卡单，用来记录自己的比赛成果。开幕式越来越近，为了更加神气地展现自己的风采，孩子们觉得不仅需要口号，还需要一些道具，两者配合才可以。于是孩子们在休息的时候就和自己的好朋友三三两两凑在一起，讨论适合展示的道具，在讨论中他们想起了之前做操时使用过的沙锤，声音很响亮，于是在老师的帮助下，孩子们确定了使用连响棒作为开幕式亮相的道具。在学习使用道具的同时还加入了响亮的口号，为了更加熟练，大家决定和好朋友们放学后在小区里也一起练习，为运动会开幕式做好最充分的准备。

图 5-5-16　设计运动项目

图 5-5-17　设计打卡单

环节 3：和好朋友们一起练习

怎么样才可以在比赛中有精彩的表现呢？那一定是需要练习的。孩子们在了解了比赛项目后，开始在体育锻炼，以及阳光活动的时候，和好朋友们组队一起练习，一起搭好拱门练习钻爬，一起规定终点练习跑步和跳跃。孩子们两两合作练习投掷和拍球、抛接球，一名幼儿在练习的过程中，他的好朋友就会帮助他数数，让练习的幼儿可以更加专注其中，互相帮助，一起提高了各个项目练习的效率。在和家长的交流中，我们也了解到孩子们回家后也不放松，总是约了同一小区的好朋友一起练习，在提高运动能力的同时也使得

图 5-5-18　和好朋友们一起练习1

图 5-5-19　和好朋友们一起练习2

孩子们之间的友谊更加牢固。

环节4:和好朋友们一起挑战

练习了这么久,大家都已经摩拳擦掌了,那就一起来比一比吧。比赛开始了,孩子们根据前期讨论的分组进行比赛,大家都拿出了自己最好的状态,比出了风采。当自己的好朋友不小心在游戏中摔倒的时候,孩子们会热心地扶起他们,并轻轻地进行安慰。当自己的好朋友遇到困难坚持不了的时候,他们也会大声地喊出"加油",为朋友鼓劲呐喊。虽然部分幼儿没有在比赛中获得最终的胜利,但他们也会真心为好朋友的获胜感到开心和骄傲。

图5-5-20 一起比一比1　　　　　　图5-5-21 一起比一比2

五、回顾反思

《指南》中指出:人际交往和社会适应是幼儿社会学习的主要内容,也是其社会性发展的基本途径。良好的社会性发展对幼儿身心健康和其它各方面的发展都具有重要影响。随着年龄的增长,中班幼儿在认识自我的基础上逐步开始关注身边的人和事物。通过主题活动《朋友见面真高兴》的开展,帮助幼儿深入理解了"朋友"的概念。

1. 紧扣"趣"本位:创造想象　搭建多元支架

通过《我有好朋友》《和朋友友好相处》《好朋友一起玩》三个支线板块,围绕当前幼儿的兴趣和需求,帮助幼儿进一步了解朋友的定义、探寻如何交朋友的方法、学习与朋友相处的方式。活动通过"走出去,请进来"的家园共育模式,创造更多社会交往的机会。依托亮点活动——趣味运动会——鼓励幼儿与同伴发散思维、大胆创造、倾听表达、协商互助,引导幼儿通过自己感兴趣的方式与同伴分工协作,在各种策划、筹备环节项目中感受朋友的意义,会尝试用多种方法了解、关心朋友,学会和朋友交往的正确方式,正确面对交往过程中可能发生的矛盾冲突,体验与朋友交往、合作、分享的快乐。引导幼儿逐步关注周围的人、环境的过程中,使其人际交往能力、环境共处能力都得到提升,同时也获得真诚、理解、帮助,学会表达爱,具有归属感。

2. 聚焦"情"本位:欣赏儿童　重视情感体验

幼儿期是孩子个性、意识和自我意识形成的关键时期。幼儿的情感体验是最真实的表达,是幼儿内心世界生动的反应,是想象世界和现实生活的真实碰撞,或融入或冲突,是幼儿作为人的主体感受。通过"调查好朋友的喜好""学习解决交往矛盾的办法""策划趣味运动会"等多种方式,鼓励幼儿之间相互交流,表达内心感受,体验自己和他人的情绪、情感,分享自己和他人的快乐,探索到交往的方法。活动中,教师与幼儿积极对话,从欣赏的角度出发,紧扣幼儿心理发展现状,采取科学有效的教育方法,有针对性地开展教育教学,有意识地培养幼儿交往行为,助力幼儿今后社会性的发展。通过这一系列的活动,幼儿感受到友爱尽责、会玩乐玩、勇敢自主带来的同伴交往益处,从同伴处汲取爱与欢乐的同时,也会给自己的朋友们带去爱与欢乐,逐步建构起温暖、和谐的伙伴关系,感悟朋友越多越快乐的意义。

3. 立足"生"本位:尊重个性　捕捉教育契机

立足幼儿本位就是要关注幼儿、关注生活、关注游戏、关注经验。在幼儿园这个大家庭里,幼儿从开始的陌生到认识、接纳、喜欢,有了朋友的陪伴,幼儿园的生活才更加快乐。人际交往和社会适应是幼儿学习的主要内容,日常为幼儿创设温馨、友爱、平等的集体生活氛围,让幼儿在积极健康的人际关系中获得安全感和信任感,逐渐形成归属感和集体荣誉意识。教师在活动中关注儿童的视角,挖掘生活契机,正确看待幼儿发展的差异性和个别性,为幼儿全面而有个性的发展提供空间、时间、生活管理、学习内容、学习方式等多方面的支持,让幼儿在各种活动中认识到朋友的意义,尝试用多种方法了解、关心朋友,学会和朋友交往的正确方式,体验与朋友交往、合作、分享的快乐。

文/朱莹　徐文

大班主题活动《各行各业的人》

在日常生活中,孩子们会接触到各种各样职业的人,他们在观察、接触和了解下引发对身边常见职业和其他人们生活关系的兴趣,进一步激发了解职业的欲望。

图 5-6-1　幼儿体验快递员

一、看见儿童

孩子们对成人的世界感到陌生而又充满向往,而爸爸妈妈是他们最熟悉的人,也是最能直接了解到的人。说到自己家人的职业,孩子们眼中有藏不住的欢喜。乐乐说:"我妈妈是会计,她每天都要打电脑。"瑶瑶说:"我爸爸也会打电脑,但他不是会计。"辰辰说:"我妈妈是厨师,她每天能够做很多美味的饭菜。"依依说:"在家做饭的不是厨师,只有在餐厅做饭的才是厨师。"孩子们对于职业的名称有一定的认识,但对每个职业的工作内容和工作地点了解得还不够深入,在现实生活中对各行各业的劳动缺乏体验。

在日常的角色游戏、小集市等活动过程中,孩子们会结合生活经验,积极主动地参与游戏中的角色扮演,在活动中感受各个角色的职业特征,培养任务意识。

二、构思发展

主题活动具体目标	对应园本课程目标维度与要求
1. 对周边所涉及到的各类职业感兴趣,能经常动手动脑寻找问题的答案,探索并在有所发现时感到兴奋和满足。	**天真活泼:** 自信乐言 好奇乐闻
2. 对自己感兴趣的问题总是刨根问底,能用多种工具、材料或不同表现手法表达自己对职业的感受和想象。能通过观察、比较与分析,发现并描述不用职业的特征或工作内容的变化。	**潜能多元:** 爱劳动善运动 会探索善想象 会观察善发现
3. 能够很长时间持续参与一项感兴趣的活动,对于有关职业类的游戏活动、材料运用非常专注。	**精神丰饶:** 专注灵活

三、支持活动

(一)活动准备:

社会文化资源	在幼儿园游戏中的职业体验比较有限,苏州麦鲁小城是一个幼儿职业体验馆,孩子们在其中可以体验各种各样的职业,能够满足《各种各样职业》活动的深入开展,在实践活动对职业有更深刻的认识。
师幼经验资源	大班幼儿的语言能力逐步提高,生活经验日渐丰富,经常会听到他们讨论有关爸爸妈妈职业方面的话题,幼儿开始对职业有了一定的概念,在日常生活中也会观察不同职业人的工作特征,知道不同职业与我们之间有着密切的关系,对各种不同职业的工作充满好奇心。 围绕主题师幼共同布置与"职业"相关的班级环境创设、区域和角色游戏中的材料投放,收集各行业人们劳动的照片、图片或画报,结合采访身边熟悉的或者陌生的人们的工作情况,布置"叔叔阿姨真辛苦"的专栏,让孩子们了解劳动者日常工作中的艰辛以及各行各业在人们生活中的重要性。
家长资源	带孩子到家长工作地、职业体验馆、邻里中心等地方,通过采访、参观对家长职业以及不同职业进行深入的了解,明确不同职业的名称、工作内容和所处的工作地点。

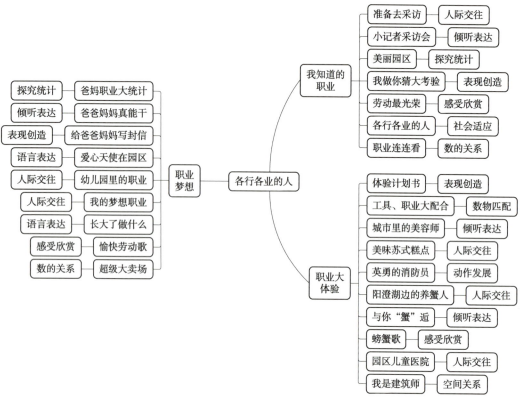

图 5-6-2　"各行各业的人"课程内容思维导图

（二）内容架构：

我们开展主题审议归纳幼儿的需求和兴趣,大致把活动分为"我知道的职业""职业大体验""职业梦想"三个部分,采用小组探究、家园互动、区域活动等丰富多元的组织形式,引导幼儿了解各个职业性质,通过职业体验引发幼儿对各行各业的人产生尊重和向往的情感。

（三）组织实施：

表 5-6-1　"各行各业的人"主题活动实施表

周次	活动内容	学习活动	游戏活动	其他活动 （生活活动、社会实践、家园共育、节日活动）
第一周	我知道的职业	社会活动:小记者采访会 音乐活动:劳动最光荣 数学活动:职业连连看 综合活动:美丽园区 语言活动:我做你猜大考验	语言区:设计小记者采访职业调查表。 美工区:绘画、记录职业特点。 生活区:布置记者发布会现场,了解职业介绍所工作内容。 语言区:表演各种职业,你做我猜。	家园共育:收集职业相关的图书、视频、故事音频。 生活活动:投放平板,幼儿自主录制职业小视频,相互猜测。

续 表

周次	活动内容	学习活动	游戏活动	其他活动（生活活动、社会实践、家园共育、节日活动）
第二周	职业大体验	美术活动:体验计划书 数学活动:工具、职业大配合 语言活动:城市里的美容师 综合活动:美味苏式糕点 健康活动:英勇的消防员 社会活动:阳澄湖边的养蟹人 综合活动:与你"蟹"逅 音乐活动:螃蟹歌 综合活动:园区儿童医院 科学活动:我是建筑师	益智区:小组制作各职业体验计划书,设置收集游戏材料表。 角色区:扮演园区各类职业。 生活区:设置苏州特有美食区,如苏式糕点、品蟹、苏式绿豆汤等,突出苏州职业下的美食特色。	生活活动:开展角色游戏的材料和户外新增职业游戏材料,如:小推车、快递、志愿者袖套、制作苏式点心的食材、逗蟹、绑蟹等工具等等。
第三周	职业梦想	数学活动:爸妈职业大统计 美术活动:给爸爸妈妈写封信 社会活动:爱心天使在园区 社会活动:幼儿园里的职业 美术活动:我的梦想职业 综合活动:长大了做什么 音乐活动:愉快劳动歌 数学活动:超级大卖场	语言区:写给爸爸妈妈的信。 美工区:绘画我长大后的理想职业,制作小组海报——感谢身边的工作人员。	社会实践:利用周边社区资源,进行社区工作人员的职业体验。

四、活动片段

生活中有各行各业的人,我们的社会大家庭又是怎么分工的? 世界上都有些什么职业? 不同的职业都做些什么事情呢? 我们可以体验各种职业吗? 我们可以为身边的工作人员做些什么呢?

在系列职业游戏活动中,孩子们自己发现、提出问题,通过调查、讨论获取了许多有关于职业的直接经验,激发了孩子们对于职业体验的兴趣,萌发出孩子们对各行各业的人的尊重和喜爱。

片段一:我知道的职业

在一次区域游戏时,皮皮开心地和小伙伴分享爸爸要来幼儿园教本领的事情。

皮皮:"今天我爸爸要来我们幼儿园哦!"

乐乐:"你爸爸为什么要来幼儿园呀?"

皮皮:"因为我爸爸是医生! 要来教老师救小朋友的本领!"

清清:"哇! 皮皮,你爸爸好厉害呀!"

恬恬:"我爸爸也很厉害的,我爸爸是消防员,他也来过我们幼儿园。"

邱伊:"我爸爸是工程师,我觉得工程师也很酷。"

孩子们你一言我一语,对家人的职业展开了小小的讨论,对话中可以感受到孩子们对家人的职业有藏不住的自豪和欢喜。就这样,孩子们开始了职业小调查的团讨活动。

宁宁:"我妈妈是会计,她每天都要打电脑。"

欢欢:"我爸爸也会打电脑,但是他好像不是会计呀?"

铭铭:"我妈妈是厨师,她每天都在家里烧很多好吃的饭菜。"

小溪:"在家里做饭的不是厨师吧? 厨师不是在餐厅里做饭的吗?"

歆歆:"我爸爸就是每天去上班,但是不知道他上班做什么?"

面对这么多问题,他们自己想出了一个好办法:我们可以回家问一问自己的爸爸妈妈呀! 通过系列讨论,孩子们将自己想问的问题全部列了出来,拿着问题单,当一次小记者实地采访一下爸爸妈妈的职业。经过小记者们的采访,孩子们知道了原来爸爸妈妈的职业多种多样,很多职业都会使用到电脑,也知道了职业的名称、职业内容以及工作地点。

为了更好地了解各种职业,孩子们还一起进行了"职业猜猜猜"的游戏,他们认真地用肢体语言比划各种职业的特征,引导同伴猜测职业的名称。在了解职业系列活动中,孩子们自己发现问题、提出问题,通过调查、团讨、分享获取许多有关职业的直接经验,同时也激发了孩子们对职业体验的探索兴趣。

图5-6-3　讨论问题单　　图5-6-4　小记者采访　图5-6-5　职业猜猜猜

片段二:职业大体验

通过一段时间的调查分享,孩子对各种职业有了更多的了解,对职业体验也有了新的想法。大班孩子自主性更强,通过投票的方式选择最想体验的职业。让我们一起来看一看孩子们"职业大体验"的系列活动吧!

环节1:聊一聊最想体验的职业

希希:"我最喜欢医生了,我想像医生一样给病人治病。"

乐乐:"我想当厨师,我喜欢做菜。"

文杰:"我想要和快递员叔叔一样送快递,很有意思。"

美美:"我想当发型师,可以给大家剪出好看的发型。"

成成:"我想像消防员一样灭火,我觉得很酷。"

孩子们议论纷纷,说着自己想要体验的职业,那到底要体验哪些职业呢? 他们商量后决定:不如来投票吧,让我们选出最热门的职业。说着,孩子们就收集各种职业的照片并进行投票,选出最热门的的职业体验。

环节2:制定"体验计划书"

确定了热门职业体验后,孩子们根据自己的意愿分组,共同协商制定"体验计划书"。

医生体验组:

"小医生们"想要用到的工具有:针筒、药瓶、听诊器、手术刀、绷带、放大镜。

"小医生们"想要体验的事情有:给小病人打针,检查身体、配药、包扎、做手术。

快递员体验组:

"快递员们"想要用到的工具有:快递车、快递盒、快递信封。

"快递员们"想要体验的事情有:骑快递车去送快递、送快递信封。

环卫工人体验组:

"环卫工人们"想要用到的工具有:扫把、抹布、簸箕、垃圾袋、垃圾夹子。

"环卫工人们"想要体验的事情有:扫地、捡垃圾、擦公共设施。

消防员体验组:

"消防员们"想要用到的工具有:器械、水管、灭火器、小动物玩偶。

"消防员们"想要体验的事情有:灭火、救援小动物、训练。

捆螃蟹体验组:

"蟹农们"想要用的工具有:长柄夹蟹钳、螃蟹绳、长柄刷。

"蟹农们"想要体验的事情有:夹蟹、绑蟹、刷蟹、称蟹。

孩子们制定好职业计划书后,开始在班级、幼儿园还有家里收集一些相关游戏材料,为体验游戏做好充分的准备。在这样的过程中,孩子们的思维力得到了提升,学会了规划、分类、收集。自己亲自准备游戏材料,在游戏中一定能够获得更多的成就感和游戏体验感。

环节3:职业"大体验"

职业体验游戏已准备齐全,接下来,孩子们可以进行"职业大体验"的游戏啦!小小医生认真地为小病人们检查身体、打针、配药等;小小快递员则是将幼儿园中老师们的快递进行分楼层、班级一次进行配送签收;小小环卫工相互合作,将幼儿园的户外、室内打扫得干干净净;小小消防参加日常的体能训练、灭火和救援的游戏互动;小小蟹农撸起袖子,拿起工具把一只只螃蟹捆绑、刷干净。对于这些职业的具体工作与背后的伟大,孩子们还是一知半解,通过职业视频让孩子们直观地感受到各职业的付出和辛苦。在幼儿园体验各类职业后,孩子们还和爸爸妈妈利用周末时间去"职业体验馆"体验更多的职业。

随着职业体验游戏的不断推进,孩子们对社会中各种职业有了更深刻的认知,同时在情感上也激发了他们的深入思考与多元表达。孩子们知道了某些工作中的环节、内容,感受工作中的快乐与汗水,更能体悟成人劳动成果的不易,学会珍惜。

图 5-6-6　投票最喜欢的职业体验

图 5-2-7　体验计划书

图 5-6-8　体验医生职业

图 5-6-9　麦录小镇职业体验

片段三:梦想中的职业

每个人的童年都会有一个梦想,孩子们心里也一定藏着一颗有关职业梦想的种子,憧憬着长大以后做什么工作,成为什么样的人……那就快快用笔画下来吧!

环节 1:画出我的理想职业

孩子们一起畅想未来,憧憬着自己长大后的样子。"长大后,我想……"这个问题点亮了一片童心,孩子们纷纷讨论起来:医生、建筑师、老师、司机,想做的太多太多了……讨论过后,我们鼓励孩子们画出自己梦想的职业,在绘画的世界里尽情畅想。

图 5-6-10　教师

图 5-6-11　画家

图 5-6-12　建筑师

环节 2：介绍我的理想职业

孩子们画完"梦想的职业"后，主动向大家展示自己的理想职业，并在集体面前大胆讲述这些职业的具体工作。通过分享和讲述，孩子们对于同伴长大后的职业理想有了一定的了解，同时也在一定程度上拓宽了对职业的认识，将个体的经验推广到集体。

图 5-6-13 梦想职业展示

图 5-6-14 梦想职业展示

环节 3：表达感恩之心

经过一系列的活动，孩子们了解了不同职业的辛苦与快乐，认识了身边这些平凡的劳动人民，了解他们的工作，理解他们的工作和我们日常生活的密切关系，也懂得了正是他们的勤劳工作，我们才能幸福地生活。这不仅丰富了孩子们对职业的认知经验，同时也激发了幼儿对各行各业劳动者的崇敬和感恩之情，他们渴望长大后成为他们这样的人。为了对爸爸妈妈、老师阿姨以及身边人的辛苦付出表达感谢，孩子们有的献花，有的唱歌，还有的送了小礼物……一件件小事在孩子幼小的心中播下了感恩的种子。

图 5-6-15 献花　　图 5-6-16 表演节目　　图 5-6-17 送礼物

五、回顾反思

1. 立足生活探秘兴趣点，触发幼儿深度探究

生活中幼儿感兴趣的话题形形色色，师幼共同通过眼睛仔细观察，伸出双手去坚持幼儿园教育理念，在课程实践中追随儿童视角、尊重儿童兴趣、活用环境资源，追随幼儿感兴趣的点与方向深入地探究，才能让幼儿真正地进入深入探究，对身边事物产生探索欲望和学会发现问题并自己解决。

幼儿对成人世界即陌生又好奇，而职业正是他们对爸爸妈妈以及身边人另一种身份的重新认识。职业的话题让幼儿通过采访、参观、调查、体验等形式，从而了解社会生活中每一份职业的重要性，同时也提高了幼儿发现问题与解决问题的能力以及综合素质的发展，并促进了教师的经验成长。

2. 融入生态巧用资源，提升幼儿综合能力

资源的巧妙利用可以提升幼儿的综合能力。通过各种活动，幼儿可以了解到生活中的职业形形色色，不仅限于幼儿园中的角色扮演游戏和小集市活动，还可以结合周边资源，如苏州园区附近的麦鲁小城职业体验馆，让幼儿多方面地了解职业，并激发他们对职业体验的兴趣。

麦鲁小城作为我们城市现有的可利用资源，幼儿在这里可以选择消防员、警察、医生、面包师、甜点师等多种职业进行体验式学习。在这里，幼儿可以像大人在现实世界中生活一样，通过参与体验工作赚取一定的报酬，获得的报酬后在场馆里购物、娱乐，真实感受到实际生活中的方方面面。这种角色扮演模式不仅拓宽了幼儿对职业的认知，还让他们在娱乐中体验到工作与收获、乐趣与艰辛，在娱乐中培养发展生活自立能力与团队协作精神，养成健康的劳动价值观和理财能力，增长见识、开阔眼界的同时促进幼儿身心全面和谐发展。

3. 支持生长互动体验，激发幼儿积极情感

在职业活动中，幼儿不仅能够了解各种职业，还对自己未来的职业有更多的期望。教师在支持孩子们的探究活动中，就像播下了梦想的种子，等待着未来某一天的实现。比如在《小职业　大梦想》活动中，孩子们通过采访和调查，了解到职业的多样性，每个人都在自己的岗位上辛勤劳动。通过游戏体验，孩子们亲身实践，感受工作的辛苦和快乐，以身体力行地理解职业。这样的体验让孩子们对职业有了更深层次的了解，也懂得了尊重他人劳动成果的重要性。

在活动的开展中，幼儿对职业有了新的认知，对各种不同的职业产生向往之情。他们学习各行各业的人们勤劳、勇敢、关爱他人、有责任心、乐于奉献的优秀品质，为树立起实现自己理想的良好价值取向打下了基础。老师在支持孩子们的兴趣同时鼓励孩子们展望未来、进一步探究，在成长的过程中就会有更多的收获。

文/刘娅娅　赵瑜　邹紫娴

第三节　融浸自我的生活悦享

小班主题活动《小小蛋儿把门开》

薄薄的蛋壳一不小心就会破碎,圆溜溜的蛋惹人喜爱,会滚、会转,还会孵出鸡、小鸭等,一个个蛋就是一个个秘密,等待我们去打开它的神秘之门……

图 5-7-1　孩子在展示农庄鸡蛋

一、看见儿童

说起蛋,孩子们总能侃侃而谈:"我爱吃鸡蛋。""我把鸡蛋拿起来摇了下,能听到咕咚的声音呢!"蛋是幼儿非常熟悉的,蛋的变化能吸引幼儿的观察和好奇,但是讨论中也发现幼儿对蛋的种类等经验还不够丰富。

有时,幼儿会对着农庄里的白鹅下蛋惊奇不已;有时,会在斗蛋的时候因为蛋碎了而哇哇大哭……在这样的情境中,幼儿积极地探索并发现着蛋的秘密,与自然交融,在真实、生动的情境中获得经验与发展。如果给予恰当的支持,幼儿还可以展开大胆的探究与想象,萌发关爱自然生命的情感。

二、构思发展

主题活动具体目标	对应园本课程目标维度与要求
1. 乐意对身边的蛋进行探究,认识常见的蛋,了解蛋的内部结构,经常问一些与探究事物有关的问题,常常动手动脑探索并乐在其中。	**天真活泼:** 自信乐言 好奇乐闻
2. 对蛋宝宝产生好奇,并能够与蛋宝宝做做玩玩中了解、探索蛋宝宝的秘密,初步了解和体会蛋和人们生活的关系。喜欢参与观察和操作活动,体验操作带来的乐趣,感受与同伴分享的快乐。	**潜能多元:** 会观察善发现 会探索善想象

续　表

主题活动具体目标	对应园本课程 目标维度与要求
3.能根据自己的兴趣,乐于、敢于尝试观察和操作活动,在遇到问题时能够尝试解决,并能在适度时间内专注参加一项感兴趣的活动或者小任务。	**精神丰饶:** 自主大胆 专注灵活

三、支持活动

(一)活动准备:

自然生态资源	幼儿园中养殖了鸡、鸭、鹅、乌龟等卵生动物,在幼儿园的旁边是一个小公园,里面有一片片小树林,里面也生活了一些卵生动物如鸟类,幼儿园周边的翡翠湖生态公园、阳澄湖公园、仙樱湖公园等有着丰富的卵生动物资源。
社会文化资源	4月底的爱鸟周,6月底的端午节,节气春分、立夏等可结合课程开展系列主题活动、亲子实践活动等。
师幼经验资源	对蛋特别的"生命"情感:小班幼儿的眼中,一切都是他们好奇的,对于他们来说,最神奇的莫过于蛋里的小宝宝逐渐长大到破壳而出,在日常生活中,幼儿对蛋是非常熟悉的,日常生活中他们经常吃鸡蛋,他们观察蛋,和蛋做游戏,但对于蛋的种类方面的认知还比较缺乏。
家长资源	带领幼儿前往动物园、生态农场等地方进行调查、观察,发现、认识"蛋"的结构、生长过程等。

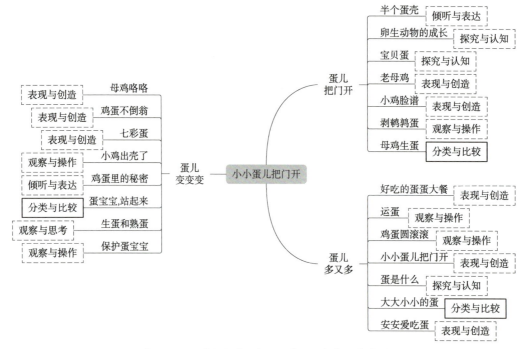

图5-7-2　"小小蛋儿把门开"课程内容思维导图

(二) 内容架构:

我们开展主题审议归纳幼儿的需求和兴趣,大致把活动分为"蛋儿多又多""蛋儿把门开""蛋儿变变变"三个部分,以"我认识的蛋宝宝——生活中的蛋宝宝——我们与蛋的游戏"为线索,采用集体活动、小组探究、亲子实践、区域活动等丰富多元的组织形式,引导幼儿全方位、多角度认识和感受蛋的特性,促进幼儿全面发展。

(三) 组织实施:

表 5-7-1 "小小蛋儿把门开"主题活动实施表

周次	活动内容	学习活动	游戏活动	其他活动 (生活活动、社会实践、家园共育、节日活动)
第一周	蛋儿多又多	综合活动:保护蛋妹妹 健康活动:鸡蛋圆滚滚 科学活动:蛋是什么 美术活动:好吃的蛋蛋大餐 音乐活动:小小蛋儿把门开	小吃店:制作、品尝蛋蛋大餐。 玩具吧:按任务卡要求,将不同形状的蛋进行排列。 小书吧:听关于蛋的图书、音频,创编蛋的故事。 小舞台:表演《小小蛋儿把门开》的歌曲。 建筑工地:搭建鸡窝。	家园共育:和爸爸妈妈前往动物园、生态农场等地方观察不同动物的蛋。 生活活动:尝试动手剥各种蛋的壳。 节日活动:春分斗蛋活动。
第二周	蛋儿把门开	语言活动:半个蛋壳 综合活动:剥鹌鹑蛋 科学活动:宝贝蛋 美术活动:小鸡脸谱 音乐活动:老母鸡	科学室: 1. 探索用不同材料来保护蛋宝宝。 2. 能正确将卵生动物孵化的过程进行排序。 小舞台:表演《老母鸡》的舞蹈。 娃娃家:尝试剥不同的蛋壳。 户外农庄:观察鸡鸭鹅下的蛋,了解蛋宝宝。	家园共育:在家中烹饪蛋类美食,观察蛋的内部。 生活活动:腌制咸鸭蛋、品尝咸鸭蛋的风味。 节日活动:春分立蛋习俗。
第三周	蛋儿变变变	健康活动:小鸡出壳了 语言活动:鸡蛋里的秘密 科学活动:蛋宝宝,站起来 美术活动:七彩蛋 音乐活动:母鸡咯咯	巧手坊: 1. 美味的荷包蛋作品。 2. 运用不同颜色的蛋壳制作蛋壳拼贴画。 玩具吧: 1. 按两半蛋进行配对,拼成完整的蛋。 2. 将不同蛋宝宝和自己的妈妈进行正确连线。 小书吧:讲述《半个蛋壳》的故事。	生活活动:与同伴共同制作平常蛋的食物,如:蛋羹、蛋挞、蛋卷…… 家园共育:收集不同颜色的蛋壳,亲子制作蛋壳贴画创意作品。

四、活动片段

"小小蛋儿把门开"的主题活动中有各种形式的实践探究的活动,这些活动都是基于孩子们的想法、行为、兴趣和需要。孩子们在直接感知、亲身体验、实际操作中丰富着对"蛋"的认识。来看看孩子们是如何与蛋亲密互动的。

片段一：认识蛋宝宝

身边的蛋宝宝是什么样的呢？孩子们纷纷从家里带来了各种各样的蛋，叽叽喳喳地和同伴讨论了起来："我带了鸡蛋。""我带了鸭蛋。""我带了鹌鹑蛋。"有的孩子说："我的鸡蛋是椭圆形的。"有的孩子说："我的鹌鹑蛋很小。"还有的孩子说："我的是鹅蛋，很大个。"同伴之间还相互比较了起来。通过比较，孩子们发现了不同品种的蛋存在着颜色、大小的区别，并且同一品种的蛋也有大小、颜色的不同。

在观察到不同蛋的外形之后，孩子们对蛋宝宝的肚子里面到底有什么产生了浓厚的兴趣。于是孩子们纷纷动手将自己带来的蛋敲开。蛋壳都打开了，孩子们惊奇地发现，原来这些蛋宝宝的肚子里都是蛋清和蛋黄。就在孩子们兴奋地讨论时，有眼尖的小朋友喊道："我发现鸭蛋和鸡蛋的颜色不一样。"这句话吸引了孩子们的注意力，原来鸭蛋的蛋黄是橙色，鸡蛋的蛋黄是淡黄色的。通过继续观察其他的蛋，孩子们还发现蛋越大，里面的蛋清就越多，蛋黄也就越大。

生蛋宝宝的肚子里有蛋清和蛋黄，那熟蛋宝宝的肚子里是什么呢？一部分孩子认为里面是蛋清和蛋黄，另外一部分孩子认为里面是蛋白和蛋黄。带着疑问，教师带领孩子进入小厨房，通过煮鸡蛋的方式一探究竟。鸡蛋煮好之后，孩子们敲一敲、剥一剥、尝一尝，尝完发现山鸡蛋里蛋黄多，蛋白少。

图 5-7-3　相互比较蛋　　　图 5-7-4　观察生鸡蛋　　　图 5-7-5　品尝鸡蛋

片段二：小乌龟破壳记

10 月 22 日，楷楷小朋友带来了乌龟蛋宝宝，并小心翼翼地放在了蛭石铺就的孵化盒里，并在自然角帮它安了家。孩子们七嘴八舌地讨论：小乌龟怎么才能从蛋里出来呢？心然说："它肯定是打破了蛋壳然后从里面爬出来的。"楷楷说："小乌龟还是小宝宝呢，可能需要我们去叫它起床。"到底它会怎么从蛋里出来呢？孩子们一起等待小乌龟的破壳时刻。盼望了几天，小乌龟还没有孵出来，孩子们每天都会探望沉睡在蛋壳中的小乌龟，等待着新生命的到来。时间不负有心人，我们迎来了一位可爱的新朋友——小乌龟，它悄悄地出生啦！孩子们用绘画，老师用拍照记录下这一美好时光。尽管孩子们没有亲眼目睹小乌龟破壳而出的情景，却通过观看小海龟破壳而出的视频，想到了小乌龟是这么勇敢，纷纷为这一坚强的小生命而喝彩。新生命的到来对于孩子们而言有特别的意义,他们用一声声亲切的问候诉说着对它的关爱。也正因为这份喜爱和呵护,他们决定给小乌龟起一个好听的名字。在一番统计后,投票结果出来啦!"小贝壳"这个好听的名字获得了最高票数,小乌龟就这样拥有了自己的独一无二的姓名。

为了好好照顾小贝壳,孩子们和爸爸妈妈一起查阅资料,用心了解照顾它的各种注意事项。在调查和讨论中,孩子们特别关心小贝壳的饮食,"小贝壳喜欢吃什么"成为孩子们最关心的话题。在和爸爸妈妈查阅资料后,孩子们了解到乌龟有很多爱吃的东西。比如水果、蔬菜、肉类、龟粮……都可以用来喂养小乌龟。于是孩子们开始尝试投喂小贝壳,看看它喜欢吃什么。第一天投放了花菜,一天过去了,小贝壳并没有吃,孩子们观察后纷纷给小贝壳加油:"小家伙,你要好好吃饭,快快长大呀!"第二天投放了水果,经过孩子们的鉴定,水果宝宝并没有得到小贝壳的青睐。然而已经两天过去了,小贝壳还是没有进食,这可急坏了孩子们。第三天,涵涵带来了生鸡蛋,并把蛋清放在小贝壳的盘子里。她和妈妈一起查阅了资料后,发现生鸡蛋里有丰富的营养,很适合刚出生的小贝壳吃。孩子们惊喜地发现,没过多久,小贝壳就把盘子里的蛋清吃光了。

孩子们在孵化中体验生命的奇迹,在喂养中感受成长的不易,在陪伴中感悟关爱和责任,和小贝壳一起慢慢成长。

图5-7-6 观察乌龟蛋　　图5-7-7 小乌龟破壳　　图5-7-8 喂食小乌龟

片段三:玩蛋三部曲

小小的蛋儿,除了可以吃,还可以怎么玩呢?小班宝贝带着好奇开启了一场"玩蛋之旅"。

环节1:斗蛋游戏

立夏时节有斗蛋的传统,那么什么是斗蛋呢?该怎么斗蛋呢?小班宝贝在爸爸妈妈的帮助下,完成了斗蛋初体验。先将蛋煮好,用冷水浸上数分钟,再套上早已编织好的网袋,挂于颈上。斗蛋时蛋头斗蛋头，蛋尾击蛋尾，一个一个斗过去，破者输，最后分出高低。小班的宝贝们手里紧紧攥着自己心爱的蛋宝宝，与爸爸妈妈玩得不亦乐乎！

环节2：立蛋活动

圆滚滚的蛋可以站起来吗？小班宝贝们纷纷进行尝试。有的孩子借助食盐将蛋立了起来，有的孩子给蛋搭建了一个底座将蛋立了起来。孩子们通过不断的尝试，终于将蛋立了起来。

环节3：腌咸鸭蛋

香喷喷的咸鸭蛋是怎么制作的呢？小班孩子们和老师一起动手进行了尝试。准备好鸭蛋、白酒和盐，把白酒和盐搅拌在一起，将洗干净的鸭蛋裹上白酒和盐，放进密闭的罐子里，耐心等待一段时间就完成了。

图5-7-9　斗蛋　　　　　图5-7-10　立蛋　　　　　图5-7-11　腌咸鸭蛋

五、回顾反思

幼儿的学习是以直接经验为基础，在游戏和日常生活中进行的。对于幼儿来说，真实的学习情境、真实的问题总能让他们切实地感受到学习带给他们的乐趣，总能让他们享受、沉浸在学习的过程中。而这些经历也是搭建幼儿成长之路的重要阶梯。

1. 架构兴趣支架让学习自然发生

幼儿常常对身边的日常物充满好奇。从一颗小小的蛋所引发的兴趣点出发，幼儿自发地比较蛋的外形，探索生鸡蛋和熟鸡蛋之间的区别。在一步步自由探索的过程中，他们对身边的蛋有了更深入的认识。对于幼儿来说，学习源自生活，生活中的常见事物都是宝贵的学习素材。虽然蛋只是生活中的一个寻常事物，但幼儿却在自由探索的过程中，打开了科学探索的一个小窗口，发现更多关于自然生命的奥秘。

2. 自然润泽生命促情感多元体悟

生命是自然界中最宝贵的存在，与我们息息相关。乌龟蛋的到来，是幼儿与自然生命互动的重要且直观的连接点。小乌龟的破壳而出，是生命的诞生，是大自然循环不息的一环。在盼望与期待小乌龟孵化的过程中，幼儿体会到了生命的起源；当小乌龟破壳而出时,幼儿感受到了新生命的喜悦;在照顾新生小乌龟的实践中,幼儿体验到了爱与责任。他们面对新生,经历了期待、喜悦和快乐,也体验了失落、担心和难过。在生命的初始阶段,他们感受到了爱与自然的力量,从而也萌生了对自然、对生命的热爱和敬畏之情。

3. 关注全面发展推实践深度学习

面对"蛋",幼儿充满了好奇,展开了一系列"玩蛋"的动手操作活动。他们对于丰富的操作活动表现出了浓厚的兴趣,并在实践中深入理解和探索了"蛋"的特性,同时也构建了新的经验。在尝试立蛋的过程中,幼儿通过认真观察蛋的属性,思考身边可以利用的资源,一步步动手进行尝试,成功完成立蛋的挑战。在进行咸鸭蛋腌制的过程中,幼儿对于陌生的材料能够根据教师的提示进行动手操作和尝试,在制作的过程中获得全新的体验。教师在幼儿活动的过程中,要充分提供动手尝试的机会,引导他们在做中学,在玩中学。

文/项往 罗慧

中班主题活动《你快乐,我快乐》

孩子们的快乐无处不在,有的快乐藏在幼儿园丰富的集体活动中,有的快乐藏在有趣的玩具中,有的快乐藏在好朋友的笑脸中,有的……

图 5-8-1 孩子们在隧道中玩耍

一、看见儿童

在生活中,孩子们会体会到各种各样的快乐,比如学会新本领,被朋友祝福,得到家人的关怀……同时孩子们也可以从自己与同伴的成长中体会到快乐,从对别人的帮助中获得快乐。我们常常会听到孩子们爽朗的笑声,有的在滑滑梯上大笑着:"哇!好好玩呀!"有的拉着好朋友的手一边转圈圈一边说:"我们是最好的朋友!"但有时,也会出现一些"特别"的笑声:小朋友摔倒时、遇到困难窘迫时周围轻轻的笑声。

笑声各种各样,我们和孩子们在愉快的氛围中感受快乐,通过各种活动逐渐体验自己是家庭的小主人,能体验感受到来自家庭的温暖与关怀。同时也要知道关心周围的人,在幼儿园里学会交往很多朋友,学会一些自我调节、保持良好情绪的方法。做一个受大家欢迎的人,与小伙伴共同创造一个快乐的集体。

二、构思发展

主题活动具体目标	对应园本课程 目标维度与要求
1. 知道自己长大一岁了,在新学期里要不断进步,会做更多的事情(用筷子吃饭、系鞋带等),有积极向上的愿望。	**天真活泼:** 活泼乐动 自信乐言
2. 愿意保持愉快的心情,乐意尝试用多种方法让自己和别人(同伴、家人)快乐。在一日生活中基本能够始终保持愉快的心情,感受集体游戏、合作学习的快乐。	**精神丰饶:** 自主大胆 快乐真诚
3. 能通过多种途径和方法认识家庭,体验家庭的温暖、关怀与快乐,有爱父母、爱长辈以及爱家庭的情感。	**潜能多元:** 爱劳动善运动 会表达善交流

三、支持活动

(一)活动准备:

师幼经验资源	不同于小班孩子们主要以自我为中心的特点,中班的孩子们逐渐开始掌握道德感、理智感和美感。他们能初步开始懂得将情绪及我及他,在这个《你快乐,我快乐》的主题中,我们将和孩子们一起分享情绪。
社会文化资源	围绕主题,师幼共同创设"长大""情绪""朋友"等元素相关的班级环境、走廊环境。创设"我的情绪指南温度计",引导孩子们每天记录自己的情绪心情并用合适的方式与小伙伴们交流。创设墙面"我的中班计划",鼓励幼儿通过记录单和绘画的方式表达自己的想法。进入新的学年,有意识地引导幼儿认识班级中的各个区域,了解其功能并尝试绘制出班级地图。在此基础上鼓励幼儿了解观察家周围的社区环境,进而粗略绘制出家庭地图和社区地图。
家园合作资源	与幼儿一起阅读关于情绪管理的图书,了解多种缓解情绪,让自己变快乐的方法。在日常生活中多与孩子进行交流,讲述"难忘的事情"或"开心的事情",帮助幼儿充分感受家人给予的关爱,从而激发热爱父母、长辈和家庭的情感。鼓励家庭成员之间要互敬互爱、和睦相处,给孩子营造一个温馨互助的家庭氛围,让孩子更能体会家庭的快乐。

(二)内容架构:

通过开展主题审议,归纳幼儿的需求和兴趣,大致把活动分为"成长的快乐""快乐我家""朋友一起真快乐""情绪指南"四个部分,从亲情、友情、成长和情绪四个方面入手,让幼儿能在日常生活中多角度、多方面的感受快乐,体会快乐进而创造快乐。预设幼儿可能感兴趣的学习活动和区角活动(见表3-2-1)。

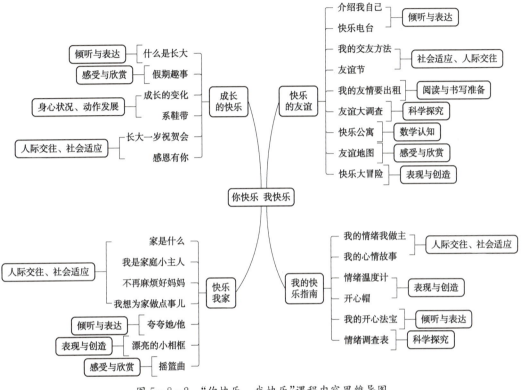

图5-8-2 "你快乐 我快乐"课程内容思维导图

(三) 组织实施:

表5-8-1 "你快乐,我快乐"主题活动计划表

周次	活动内容	学习活动	游戏活动	其他活动 (生活活动、社会实践、家园共育、节日活动)
第一周	成长的快乐	社会活动:成长祝贺会 综合活动:假期趣事 美术活动:长大的我 语言活动:什么是长大 科学活动:成长的变化 健康活动:系鞋带	科学区:定期给自己测量身高,并尝试按照时间进行记录。 生活区:练习系鞋带。 语言区:听关于成长的音频,阅读关于成长的图书,鼓励幼儿创编成长故事。 美工区:将班级一日生活流程、活动、游戏中涉及的内容记录下来。(与月历结合。) 益智区:操作"成长棋",体会成长的快乐,懂得遵守游戏规则。 音乐区:表演关于成长的歌曲。 建构区:搭建儿童乐园。	生活活动:在一日生活中提高自己生活自理能力,如:自己穿衣整理表、开展值日生工作等。 家园共育:在家庭生活中承担力所能及的劳动,为家人服务,如:盛饭、准备餐具、叠衣服、扫地等。

续　表

周次	活动内容	学习活动	游戏活动	其他活动（生活活动、社会实践、家园共育、节日活动）
第二周	快乐我家	语言活动:家是什么 数学活动:家庭门牌号 综合活动:我是家庭小主人 美术活动:漂亮的小相框 音乐活动:不再麻烦好妈妈	科学区:画一画地图,利用多种材料测量一下自己家到各个地方的距离,并完成记录表。 生活区:练习编辫子、夹豆子、扣扣子等生活技能。 美工区:制作全家福相框。 益智区:按照要求找一找"我家在哪里"。 语言区:讲一讲,画一画家庭中友爱的趣事,创编一个小故事。 音乐区:表演关于家的歌曲或故事。	节日活动:元宵节活动 家园共育:鼓励家长交给幼儿一些小"任务",帮助大人完成一些力所能及的事情,感受帮助别人的快乐。
第三周	快乐的友谊	社会活动:介绍我自己 音乐活动:快乐电台 综合活动:友谊节 语言活动:我的友情要出租 科学活动:友谊大调查 健康活动:快乐大冒险	科学区:完成友谊大调查表格。 生活区:为朋友制作友谊手链。 语言区:阅读关于友情的书籍,倾听关于友情的故事音频。 美工区:提供各类材料,绘制"与朋友的那些事"。 益智区:操作小动物找朋友的材料。 音乐区:小舞台布置"朋友约会日"剧场活动。 建构区:搭建朋友之家。	生活活动:与同伴分享自己和朋友相处的方法;制作和朋友的友谊见证物。(闺蜜手链、照片、玩偶礼物等)。
第四周	我的快乐指南	语言活动:我的心情故事 美术活动:开心帽 社会活动:我的开心法宝 科学活动:情绪温度计 社会活动:我的情绪我做主	科学区:定制"情绪温度计"。 语言区:阅读《生气汤》《我的情绪小怪兽》等绘本故事。 美工区:绘画、装饰"开心帽";制作情绪脸谱。 生活区:分享"我的心情故事"记录单。 音乐区:演唱《表情歌》等关于情绪的歌曲。 益智区:操作情绪数独。 建构区:小组合作,用积木,雪花片,易拉罐等多种材料合作搭建《我的心情城堡》。	生活活动:在集体生活中感知多种情绪的特征,学会合理控制自己的情绪,体验不同情绪给别人带来的感受。 家园共育:与家长一同阅读与情绪相关的图书、电子书等;学会情绪管理的方法,并能通过自己的行动给身边的亲人带来快乐。

四、活动片段

"你快乐,我快乐"的主题活动中有各种形式的活动,这些活动都是在主题进行中,跟随孩子的兴趣和发展需求自然而然产生的。让孩子们从兴趣点出发,在游戏和活动中体会各种各样的快乐。

片段一:我的中班计划

新年新学期,长大一岁的孩子们对新的学期有新的期望。早晨区域活动时间,孩子们就对在幼儿园的游戏、生活自理能力、值日生工作、新本领等内容进行了绘画记录。

在早上的集体活动中,我们一起进行了分享,还一起开动脑筋思考还有哪些内容,并请小朋友进行了绘画记录。紧接着,我们进行了"头脑风暴":计划表是什么?计划表里有什么?有的孩子说:"计划表里需要有一个目标。""需要多长时间才能达到目标。""我想在我的计划表里制定两个目标。""我觉得可以在计划表里进行打卡,像我们早上来园打卡一样,但我们的计划打卡可以一周几次,不用天天打卡。"通过孩子们的讲述,大家一起设计了一个简单的计划表,然后请孩子们各自去完善自己的"我的中班计划",鼓励幼儿用图画表征进行表达记录。

没一会儿,孩子们就制作好了自己的"中班计划",继而互相分享了自己的新学期计划。有的希望自己能够在运动会之前学会连续拍球;有的计划在新学期提高自己绘画的本领,决定每周去两次美工坊;还有的希望自己在一个月之内学会自己整理衣服、书包,希望小朋友多教教她……有相同计划的孩子还组成了小分队,约定好一起进行打卡,一起进步。

通过执行计划,很多孩子初步掌握了自己的新本领。于是孩子们及时调整、更新了自己的计划;还有的孩子制定了更长远的学期计划,比如:暑假前我要学会游泳;暑假前我要学会骑自行车等,并进行了打卡记录。

图 5-8-3　我的中班计划　　　图 5-8-4　快乐的事　　　图 5-8-5　画一画计划

片段二:快乐的元宵

一年一度元宵到,同庆佳节乐逍遥。在元宵节这天,大班的哥哥姐姐们提前通过上网查询、询问家人等方式收集了很多元宵节的民俗,如逛灯会、舞狮子、投壶、团圆饭、扭秧歌等等,并且亲手绘制下来。中班的哥哥姐姐们在这一天则是开展了制作灯谜的活动。他们不仅绘制了生肖影子,节日名称的前书写,还和家人录制了猜灯谜的小视频,让更多的孩子能够通过多种方式趣味猜灯谜。小班的弟弟妹妹们则通过制作元宵来过节。孩子们动起小手,搓一搓、揉一揉,又大又圆的元宵做好啦!送给家人尝一尝。

翡翠的孩子们在元宵这天知民俗、品元宵、猜灯谜,用自己的方式庆祝元宵,感受节日气氛,了解中华传统文化。

图 5-8-6　绘制元宵民俗　　　　图 5-8-7　绘制灯谜　　　　图 5-8-8　制作元宵

片段三:做情绪的小主人

当我们生气的时候,有时会通过语言和剧烈的身体动作来发脾气,有时会一个人悄悄地躲起来,等气消了再过来……在探讨人有几种情绪的过程中,孩子们惊奇地发现:原来情绪是我们身体的一部分,伴随着我们每天的生活。除了生气,我们还会开心、难过、害怕,可是怎么样才能不被情绪所影响,做情绪的小主人呢? 来看看孩子们的发现吧!

环节 1:自我排解——与生气说再见

我们进行了集体大团讨——在生气不想与人交谈的时候,我们自己可以采用哪些方法来让自己慢慢消气? 众人拾柴火焰高,不一会儿,孩子们就想到了各种好方法——"看书能让我们不再生气""生的时候,只要玩一下新玩具,就马上不生气了""我们可以一个人静静地待着,让心情慢慢变好""生气的时候,抱一抱小熊,把不开心的事情说给小熊听""生气的时候,自己做做手工就可以慢慢不生气啦"。

环节 2:与人倾诉——快速找到好帮手

生气的时候,我们除了靠自己排解掉坏坏的情绪,还可以找好朋友们帮忙呢! 在生气的时候寻求他人的安慰,能让我们快快地调整好情绪。"生气的时候和朋友倾诉,会让我们变得开心一点。""找好朋友一起玩,可以让我不生气!""生气的时候,我们也可以告诉老师,请老师帮忙!"

环节 3:布置消气屋——不被打扰的安全屋

消气的方法有很多种,在分享方法的过程中,我们发现:当生气时,我们最想要的是一个安静的小角落,在这里我们可以安心地平复情绪,在这里我们可以不被打扰。在班级中,我们又可以在哪里设置这个"消气屋"呢?

孩子们通过投票,最终决定将"消气屋"布置在推拉床边——因为这里温暖、宽敞还很安静。在确定"消气屋"的位置后,孩子们就着手开始布置了起来,"消气屋"由一个帐篷组成,里面有一张桌子,还有小垫子。帐篷里面放上可爱的小玩偶,桌子上摆了小花。"消气屋"的角落里有玩具、绘本,还有小小的抱枕。在这样一个安静、温暖、不被打扰的环境里,充分地给孩子们创设了一个吐露心事和不开心的秘密基地……

图 5-8-9 看书让我不生气

图 5-8-10 找老师倾诉

图 5-8-11 消气屋

五、回顾反思

生活中的每一个瞬间,每一件看似无足轻重的小事情都会牵动着我们的情绪。对于幼儿来说,童稚的他们还不能熟练地辨别情绪、分享情绪和排解情绪。在本主题中,我们和孩子们一起通过有趣的活动,丰富的游戏,愉快的交流等方式和孩子们一起经历了一场快乐盛宴。

1. 尝试掌控情绪,助幼儿悦度生活

经过一年半的幼儿园生活,幼儿已经熟悉幼儿园的环境和班级环境。在这个主题中,我们的主要目标是引导幼儿自主解决问题并逐渐学会调节自己的情绪。如大胆地表达自己的需求;仔细聆听老师的要求;碰到困难敢于先自己解决,再去寻找同伴的帮助,最后求助于老师;在聊天和交往中鼓励幼儿分享有趣的经历,或者不愉快的事情以及最终有效解决问题的经验等等。

2. 快乐亲子同游,伴幼儿悦享生态

幼儿在园的时间只占每个上学日的三分之一,更大部分的时间都属于亲子相处的时间,那么愉快和谐的亲子互动在这个主题中就显得格外重要。在这个主题中,我们一起参加了各种活动,如元宵节活动,猜灯谜,搓圆子,家园互动、阖家团圆一起度过了愉快的中国传统节日。当然来自家庭的快乐可不止这些。当下的季节正处于草长莺飞,万物复苏的春季,爸爸妈妈们和孩子们进行了一场"亲子快乐之旅"。幼儿带着照片、礼物等来园交流时脸上都挂着幸福的笑容。有的去了大大的草坪,放飞了亲子制作的风筝;有的去了阳澄湖边,和爸爸钓鱼;有的去了周围的小树林,寻找樱花和破土的嫩草。幼儿的快乐不仅仅存在于幼儿园,还存在于亲子时光中,存在于生机勃勃的大自然中。

3. 激励尽责之心,赋幼儿悦伴生长

成长,是伴随幼儿喜怒哀乐的旅程。他们为此笑过、哭过、自豪过、委屈过,但相信,最终伴随在幼儿身边的一定是阳光般灿烂的笑容。在"成长的快乐"版块中,我们利用环境、游戏等多种方式,让幼儿进一步了解自己长大了一岁,意识到他们能做更多的事情了。比如:我们中午吃饭的餐具从勺子变成了更加难掌握的筷子;生活区多了系鞋带的玩具;我们开始要对自己的生活进行小小的规划,从今天的小计划到一周的周计划,最后我们一起制定了学期小心愿并每周进行打卡来督促计划的实施。幼儿在此过程中感受了长大的快乐,体会了成就感。

成长永不止步,在整个主题的进行中,幼儿不断进步,在进步中感受成长带来的喜悦。当然所有的事情不可能都是一帆风顺的,在此过程中,幼儿也会遇到挫折,例如学本领时多次失败,或是与好朋友交往时产生矛盾等等。然而,我们在引导的过程中发现幼儿一次比一次更加积极乐观,一次比一次更加友爱坚强,他们仿佛变成一个个小大人,逐渐能在挫折中勇往无前,在争吵中倾听退让,在美好的时光中享受成长带来的快乐。

文/庄怡雯　汤怡人

大班主题活动《毕业季》

孩子们对于即将到来的毕业季有很多话想说,有很多事想做,他们亲自动手拍摄毕业照,参与毕业典礼的设计,制作毕业明信片……用自己的方式为即将到来的毕业做着准备。

图 5-9-1　孩子们自己主持毕业典礼

一、看见儿童

又到六月,大班的孩子即将离开可爱的幼儿园,走进小学啦!在这段充满期待、充满梦想的时光里,孩子们相互倾诉着自己对同伴、对老师、对幼儿园的不舍。他们一直都期待着能够早日成为神气的小学生,但当毕业季真的来临时,孩子们又开始恋恋不舍。他们围坐在一起讨论着毕业时刻最想做的事情,豆豆说:"我想画一幅自己,留在幼儿园。"妹妹说:"我想在幼儿园里的各个角落都拍一张照片。"心心说:"我想举办一场盛大的毕业典礼,我要成为最漂亮的公主……"孩子们相互倾诉着自己的心声,好想让时间过得再慢点,此刻,孩子们的小小心愿就是如何为快乐的幼儿园生活画上一个圆满的句号。

幼儿毕业典礼是孩子们人生第一次拍毕业典礼照,是孩子们大班毕业旅程中十分重要的一件事情,由孩子们自己来规划更显得意义非凡。留下童年美好回忆的同时,孩子们发展了同伴合作、活动策划、解决问题的能力。但是在活动中,孩子们也由于经验不足而遇到了一系列的问题,如毕业典礼该如何策划,毕业照该如何编排等,对于孩子们来说都是不小的难题。教师给予孩子们相应的支持,使他们在大班最后一段时光拥有美好的回忆,相信他们日后想起这一段回忆时,一定能感受到童年充满温情的小时光。

二、构思发展

主题活动具体目标	对应园本课程 目标维度与要求
1. 能热切地接触新事物与新环境,能对小学充满向往,并适当地接受与表达情绪,且能与他人分享自己的事。	**天真活泼:** 自信乐言 好奇乐闻
2. 对自己感兴趣的问题总是刨根问底,能用多种工具、材料或不同表现手法表达自己对幼儿园的不舍和对小学的憧憬。	**潜能多元:** 爱劳动善运动 会表达善交流 会探索善想象
3. 在群体活动中积极、快乐,对小学生活有好奇和向往。	**精神丰饶:** 快乐真诚

三、支持活动

(一)活动准备:

师幼经验资源	围绕主题师幼共同创设与"毕业"元素相关的班级环境、走廊环境及园所公共环境。师幼共同收集相关材料,如幼儿园三年的照片、视频。通过收集东西的活动,和幼儿一同收集在园使用过的玩具、物品等。提供多种美工材料,满足幼儿制作纪念册、毕业礼物送给老师和小朋友的需要。创设"幼儿园和小学的区别""小学大调查""我心目中的小学"等主题版块,满足幼儿对小学的好奇,激发其向往小学的情感。回首三年的幼儿园生活,孩子们在各方面都取得了显著的进步,他们从刚入园时很多方面需要帮助的弟弟妹妹,变成了能干、自信的哥哥姐姐,他们体验着成长的喜悦。孩子们通过各种途径也对小学生活有了初步的了解,并充满向往,期待着早日成为一名小学生。
家长资源	家长和孩子共同翻看小班、中班和大班的成长纪念册,鼓励孩子说说自己的变化与进步,体验长大的自豪。家长可以通过网络资源带领幼儿了解小学的样子,带领幼儿走一走从家到小学的路线,看看小学周边的环境,减少他们对新环境的陌生感,增进孩子对该所小学的向往之情。家长有意识地布置孩子做一些力所能及的事以培养孩子的任务意识和责任感,并鼓励孩子自己制订离园后的作息安排,并支持孩子按计划执行。家长为孩子准备拍摄毕业照的服装、道具等物;帮助孩子一起排练毕业典礼的节目,准备好服装道具。

(二)内容架构:

我们开展主题审议归纳幼儿的需求和兴趣,大致把活动分为"难忘的回忆""我心目中的小学""毕业时刻""走进小学"四个部分,以对幼儿园的回忆、对小学的畅想、准备毕业典礼、探访小学为线索,预设幼儿可能感兴趣的学习活动和区角活动,采用集体活动、小组探究、亲子实践、区域活动等丰富活动形式,促进幼儿发展。

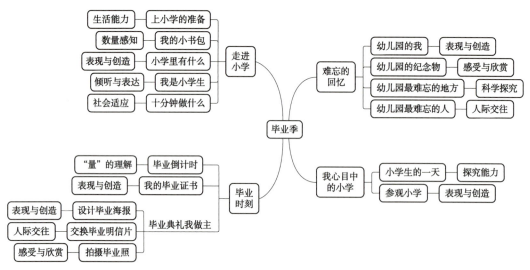

图 5-9-2 "毕业季"课程内容思维导图

（三）组织实施：

表 5-9-1 "毕业季"主题活动实施表

周次	活动内容	学习活动	游戏活动	其他活动 （生活活动、社会实践、 家园共育、节日活动）
第一周	难忘的回忆	科学活动：幼儿园难忘的地方 美术活动：幼儿园的我 综合活动：幼儿园的纪念物 社会活动：幼儿园最难忘的人	语言区：讲述幼儿园的难忘经历。 美工区： 1. 制作送给幼儿园的纪念物。 2. 制作幼儿园时光故事连环画。 建构区：搭建幼儿园最难忘的地方。	节日活动：难忘的六一 家园共育：收集幼儿从小班到大班的照片、视频
第二周	我心目中的小学	社会活动：小学生的一天 美术活动：参观小学	语言区：开展"小学好还是幼儿园好"辩论赛。 美工区：设计自己的名牌。 建构区：搭建图书分馆。 音乐区：表演关于上小学的歌曲、舞蹈。	家园共育：调查、了解小学里有什么
第三周	毕业时刻	语言活动：毕业倒计时 美术活动：我的毕业证书 综合活动：毕业典礼我做主 社会活动：交换毕业明信片 综合活动：拍摄毕业照	美工区： 1. 绘制毕业纪念册。 2. 制作毕业徽章。 3. 设计毕业典礼邀请函。 4. 制作毕业礼物。 5. 设计毕业海报。 6. 制作表演道具。 音乐区：表演关于毕业典礼的节目。 语言区：听关于毕业的音频、看关于毕业的绘本，创编毕业诗歌。	家园共育：制作毕业蛋糕、参与毕业照拍摄、录制毕业祝福视频、观看毕业典礼。

续 表

周次	活动内容	学习活动	游戏活动	其他活动 （生活活动、社会实践、家园共育、节日活动）
第四周	走进小学	数学活动：我的小书包 健康活动：上小学的准备 美术活动：小学里有什么 社会活动：十分钟做什么 语言活动：我是小学生	生活区： 1. 整理书包。 2. 练习系鞋带。 语言区： 1. 修补图书。 2. 绘制假期计划表。 益智区：认识时钟。 美工区： 1. 绘制小学里的路线图。 2. 绘画小学生活。	社会实践：参观小学 家园共育：准备上小学需要的用品

四、活动片段

"毕业季"主题活动中有各种形式的问题探究活动，《指南》指出：幼儿的学习是以直接经验为基础，在游戏和日常生活中进行的，通过直接感知、实际操作、亲身体验来获取经验的需要。正值毕业季，大班的孩子们面对的是生活中真实存在的问题，幼儿对"毕业"产生了探索的兴趣，在直面问题、解决问题的过程中，幼儿也能潜移默化地提升自我管理能力、培养良好的学习品质。

片段一：建构我心目中的小学

环节1：第一次探索

果果说："小学的门很大，比幼儿园的门要大很多！"乐乐说："小学里面有教学楼，我要搭建一个教学楼！"于是这几个孩子商量着从教室里找来了自己需要的材料，有的用纸盒子制作房子，有的拿来了积木，开始制作学校里的道路、树与风景。搭建完成之后，孩子们看着自己搭建的小学，开心得跳了起来。这时颗颗说："我们搭建的小学是不是太小了。"果果说："好像是有一点。"他们看着搭建的小学讨论了起来。根据讨论，孩子们定制了新的计划：要搭建一座大大的"小学"，并且画下了他们的计划图。在这个过程当中，教师看到了孩子的成长，他们学会了在搭建活动之后，进行思考并制定计划进行下一次的搭建。

图5-9-3 第一次搭小学1

图5-9-4 第一次搭小学2

环节2:第二次探索

这一次,有了更多的小朋友加入到了搭建小学的活动当中。在搭建之前,他们进行了讨论和分工。果果说:"小学的教学楼有好多层,有六层楼那么高。"奇奇:"不对,有七层,它需要一个地方,得是能上去看风景的。"桐桐说:"我发现学校的教学楼上有一个时钟,我们也可以搭建!"讨论过后,孩子们将想法通过自己的方式记录下来。可以看出,孩子们经过这次讨论后,又丰富了对于小学校园的认知,并且进行了设计图的绘画。孩子们通过讨论、绘画,设计、分工合作等方法尝试搭建心目中的小学。从孩子的表征中可以看出,他们对于自己想要搭建的小学充满着想法,也充满着向往和期待,想象着小学生活的美好。孩子们用绘画的表征方式,将其对于小学建筑物的想法与知识转化为具体的图形与积木作品。同时,幼儿的图画表现与积木造型也成为教师辨识幼儿对建筑物结构的认识与幼儿的空间关系知识发展水平的重要媒介。

图 5-9-5　设计图1　　　　图 5-9-6　设计图2　　　　图 5-9-7　设计图3

环节3:第三次探索

孩子们根据自己的想法自由分组,选择了自己的同伴。讨论并确定小组想要用的材料。孩子们在搭建的过程中,运用各种形状、大小的积木,并不停地变换和调整,比较着各种造型的美感差异,运用对称、组合、间隔排列等形式美化建筑,表现建筑的美。这个过程正是孩子们感受美、欣赏美、表现美的过程。在过程中,孩子们学习到可以用各种不同的材料来表现同一主题——小学。通过自主选择材料、自由结伴和创造性思考进行设计搭建,表达自己对事物形象的理解和认识,建构的造型千变万化,充分发挥想象力和创造力。

片段二:我的毕业照

毕业照到底是什么样子的呢?经过一番收集,孩子们带来了很多照片,有爸爸妈妈的,有哥哥姐姐的。孩子们认真讨论、互相欣赏着……在欣赏毕业照的过程中,孩子们开始讨论为什么毕业照显得格外隆重、好看,原来是因为大家都穿上了统一或者漂亮的服饰。对于我们的服饰,除了幼儿园提供的两套服装(博士服和小礼服),孩子们还各有各的想法。于是,孩子们决定就毕业照的服饰来个大甄选,画出了自己心仪的服饰。除了服装要提前准备好,道具可是拍摄过程中的画龙点睛之笔啊。在老师的帮助下,孩子们和小伙伴一起制作了美美的相框。爸爸妈妈也是鼎力支持,为我们准备了气球、风车、彩色头套等道具。毕业照是孩子们三年幼儿园生活的一种纪念。在这一周多的时间内,孩子们忙得不亦乐乎:造型设计、道具准备等,全身心沉浸在愉悦的环境中,满满的都是爱与思考。

图 5-9-8 服装1

图 5-9-9 服装2

图 5-9-10 道具1

片段三:走进小学

即将上小学的孩子们对小学充满期待,同时也对上小学产生了一些担忧。关于小学,孩子们有着许多的问题。毛豆说:"小学老师是谁? 同桌又是谁?"樱桃问:"小学中午怎么睡觉?"孩子们将自己的疑惑和问题记录了下来。

带着疑问的孩子们在接下来的实地参观中深入了解小学,学做小学生,合理安排课件十分钟,体验小学课堂。孩子们有了上小学的意愿,产生了做小学生的情感,获得了有关小学生活的知识经验,有了自己解决问题的能力,同时也萌发了探究的愿望。孩子们的发展是整合的,孩子们的学习是快乐的,愿每一位大班孩子都可以成为一名优秀的小学生。

图 5-9-11 疑问1

图 5-9-12 疑问2

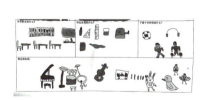
图 5-9-13 对小学的提问

图 5-9-14 哥哥姐姐在上课

片段四：毕业留念

在翡翠幼儿园，毕业季有个传统项目，就是大班幼儿要为弟弟妹妹们准备一份特别的毕业留念礼物，今年的毕业季也不例外。

茜茜说："我要用幼儿园的鹅卵石画上好看的画，送给弟弟妹妹们，让他们记住我们。"凡凡说："我用幼儿园的捡到的树叶做成一张张书签送给弟弟妹妹。"最终，孩子们达成共识，要为弟弟妹妹亲手打造一套木制小桌椅。为了完成自己的心愿，他们认真仔细地研究与准备着，每个孩子都参与了设计和制作过程。他们请教后勤伯伯，用心挑选木材，用锯子、锉刀等工具亲手打磨和组装，最后涂上了明亮的釉层。这件特别的礼物象征着孩子们在幼儿园的美好回忆和成长经历，也传递给弟弟妹妹们对幼儿园生活的美好祝愿。

图 5-9-15　毕业留念制作 1

图 5-9-16　毕业留念制作 2

图 5-9-17　毕业留念赠送仪式

五、回顾反思

孩子们面临毕业，我们充分挖掘毕业季系列活动价值，在活动中突显课程观，体现幼儿的自主性，各项活动与日常课程结合，与幼儿生活对接，让幼儿在参与的同时充分体会生活与成长的味道，感受和回忆幼儿园生活的美好、感恩陪伴一路成长的老师、同伴以及家人的关爱，体验离别时的不舍和成长的快乐。

1. 珍视生活的教育价值，培养天真活泼的儿童

教育与生活是紧密联系在一起的，教育就是要让幼儿在生活中学习，通过生活中的教育方法,使教育变得贴近生活。我们珍视生活的教育价值。因此,在我们的课程中,绚丽的彩虹跑道,那是孩子们欢乐游戏的地方;枇杷树、玉兰花、桂花树,那有孩子们尝过的果实和闻过的花香;滑滑梯、攀登架、沙水池,仿佛还回荡着孩子们嬉戏和欢闹的声音。在三年的幼儿园生活中,我们将课堂留给幼儿,让他们自由自主操作探索,与同伴一起走过、观察、触摸,牢牢记住这些发生在幼儿园里的点点滴滴,我们期望幼儿园里随处可见活泼乐动、自信乐言、好奇乐闻、会玩乐玩的真实儿童、快乐儿童。

2. 珍视游戏的教育价值,培养多元潜能的儿童

幼儿园的三年美好时光,不仅有老师、同学的陪伴,还有年复一年叶子黄了又绿、结满红彤彤、绿油油果实的小游园;隔壁小学清脆好听的上课铃音等等。日常的野趣、游园拓展、社区集市、创意搭建等游戏精彩纷呈。幼儿在游戏中观察发现、探索想象、表达交流、劳动运动,不断体验、收获成长的快乐,也让他们进一步感受到长大是一件令人向往和感到骄傲的事。在离开校园前夕,幼儿将收集的树叶、鹅卵石等物品放在时光瓶里埋在幼儿园的某一处角落,连同特别的桌椅留念、可爱的鹅卵石创意画、精致的树叶书签等,给幼儿园送上一份特别的礼物表达惜别之情,相信这段经历会给孩子们留下深刻的记忆,也为孩子们在幼儿园期间的成长之旅画上最精彩的句号。

3. 坚持整全成长的教育观,培养精神丰饶的儿童

幼儿园是幼儿人生中第一个重要时刻,转眼三年间,孩子们已悄然长大,从开始的懵懂无知到现在的独立自主,他们就像丰满了羽毛的小鹰,对着蓝天跃跃欲试。毕业在即,幼儿还有许多心愿没有完成:想和好朋友拍一张合照,想和同伴一起游遍幼儿园的角角落落,想对幼儿园的保安叔叔、食堂阿姨、保健医生倾诉无尽的感谢,长大之后也要像他们一样呵护弟弟妹妹们。

我们一直倡导幼儿发展的整体性、全面性,让他们成为主动学习者和生活的小主人。关于毕业的系列活动,我们鼓励幼儿自主策划和参与,教师则紧随着幼儿的步伐,让他们在幼儿园的毕业季留下自己稚嫩的笔迹、有趣的创意……对于幼儿来说,真实的学习情境、亲身的参与总能让他们切实地感受到学习带给他们的乐趣,获得广泛的、丰富的、多元的、深刻的体验和认知,而这些经历都将在幼儿的生命历程中留下美好的记忆,助其成长为内心独立而丰满,拥有责任感和不怕困难等积极精神品质的人。

文/顾奕莲 姚婕 王梦琦

第六章
支持生长——聚焦儿童发展的真实评价

儿童发展真实性评价需与儿童的日常活动紧密联系,教师只有长时间持续的在真实情境中进行观察,其所得的评价结果方可为课程目标、内容、实施的调整提供依据。在众多的儿童评价模式中,我们选用了儿童档案袋。儿童档案袋是一个动态建立的过程。在儿童档案袋评价实施过程中,我们强调评价的客观性、真实性以及评价主体的多元性,把评价的实施与主题的行进、儿童的发展相融合,根据儿童的发展实施评价,反之给予评价结果促进儿童发展,以期发挥出发展性评价的实质与功能。我们在不断探索中持续思考,不断优化儿童档案袋评价体系:

如何立足儿童视角,让儿童真正参与到成长档案的收集与评价中?

哪些人可以参与儿童成长档案的评价过程,促进评价主体的多元化?

儿童成长档案的评价内容如何选择,以呈现和反映幼儿在当前或一段时间内的学习与成长的轨迹?

如何有计划、系统地收集与评价内容有关的、有代表性的、反映幼儿发展轨迹的活动资料?

你的世界

你的世界很小，
精灵会低语，花草会轻笑，
明亮的眼睛盛满天真与美好。

你的世界很大，
乘蝴蝶翅膀，与春风赛跑，
童梦的旅程藏匿宇宙的奇妙。

你的世界很大也很小，
用小小的好奇去寻觅大大的宝藏，
在大大的生活里萌发小小的理想，
小小的理想亦光芒万丈。

立足生活，释放童心。
哭、笑、去玩闹、去自由地飞翔。
扎根生态，支持生长。
跑、跳、去舞蹈、去撒欢地奔跑。
世界和你，
多么美好。

文/徐文

第一节 面向自我,遇见更好的自己

《小小蛋儿把门开》活动中的朵拉

档案袋小主人:

图 6-1-1 朵拉

姓名:朵拉

所在班级:小班

我的属相:猪

我最喜欢吃:橘子

我最喜欢的人:妈妈

我最喜欢的玩具:蝴蝶发夹

小主人的已有经验:

朵拉在生活中吃过圆溜溜的鸡蛋、鸭蛋、鹅蛋。还对恐龙蛋、鸵鸟蛋、鹌鹑蛋、鳄鱼蛋等有一些了解。知道蛋的外形圆溜溜的,不同的蛋会有不同的花纹;薄薄的蛋壳一不小心,就会破碎。还知道鸡蛋不仅可以做蛋糕、面包等美食,圆圆的蛋还会孵出鸡、小鸭等,这些经验为朵拉在这个主题的学习和探索提供了基础和起点。

小主人的兴趣需要:

"生鸡蛋的内部是怎么样的?""蛋是怎么孵出小宝宝的?""我玩过立蛋游戏,还可以和蛋玩什么游戏呢?"……一只只蛋就是一个个秘密。朵拉对蛋的兴趣来自于对蛋的观察与喜爱。她喜欢观察蛋,了解鸡蛋的外形,探索鸡蛋的作用,她对生鸡蛋的内部充满好奇,对于蛋怎么孵出小宝宝有浓厚的探索欲望。朵拉很喜欢圆溜溜的蛋,想要与圆溜溜的蛋进行更多有趣的游戏,尝试一切与蛋有关的活动。

档案内容掠影:

- **我知道的蛋真不少**

朵拉:我知道的有鸡蛋、鸭蛋、鹅蛋。

这些蛋都能吃,我都吃过。

我知道鸵鸟蛋、恐龙蛋。

我还知道鹌鹑蛋、鳄鱼蛋、乌龟蛋。

图 6-1-2　这是鸡蛋　　　图 6-1-3　分辨鸡蛋、鸭蛋、鹅蛋　图 6-1-4　朵拉说说自己知道
　　　　　　　　　　　　　　　　　　　　　　　　　　　　　的蛋视频

朵拉对于生活中常见的蛋,如鸡蛋、鸭蛋、鹅蛋、鹌鹑蛋很熟悉,能够分辨这些蛋,另外她还说出鸵鸟蛋、恐龙蛋、鳄鱼蛋、乌龟蛋等多种不同种类的蛋。

朵拉说:我只见过鸡蛋、鸭蛋、鹅蛋,我没见过鸵鸟蛋、鳄鱼蛋。

● 蛋的外形可不一样

朵拉:蛋虽然都是圆圆的,但是它们的大小、颜色可不一样。

鹌鹑蛋小小的,上面有黑黑的花纹。

鸡蛋黄黄的,鹅蛋白白的,鸭蛋有点绿。

鸵鸟蛋很大很大,比我的手还大。

图 6-1-5　绘画"大大小小的蛋"　　　　图 6-1-6　撕纸"蛋"

图 6-1-7　用手比划鸵鸟蛋大小

图 6-1-8　朵拉唱儿歌《小小
蛋儿把门开》

朵拉用各种方式表现了蛋的外形:蛋是大大小小的,有的蛋会有不同的颜色和花纹,蛋是圆圆的,鸵鸟蛋很大。

朵拉说:我很喜欢圆圆的蛋,很可爱,我最喜欢大大的鸵鸟蛋,真想见一见真的鸵鸟蛋。

● 蛋有什么用呢?

朵拉:鸡蛋、鸭蛋、鹅蛋都可以吃。

　　　鸡蛋可以做蛋糕、面包。

　　　蛋还会孵出小宝宝。

　　　很多小动物都从蛋里出生。

图 6-1-9　妈妈做的白煮蛋

图 6-1-10　创意美术"荷包蛋"

在平时生活中,朵拉接触过很多鸡蛋做的美食:鸡蛋羹、荷包蛋、番茄蛋汤等等,朵拉平时就很喜欢吃鸡蛋,她知道很多鸡蛋做的美食,但是对于蛋怎么孵出小宝宝,她不太了解。

图 6-1-11 吃西红柿蛋汤

图 6-1-12 吃鸡蛋羹

朵拉说:我吃过鸡蛋做的食物,但是圆圆的鸡蛋怎么变成小鸡的呢?

● 蛋里有什么?

朵拉:我剥过鸡蛋壳,鸡蛋的蛋壳是硬硬的。

蛋里面有蛋黄和蛋白,非常有营养。

生蛋里面是蛋清和蛋黄。

图 6-1-13 剥鸡蛋壳

图 6-1-14 摇一摇鸡蛋,听一听

图 6-1-15 观察生蛋内部

为了满足孩子的好奇心,开拓孩子对蛋的认知,我们和家长一起筹备了一场蛋蛋展。朵拉用小手摸一摸,用鼻子闻一闻,拿起来比一比。蛋壳都打开了,朵拉发现,原来这些蛋宝宝的肚子里都是蛋清和蛋黄。

朵拉说:蛋黄是黄黄的、软软的,有点黏黏的,像橡皮泥。我还发现鸭蛋和鸡蛋的蛋黄颜色不一样,鸭蛋黄更黄。

● 哪些动物会生蛋？

哪些动物会生蛋呢？每个动物都会生蛋吗？关于蛋蛋的秘密,朵拉也有很多的疑惑,她通过调查表发现了蛋蛋们的"秘密"。

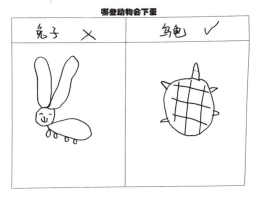

图 6-1-16　朵拉的调查表

图 6-1-17　幼儿介绍调查成果

朵拉在本次"蛋蛋大搜索"中调查了"兔子"和"乌龟",兔子是朵拉最喜欢的动物,经过调查,朵拉知道:兔子不会生蛋,而乌龟会生蛋！通过本次"蛋蛋大搜索",朵拉在其他小朋友的介绍下进一步认识了许多会生蛋的动物,并通过绘本了解到:会生蛋的是卵生动物,不会的是胎生动物。

图 6-1-18　幼儿阅读书本

图 6-1-19　书本卵生动物

朵拉说:我知道会生蛋的是卵生动物,不会的是胎生动物。

● 小动物怎么从蛋中出生？

通过完成调查表与阅读绘本故事,朵拉了解了卵生动物。那么小动物又是怎么从蛋中孵出的呢？我们以小鸡为例一起探究了孵化过程。

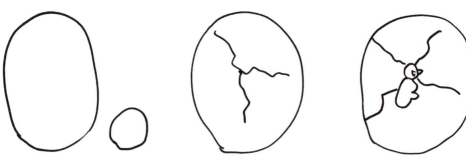

图 6-1-20 小鸡孵化:第1天　图 6-1-21 小鸡孵化:第4天　图 6-1-22 小鸡孵化:第8天

图 6-1-23 小鸡孵化:第11天　图 6-1-24 小鸡孵化:第20天　图 6-1-25 小鸡孵化:第21天

朵拉在了解了小鸡的孵化过程后,知道了小鸡的孵化大概需要 21 天,在孵化过程中,鸡蛋需要足够的温度,因此母鸡会一直坐在鸡蛋上保持温度。

朵拉说:一只小鸡的孵化需要 20 天左右,在孵化的鸡蛋需要好好保护哦!

● 我来和蛋做游戏——立春竖蛋

在主题活动开展过程中,遇到了"立春"这个节气。我们了解到立春有竖蛋的习俗,于是开展了竖蛋游戏。

图 6-1-26 寻找竖蛋辅助工具

图 6-1-27 尝试竖蛋

图 6-1-28　竖蛋成功 1

图 6-1-29　竖蛋成功 2

　　朵拉通过游戏自己尝试竖蛋,最终借用积木,自己拼搭了一个能让蛋竖起来的辅助工具。同时,在此过程中,朵拉也尝试利用不同的工具来将蛋竖起来。

　　朵拉说:我将鸡蛋放在剪刀的把手处,想要卡住鸡蛋,但是鸡蛋太小了,刚刚放上去,鸡蛋就摔倒了!

● 我来和蛋做游戏——斗蛋

　　在尝试了立春的竖蛋游戏后,我们发现立夏也有一个鸡蛋游戏——斗蛋,于是,我们在主题中带着孩子尝试了斗蛋游戏。

图 6-1-30　小朋友带的蛋 1

图 6-1-31　小朋友带的蛋 2

图 6-1-32　小朋友带的蛋 3

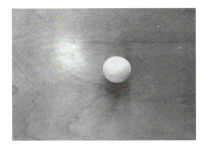
图 6-1-33　小朋友带的蛋 4

图 6-1-34　朵拉在斗蛋

朵拉在两次与蛋的游戏中，收获了快乐也尝到了失败的滋味。在与小朋友的互动中，朵拉积极参与，但是对于游戏结果，朵拉难以接受失败，流下了伤心的泪水！

● **看看我怎么制作咸鸭蛋？**

朵拉：我最爱吃咸鸭蛋。

　　　咸鸭蛋是怎么制作的呢？

　　　咸鸭蛋的蛋黄里为什么会有油？

孩子们对于生活中常见的美食——咸鸭蛋很好奇，咸鸭蛋是怎么制作的呢？一起来试试吧？一起来腌咸鸭蛋吧！准备好鸭蛋、白酒和盐，我们行动起来。

图6-1-35　材料准备　　　图6-1-36　腌蛋中　　图6-1-37　朵拉和完成的咸鸭蛋

多元评价：

妈妈的话：

朵拉学到了很多和蛋有关的知识，知道了小鸡的孵化过程。她特别喜欢用鸡蛋制作各种美食——蛋挞、鸡蛋饼、荷包蛋，现在的她已经能掌握好几道鸡蛋美食了！真能干！在生活中，她遇到小动物时，非常喜欢探究动物是胎生还是卵生，常常会问我关于动物蛋的问题，非常乐于探究。

朋友的话：

嘟嘟：朵拉上次和我分享了她制作的蛋挞，非常美味。她告诉我，蛋挞是鸡蛋做的，非常简单，希望下次能和朵拉一起制作蛋挞。

玥玥：朵拉和我斗蛋时输了，她带的是鸡蛋，我带的是鸭蛋，我的鸭蛋敲碎了她的鸡蛋，她生我的气了！

朵朵：我和朵拉经常在小书吧一起看《卵生动物》，我们都喜欢这本书！朵拉会讲里面的故事，她可真厉害！

多多宝：朵拉告诉我，她家的小乌龟下了蛋，小小的，邀请我去她家看。

老师的话:

亲爱的宝贝,在主题中,你认识了各种各样的蛋,知道了许多关于蛋的知识,还能向班级里的其他小朋友介绍蛋的特点,真棒! 你是个小小创作家,能用撕纸、绘画等方式表现出自己喜欢的鸡蛋美食,小朋友都很佩服你哦。你还拥有爱思考的头脑,在生活中遇到小动物时,愿意主动去探究它们的繁衍方式,勇敢提问。但是在"斗蛋"活动中,你因为蛋碎了而伤心大哭,老师希望你在遇到失败与及困难时,能够收起泪水,用笑容去勇敢地面对。在活动中,老师也希望你能更多的去展示自己收获的本领,大胆表达自己,加油!

文/顾缘

《树真好》活动中的柯柯

档案袋小主人:

姓名:柯柯

所在班级:中班

我的属相:狗

我最喜欢吃:巧克力

我最喜欢的人:爸爸

我最喜欢的玩具:汽车

图 6-2-1 柯柯

小主人的已有经验:

柯柯天生具有强烈的好奇心,乐于探索周边事物。柯柯在日常生活中喜欢通过观察、阅读绘本、和爸爸妈妈查资料等方式来了解关于大树的秘密,他知道树有不同的名字,有些树叶会变色;树桩上一圈圈的是年轮;树能用来做家具、玩具、生活用品,还能在炎热的夏天遮阴、净化空气;树不仅是我们的朋友,更是我们的家园,如果没有树木所有的动物人类都将死亡,保护树木,是我们每一个人的责任……这些经验也为柯柯在这个主题的学习与探索中提供了基础和起点。

小主人的兴趣需要:

"大树的身体有哪些部位呢?""大树是怎么长大的呢?""树是怎么变成玩具的呢?""幼儿园有多少棵树呢?"柯柯对周围的事物充满了好奇心,爱提问、爱探究的他总会迸发出很多奇思妙想,柯柯想要运用自己的感官,通过看、摸、听等多种途径去认识各种各样的树,了解关于树的各种知识,感受树的珍贵。

档案内容掠影:

● **我知道大树身体的名字啦**

柯柯:藏在地底下的是树根。

最粗的地方是树干,树干上还有毛毛的树皮。

细长细长的是树枝。

树上还有很多一片一片的是树叶。

图6-2-2　树皮拓印画　　图6-2-3　树枝小人　　图6-2-4　树叶拼贴画

柯柯说:我知道树有树根、树干、树枝和树叶,但我没看到过树根。

● **我发现大树身体的每个部分都有独特的作用呢**

柯柯:树根可以从土壤中吸收营养和水分。

撑起整棵树就靠树干了。

树枝可以保持平衡,还可以输送营养和水分。

树叶的作用可大了,有光合作用和呼吸作用。

  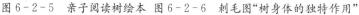 

图6-2-5　亲子阅读树绘本　图6-2-6　刺毛图"树身体的独特作用"　图6-2-7　树的独特作用视频

柯柯以幼儿园中的某棵树为例,给大家介绍大树的身体以及每个部分的独特作用。他说树根是大树的脚,用来从土壤中吸收营养和水分;树干是身体,支撑整棵树的;树枝是手,为了保持平衡;树叶像头发,秋冬还会落下。大树还可以净化空气,给我们做玩具呢。

柯柯对大树的本领充满了兴趣,回家后和爸爸一起,通过阅读书籍了解到大树每个部分以及整体的作用,还用"刺毛图"的形式记录了下来。

> 柯柯说:大树对我们的生活真是太重要了,大树真是太神奇太厉害了呢。

● **我了解大树是怎么长大的了**

柯柯:大树是从小种子慢慢发芽长大,变成大树的。

大树有常绿树和落叶树两种,它们的生长过程是不同的。

常绿树从小种子长成大树后会结松果,松果里又有种子。

落叶树长成大树后会结种子,种子会长出新芽。

图6-2-8 观察大树

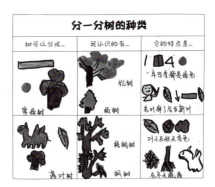

图6-2-9 调查表1"分一分树的种类"

柯柯平时就很喜欢观察幼儿园中大树的成长过程,通过自主阅读以及亲子调查"分一分树的种类",柯柯还发现原来大树可以分为"落叶树"和"常绿树"两类。他还把自己的调查结果和大家一起分享。

图6-2-10 常绿树生长过程

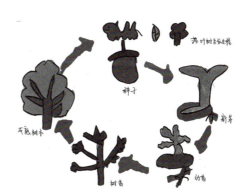

图6-2-11 落叶树生长过程

柯柯说:大树需要水、肥料、阳光、土壤才能长大,而且每棵树的种类不一样,长大后也是不一样的。但我还没有种成功过一棵树呢。

● **我给大树做名片**

柯柯:我在小区里看到了一棵开满粉色小花的树。

开满粉色小花的是樱花树。

幼儿园有棵很大很绿的香樟树。

我还给大树做了身份证,上面有大树的介绍。

图 6-2-12　绘画"樱花树"

图 6-2-13　绘画"香樟树"

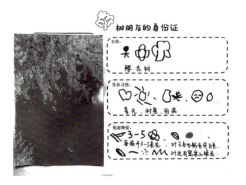
图 6-2-14　"樱花树"身份证

图 6-2-15　"香樟树"身份证

柯柯在制作身份证的过程中,能够了解到樱花树和香樟树的生长习性和形态特征,进一步培养了孩子热爱自然、关爱大树的情感。

柯柯说:我除了认识樱花树和香樟树,我还认识橘子树、枇杷树还有石榴树,这些树在我们幼儿园里都能找到。

● 我发现了木制品

生活中很多用品都来自大树。通过调查,柯柯了解了大树与木制品之间的关系,对各种木制品充满了兴趣,也发现了木头在生活中的作用,还在木工坊中制作了木板钉画。

图6-2-16 找到的木制品1

图6-2-17 找到的木制品2

图6-2-18 找到的木制品3

图6-2-19 木制品——小鸟钉画

柯柯在生活中还了解到古时候大树可以用来造纸,由于对造纸充满了兴趣,柯柯回家还和爸爸一起查资料知道了更多造纸的秘密。

柯柯说:我能用木片做钉画了,我还想学造纸,可是感觉会很难,等我长大了一定要试一试。

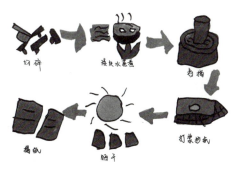

切碎　　浸灰水蒸煮　　舀捞

揭纸　　晒干　　打浆抄纸

图6-2-20 绘画"造纸的秘密"

● **大树,我来照顾你**

自然界的一切生命在幼儿眼中都是神奇且有趣的,幼儿往往会通过亲身体验和实际操作来提升自我的认知。

图 6-2-21　给根部浇水

图 6-2-22　松土

在照顾大树的过程中,柯柯知道浇水的时候要给大树的根部浇水,还能联想到幼儿园种植园地中的堆肥箱能把瓜皮果核转化为有机肥料,再去给小树施肥。

图 6-2-23　堆肥箱

图 6-2-24　用有机肥料施肥

图 6-2-25　观察记录

柯柯说:小树苗,我每天都来给你浇水,你要快快长大!我会把你的变化给记录下来。

● **我知道幼儿园的大树有多少棵啦**

柯柯:幼儿园的大树真多呀,好想知道一共有多少棵。

可以看幼儿园的平面图来数数。

还可以用贴贴纸做标记的办法来记录,这样就不会少了。

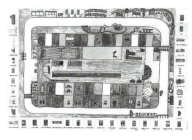  

图 6-2-26 幼儿园平面图　　图 6-2-27 幼儿贴贴纸做标记　　图 6-2-28 调查表2"大树有几棵"

　　柯柯了解了幼儿园有多少棵树后,又对树有多粗,哪棵树最粗产生了兴趣,于是采用抱团的方式开始了测量。

图 6-2-29 测量大树有多粗　　　　图 6-2-30 调查表3"大树有多粗"

　　柯柯说:我现在终于知道哪棵树最粗了,我还想知道大树有多高呢。

● **我找到大树年龄的秘密啦**

柯柯:我发现木片上有一圈一圈的圆,这是年轮。

　　　大树每长大一岁,就多一个圈。

　　　有多少圈就有多少岁。

图 6-2-31 幼儿观察年轮　　　　图 6-2-32 与同伴合作数年轮

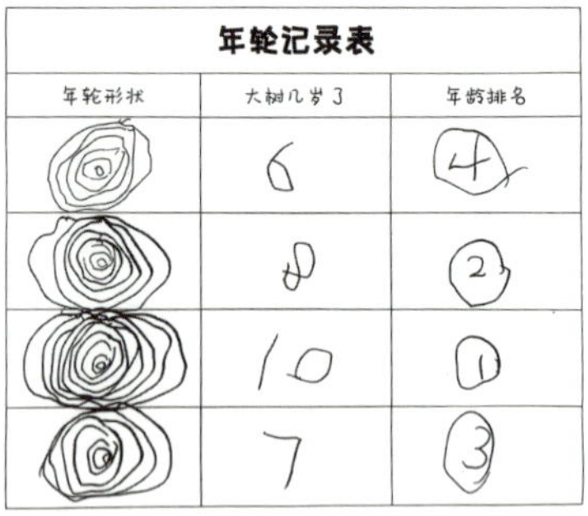

年轮记录表		
年轮形状	大树几岁了	年龄排名
	6	4
	8	2
	10	1
	7	3

图 6-2-33 调查表 4"年轮记录表"

柯柯能够观察到年轮的外形特征和细节,也能了解到年轮的含义。在柯柯心中,年轮见证了一棵树的历程,有自己独特的故事。

> 柯柯说:年轮上有许多房子,还住着小兔子,还有几只蝴蝶在天上飞。

图 6-2-34 绘画"年轮的故事"

● **我们要爱护树木**

柯柯:大树会让空气更清新,夏天还能在大树下乘凉呢。

  我们的家具和玩具,还有画画用的纸都是大树做的。

  大树对我们这么重要,我们要保护好它们。

  我们可以节约用纸,还要保护树木,不踢树不爬树。

图 6-2-35 绘画"节约用纸"

图 6-2-36 绘画"不爬树不踢树"

图 6-2-37 绘画"多种树"

柯柯了解到大树不仅美化着我们的生活和环境,还是生活用品的来源,是自己离不开的小伙伴。同时也知道很多树木都被破坏,萌发了要保护树木、爱护环境的意识。

柯柯说:我们要多种树、爱护树木,从小事做起,做一个环保小卫士。

多元评价:

妈妈的话:

柯柯学到了很多关于大树的本领。在幼儿园里,能积极参与照顾大树的活动,很有爱心;在美术活动中,也能发挥想象力创作美术作品;在家里也能帮忙给植物浇水了。有时走在路上,柯柯还会主动问我们这是什么树,十分爱探索!在幼儿园遇到的难题,回家也能通过查资料的方式找到答案,并与小朋友分享。希望柯柯能更多地去分享这些本领,大胆表达自己,加油!

朋友的话:

小宝:柯柯做的树叶拼贴画超级漂亮,我做的树叶一直掉,柯柯还帮我粘白乳胶呢,谢谢柯柯。

小陈:柯柯每天都会记得要浇水,我一直忘记,都是柯柯提醒我的!

茉莉:柯柯和我分享了樱花树的知识,我觉得柯柯特别特别厉害。

尧尧:柯柯在美工区画画的时候还在纸的反面又画了画,他说节约用纸也可以保护树木。

老师的话:

亲爱的柯柯,在这个主题中,你不仅知道了大树身体每个部分的名字和它们的作用,还能主动发现大树的分类并和班级里的其他小朋友一起分享呢,真厉害!同时,你也像个小艺术家,能用拼贴、印染、绘画等方式表现出大树的样子,你还知道一些保护树木的方法,了解树木对我们生活的重要作用,还能用心去照顾小树苗,观察和记录它的变化,小朋友都很佩服你。但是在数大树的数量时,面对失败,老师希望你能多多尝试,不要放弃,多开动脑筋探索更多的数数方法,相信你一定会更棒的!

文/俞静

《动物王国》活动中的悦悦

档案袋小主人：

姓名：悦悦
所在班级：大班
我的属相：猴
我最喜欢吃：橘子
我最喜欢的人：妹妹
我最喜欢的玩具：玩偶

图 6-3-1　悦悦

小主人的已有经验：

悦悦对动物怀揣着天然的热爱之情，她在日常生活中通过逛萌宠乐园、看电视节目、阅读图书以及去自然博物馆、动物园游玩等方式逐渐积累了一些关于动物的基本知识，她能够说出常见动物的名称以及其基本的外形特征，了解了常见动物的生活方式，这些经验为悦悦在这个主题的学习和探索中提供了基础和起点。

小主人的兴趣需要：

"猴子的尾巴为什么这么长？""蝙蝠睡觉为什么是倒挂的？""蛇为什么没有脚？"……悦悦对动物有着奇特的想象，对它们的特殊本领也感到好奇，悦悦对动物的兴趣主要来自于观察和探索，她喜欢观察动物的外貌特征，如颜色、形状、毛发等，也喜欢观察动物的行为，如进食、嬉戏等，她对侏罗纪时期的恐龙也拥有浓厚的探索欲望。悦悦还想了解更多动物的生活习性和生活环境，她想知道动物们都是如何进食、如何繁殖、如何保护自己的。

档案内容掠影：

● **动物的出生方式知道的真不少**

悦悦：狮子是它妈妈直接生出来的。

　　　小狗和小猫也是妈妈生的。

　　　小鸡和小鸭子是从蛋里生出来的。

　　　小鱼和小蝌蚪是从卵里出生的。

图 6-3-2　胎生动物小兔子　　　图 6-3-3　卵生动物小鱼　　　图 6-3-4　动物的出生
方式视频

悦悦最擅长的动物表征是折纸,她折了一只兔子和一条小鱼,她说动物的出生方式分为胎生和卵生,小鱼产卵属于卵生,除了小鱼外,鸡、鸭也是卵生,而小兔子、狮子都是胎生。

悦悦说:我知道卵生和胎生,还会折这些动物,但是我不会折狮子。

● **动物的外形可不一样**

悦悦:蛇的身上没有脚,但是它有许多鳞片。

小熊有厚厚的毛,这样它就不怕冷了。

兔子的耳朵很长,有的时候可以竖起来。

图 6-3-5　绘画"蛇"　　图 6-3-6　绘画"小熊"图 6-3-7　绘画"兔子"

悦悦画了蛇、熊和兔子,其中"熊"和"兔子"是她最喜欢的两种动物,她觉得熊身上有厚厚的皮毛,摸起来会很舒服,兔子长长的耳朵让她觉得非常可爱。

悦悦说:我会画站着的小熊和兔子,但是不会画站着的时候他们的尾巴。

● **动物住哪里呢?**

悦悦:熊是住在洞里的。

小鸟住在鸟巢里。

小鱼住在水里。

小刺猬住在树洞里。

图6-3-8　观察乌龟

图6-3-9　绘画"山洞里的熊"

悦悦平时就很喜欢观察自然角的小动物。她发现水龟需要生活在水里,但是不能放太多的水,乌龟需要把头探出水面透透气。而她喜欢的熊则是生活在山洞里的。通过日常在自然角的观察,悦悦还发现乌龟在冬眠的时候喜欢住在沙土里。她还把自己的观察用"前书写"的方式,运用一些"符号"表达了出来。

> 悦悦说:我平时喜欢观察自然角的动物,我还发现了小乌龟住在哪里的秘密,我观察得很仔细。

图6-3-10　悦悦的前书写记录1

● **动物是怎么生活的呢?**

小动物的生长对幼儿来说富有极大的吸引力,动物的身体特征、生长的形态、饮食、习性、繁殖等,都能成为幼儿的探索主题。

图 6-3-11　亲子阅读动物绘本

图 6-3-12　观察小仓鼠

图 6-3-13　绘画"仓鼠的食物"

悦悦每天都会去自然角观察仓鼠和乌龟,通过观察记录小动物的情况,悦悦发现了小仓鼠的一些习性,她发现仓鼠 2 到 3 天需要喂一次,仓鼠喜欢吃粮食和面包虫,在白天的时候经常在睡觉。由于对小动物的兴趣,悦悦回家还和妈妈一起通过阅读书籍,知道了更多小动物的习性。

> 悦悦说:我喜欢观察小动物,我知道了很多动物的习性,我还很有爱心。

● **动物有哪些特殊的本领呢?**

动物王国是一个奇妙的国度,每种动物都有它们特殊的本领。关于动物的本领,悦悦也有很多的疑惑,通过调查表发现了动物们的"秘密"。

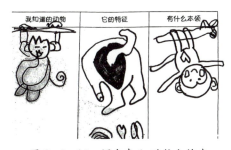

图 6-3-14　调查表1:动物大搜索

图 6-3-15　调查表2:动物大搜索

239

悦悦在本次"动物大搜索"中调查了"兔子"和"猴子"。兔子是悦悦最喜欢的动物,她喜欢兔子长长的耳朵,还知道兔子是跑步小能手!而猴子有长长的尾巴,还能通过尾巴倒挂在树枝上。通过本次"动物大搜索",悦悦进一步认识了许多常见动物的特殊本领,并用"前书写"的方式表达了自己的想法。

悦悦说:我知道很多关于动物的特殊本领,我还想知道更多。

图 6-3-16　悦悦的前书写记录 2

● 学习动物的本领

通过了解动物的本领与人类的发明创造之间的关系,悦悦对动物的各项本领更是充满了兴趣,了解也更多了。

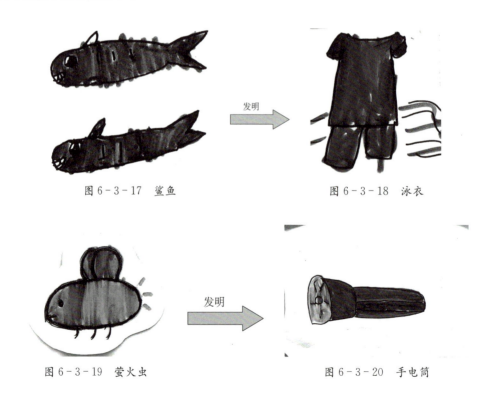

图 6-3-17　鲨鱼　　　　　　　　图 6-3-18　泳衣

图 6-3-19　萤火虫　　　　　　图 6-3-20　手电筒

发明

图 6-3-21　大象　　　　　　　图 6-3-22　拖拉机

悦悦在调查关于"动物的发明"过程中，又知道了动物的许多本领，比如：蜜蜂会采蜜、袋鼠妈妈有口袋、大象的鼻子很长，还知道来自这些动物的特殊本领的发明都给我们的生活带来了便利。

悦悦说：我知道世界上有许多东西来自于动物。

● **我知道的珍稀动物**

悦悦：世界上有很多动物会像恐龙一样消失。

大象和熊猫都越来越少了。

还有很多很多其他的动物，也在变少。

图 6-3-23　拼贴画"大象"　　　　图 6-3-24　绘画"熊猫"

图 6-3-25　绘画"老虎"　　　　图 6-3-26　绘画"金丝猴"

悦悦认识到世界上有很多动物的数量在减少,很多动物即将消失。在这个认识的过程中,她通过图画的形式表达出了几种"珍稀动物",还运用"前书写"的方式表达了自己的想法。

悦悦说:我会画很多珍稀动物,但是我不会画鳄鱼。

● **我们要保护动物**

悦悦:我喜欢小兔子,它的长耳朵可以听见坏人的脚步声。

我喜欢小熊,因为它住在洞里很神秘。

我喜欢企鹅,因为它走起路来摇摇摆摆的,很可爱。

很多可爱的动物正在消失,我们应该保护它们。

图6-3-27 悦悦的前书写记录3

图6-3-28 绘画"人与动物"

图6-3-29 绘画"保护动物"

图6-3-30 绘画"爱护珍稀动物"

悦悦收获了很多知识，了解了许多动物的特殊本领，知道动物本领的作用，也知道有许多动物正在消失，萌发了要保护环境、爱护动物的意识。

悦悦说：动物是我们的朋友，我们要保护环境，爱护动物。

图 6-3-31　悦悦的前书写记录 4

● **恐龙是怎么生活的呢？**

悦悦：恐龙的蛋为什么这么大？

　　　甲龙为什么走得这么慢？

　　　霸王龙只吃肉吗？

图 6-3-32　绘画"恐龙"

图 6-3-33　调查表 3：恐龙探险队

关于消失的恐龙，孩子们有很多的疑问。悦悦想知道伶盗龙为什么跑那么快，她还有很多关于恐龙的问题，于是她选择了她最感兴趣的问题，回家和爸爸妈妈一起完成了调查表"恐龙探险队"。通过调查，悦悦知道了很多关于恐龙的知识，并带来了恐龙的绘本和小朋友们分享。

图6-3-34　分享绘本

图6-3-35　恐龙科普

悦悦说:我喜欢恐龙,我还想知道更多关于恐龙的知识。

图6-3-36　悦悦的前书写记录5

多元评价:

妈妈的话:

悦悦学到了很多的本领,知道了很多动物的生活习性,她特别喜欢用折纸和画画来做出各种各样的小动物,可爱极了!在班里她喜欢和好朋友一起,在自由活动的时间里阅读和动物有关的绘本,了解更多关于动物的小知识,和小伙伴分享,回家后也和我们分享,收获了许多新的经验。希望悦悦去探索、了解更多动物朋友的故事,爱你哦!

朋友的话:

一一:悦悦会折许多好看的折纸,还会画可爱的动物。她教我折了小兔子、小狗和小鱼,我喜欢和她一起在美工区制作各种小动物。

米粒:她知道要保护动物,还认识很多我不认识的小动物,超厉害的!

格格:她每天都很早来幼儿园喂小乌龟和小金鱼,下次要是等我来了一起喂就好了。

琦琦:我们一起看了《动物妙想国》的小书,里面有好多动物的小知识,可有趣了。

老师的话:

亲爱的宝贝,在主题中,你认识了各种各样的动物,知道许多动物的生活习性,还能向班级里的其他小朋友介绍动物的特点,真棒!如果你在分享时能够更大胆一些,声音更响亮一点就更棒啦!你还是个小小创作家,能用折纸、绘画等方式表现出自己喜欢的动物,小朋友都很佩服你哦。你还能用爱心、细心去照顾自然角的小动物们,知道关心、爱护它们,了解了人与动物,动物与环境之间的关系,有保护环境的意识。希望你在日常生活中也能大胆地表达自己的想法哦,加油!

文/朱纯甜

第二节 相携同伴,遇见更好的伙伴

《蔬果宝宝是朋友》活动中的安安

档案袋小主人:

姓名:安安
所在班级:小班
我的属相:狗
我最喜欢的水果:草莓
我最喜欢的蔬菜:油麦菜
我最喜欢的玩具:恐龙

图 6-4-1 安安

小主人的已有经验:

安安热爱蔬菜和水果,他喜欢与家人一起去超市、菜场,甚至参与种植劳动。在这个过程中,他对常见的几种蔬菜和水果有了深入的了解,不仅知道它们的名字和大致外观,还了解了某些蔬菜的生长过程以及蔬果的产地和成长形态。同时,安安也积极参加日常厨房工作,处理过各种蔬菜,并品尝过它们的味道。这些丰富的经验为本次主题活动的开展奠定了坚实的基础。

小主人的兴趣需要：

"水果会游泳吗?""水果里面长什么样? 都是一样的吗?""蔬菜水果除了可以吃,还可以用来干什么呢?"……安安喜欢观察,他希望认识更多的蔬菜和水果,了解它们的内部结构和特性,他还喜欢参加各种各样的活动,尤其对实践活动十分感兴趣,比如:种植收获活动、小厨房活动、手工绘画活动、游戏活动等,他希望通过不同的活动更进一步的感受蔬果给我们生活带来的帮助和改变。

档案内容掠影：

● 我认识的蔬菜可不少

安安:胡萝卜、白菜、紫包菜、青菜是长在田里的,我经常吃。

土豆、红薯、山药是长在泥土里面的,要挖出来。

黄瓜、豌豆、扁豆、丝瓜是长在藤上的,会挂下来。

水芹、莼菜、茭白是长在水里的,是"水八仙"哦。

图 6-4-2　蔬菜表征　　　　　图 6-4-3　安安和蔬菜的合影

图 6-4-4　安安洗菜　　　　　图 6-4-5　安安剥大蒜

安安喜欢阅读,还喜欢去田间实践,观察能力强。通过绘本阅读和生活体验,安安认识了很多蔬菜,能说出它们的名字,还知道它们生长的地方。他知道蔬菜有的生长在地上,有的生长在地下,有的生长在藤上,有的生长在水里。

> 沐沐说:安安认识很多我不认识的蔬菜,还能说出它们从哪儿长出来,真厉害!

● 我最爱吃蔬菜

安安:西兰花很好吃,很清淡,有清香味。

玉米甜甜的,果肉是一粒一粒的,我最喜欢吃啦!

图 6-4-6 安安大口吃蔬菜　　　　图 6-4-7 安安爱吃西兰花

图 6-4-8 玉米早点

午饭时,安安从不挑食,样样蔬菜都爱吃,西兰花、油麦菜、青菜、菠菜都是安安喜爱的蔬菜。安安觉得蔬菜很营养,又美味,能让自己长高长壮变聪明。

> 希希说:安安吃饭总是吃得很香,让我觉得饭菜也很香,我也吃得更大口了。

● **蔬菜印章的秘密**

安安：我认识很多蔬菜切开的样子，

我都是吃饭的时候发现的。

胡萝卜切开来是圆形的，里面的颜色和外面的一样，都是橙色的。

图6-4-9　蔬菜印章　　　　图6-4-10　涂青椒

图6-4-11　青椒拓印　　　图6-4-12　完整拓印作品

安安是个细心观察的小朋友，就餐时发现了西兰花、胡萝卜还有西葫芦、黄瓜的侧切面都不一样，不同的切面有不同的花纹，不同的蔬菜切面的形状也不同。通过拓印活动，安安又有了新发现：秋葵的侧切面竟然是一个五角星，青椒的侧切面像一朵四瓣花，太神奇了！

悦悦说：安安总是能很快发现我们发现不了的秘密，他观察得真仔细呀。

图6-4-13　布置拓印作品

● **一起去看看不同的蔬菜水果吧**

水果的外形、味道对孩子来说都是聊不完的话题,我喜欢的草莓,你喜欢的苹果,他喜欢的香蕉都能勾起孩子们的交流欲望和观察意向。于是,我们走近生活,来到超市、菜场和水果店,找一找、看一看、摸一摸,再一起交换我们的新发现。

图 6 - 4 - 14 榴莲

图 6 - 4 - 15 卷心菜

图 6 - 4 - 16 红苹果

图 6 - 4 - 17 西兰花

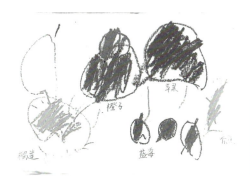

图 6 - 4 - 18 安安在超市的发现表征

通过实地观察,安安发现,原来超市里的蔬果品类这么丰富,而且不管什么季节我们都能吃到不同的蔬菜水果,农民伯伯真是勤劳又聪明,真是太感谢他们啦!

皮皮说:我们一起发现了很多蔬菜和水果,颜色好多好多,安安还能给我说出几种我不认识的蔬果,他懂得可真多。

● **水果也会游泳?**

通过蔬菜印章,安安知道了更多蔬菜切面相

关的知识,那水果呢? 水果的切面是不是也不一样? 水果身上还藏着其他什么秘密呢?

图 6-4-19　水果沉浮实验

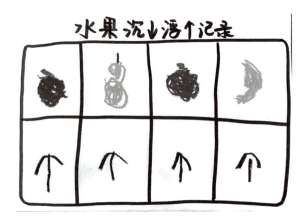

图 6-4-20　记录表 1:水果沉浮记录表

安安通过实验探索了水果"沉浮"的秘密,还能用简单的符号标记对实验结果进行记录。安安发现,同一种水果在不同的状态下"沉浮"效果也不同,比如存放时间较长的橘子就不会沉下去,而新鲜的橘子会下沉。

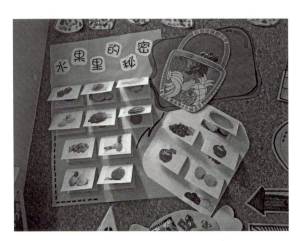

图 6-4-21　水果切面主题墙

橙子:实验的时候安安很小心,很仔细,我和他记录的结果一样。

● 我会拓印葡萄啦

在认识了多种水果并了解了水果的小秘密后,安安非常想用美术形式来表现自己喜欢的水果,结合活动《葡萄熟了》,安安在美工区展开了尝试。

图 6-4-22　安安使用海绵　　　图 6-4-23　安安的葡　　　图 6-4-24　葡萄作品装饰
　　　　　　印章拓印葡萄　　　　　　　　　　萄作品　　　　　　　　　　自然角

　　安安尝试用美工区的圆形海绵印章,蘸取紫色、绿色、红色颜料,拓印出葡萄的造型。在拓印时,能够知道葡萄从上到下,由多变少的规律,并用不同大小的印章来表现。

> 茜茜说:安安的葡萄好像散架了,下面的小葡萄都掉下来了。

● 蔬果歌曲多

安安:树上许多红苹果,一颗一颗摘下来。
　　我学会了很多跟蔬菜水果有关的歌曲,还会做手指游戏。
　　每次我们收玩具的音乐也是蔬菜沙拉的,我的生活里好像充满了蔬菜水果。

图 6-4-25　歌曲《苹果》

图 6-4-26　手指游戏《蔬菜沙拉》

　　通过学习,安安开始留心生活中和水果蔬菜相关的元素,能够很好地掌握与蔬果相关的歌曲、手指游戏、律动,大胆表现自己。与此同时,安安还将自己掌握的本领通过小舞台游戏展示了出来。

图 6-4-27　律动《蔬菜沙拉真好吃》

　　楚楚：安安唱《苹果》的时候声音很响亮，还会加上好看的动作，我也跟着安安一起做摘苹果的动作，觉得这个歌曲更有意思了。

● 我和蔬果做游戏

安安：我能根据蔬菜水果的影子找出是什么蔬菜水果。

　　　我能数清楚小超市的小客人，每次买几个水果。

　　　我会穿上水果服装，在小舞台表演舞蹈。

　　　你想尝尝我洗好的水果吗？欢迎来我家做客。

图6-4-28　水果匹配　　　图6-4-29　请你吃水果　　　图6-4-30　小舞台表演

图6-4-31　小超市里的安安　　　图6-4-32　巧手坊做藕片

　　随着蔬果元素的不断增多，安安越来越喜欢蔬菜水果，能够在不同的活动区角利用蔬果元素开展游戏。比如：在益智天地通过图片匹配不同的水果；在娃娃家给小客人洗水果；打扮成小舞台的小草莓造型跳舞；做超市的收银员清点水果；在巧手坊用轻粘土制作藕片。

伊一说：我买的水果，安安没有多收我钱。他还会做柿子、藕片，我喜欢和安安一起游戏，一起玩。

● **橘子果冻香又甜**

安安：我知道果冻里有水果，我吃过。

　　　还有咕佬肉里有菠萝，很甜。

　　　菠萝炒饭里也有水果，还有葡萄干。

　　　还有蔬果干，脆脆的。

图 6-4-33　安安剥桔子

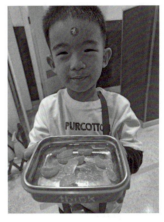
图 6-4-34　橘子果冻

随着主题的推进，安安了解的蔬果知识越来越丰富，对生活中的蔬果制品也留心了起来，结合小厨房活动，安安亲手制作了橘子果冻。

安安：我以前只吃过果冻，从来没做过，今天我也自己做了一次果冻啦！

图 6-4-35　安安做橘子果冻的感受

● **大蒜苗收获啦**

安安：我的大蒜苗长高啦！

　　　这个大蒜苗可以吃吗？

大蒜是菜，大蒜苗也是菜。

生命真神奇，一片蒜瓣可以长出这么多大蒜苗，土地真厉害。

图 6-4-36　大蒜苗长高啦

图 6-4-37　收获蒜苗

图 6-4-38　大蒜菜品

图 6-4-39　品尝大蒜苗

安安亲手种植了大蒜，通过一段时间的浇灌、照顾，亲眼见证了大蒜发芽，并越长越高。通过实践，安安体会到了大自然的神奇和生命的力量，更感受到了生命的循环，对大自然萌发敬意。

> 萱萱：安安说过，土地很厉害，能长出很多很多好吃的蔬果给我们，我们要保护土地，保护自然里的小花小草。

多元评价：

妈妈的话：

安安在原有的基础上又认识了更多的蔬菜和水果，在家里更喜欢阅读相关的绘本了，还喜欢向我们提相关的问题,吃饭的时候会问:"今天我们吃的是什么菜?"有时做饭前还能主动帮助我们一起择菜、洗菜,孩子真是兴趣满满!每天都回来跟我们分享幼儿园的生活,还给我们品尝了他亲手制作的橘子果冻,我们很欣慰!

自己的话:

我觉得很开心,虽然我已经认识了很多蔬菜水果,但是我还没有跟它们做过游戏,也没有画过它们。在这段时间里,我用海绵印章画了葡萄,用蔬菜印章印了画,用水果做了沉浮实验,爸爸还带我去超市看了更多的蔬菜水果。我发现,原来蔬菜和水果不只是用来吃的,还可以做很多其他的事情,它们这么重要,长起来却要很久,就像我的大蒜,所以,我以后会更加爱惜粮食和蔬果,一定不挑食不浪费。

老师的话:

亲爱的宝贝,你是一本小百科全书,在主题中,能和小伙伴分享很多蔬果相关的知识,比如它们生长的地方、它们的切面形状、它们的名称和外形特点、它们相关的制品等。你还是一名小小科学家,喜欢观察生活中的奇妙现象,好奇好问,胆大心细。你能亲自动手实验,感受水果的沉浮;亲自参与家务劳动,处理蔬菜,了解蔬果结构;动手收获大蒜、制作橘子果冻,品尝劳动后收获的喜悦;触摸不同的蔬果,发现蔬果潜在的秘密。希望你能继续保持热情,积极探索生活中有趣的事物吧!

文/马慎言

《你快乐,我快乐》活动中的乐乐

档案袋小主人:

图 6-5-1 乐乐

姓名:乐乐
所在班级:中班
我的属相:鸡
我最喜欢吃:棒棒糖
我最喜欢的人:妈妈
我最喜欢的玩具:变身玩具

小主人的已有经验：

乐乐在生活中喜欢把自己发生的快乐的事情用画画的方式记录下来，她能说出快乐是什么样的、自己快乐时候的表情变化和肢体的反应，还能结合自身经历说出做什么样的事情可以使自己变得快乐起来。乐乐在愉快的寒假生活中，也经历了许多快乐的事情，有着难忘的体验，她和班级的同伴大胆积极地分享自己对快乐的感受和认知。此外，长大一岁的乐乐，能够做更多的事情，变得更能干了，她也感受到了成长带来的快乐，这些经验都帮助乐乐在这个主题中更好地学习和收获。

小主人的兴趣需要：

"为什么我有时候会生气、难过呢？""我难过的时候可以怎么做？""好朋友不开心了我可以怎么帮助他？"……乐乐对人的情绪变化有着很大的兴趣，这些兴趣来自于自己平时的情绪变化、同伴交往中观察到的同伴的情绪变化，乐乐很关注自己的好朋友，她想知道朋友更多的喜好，想知道帮助好朋友变快乐的办法。乐乐还想阅读一些关于情绪的书籍，找到更多调节自己情绪的好办法。

档案内容掠影：

● **我眼中的快乐**

乐乐：我感到快乐的时候，我就会忍不住笑出来。

　　　快乐的时候我还会哼着歌曲。

　　　我还会快乐得跳起舞来。

图 6-5-2　绘画"快乐的我"

图 6-5-3　音频"寒假趣事"

乐乐觉得，自己快乐的时候，嘴角会向上翘起来，脸上也会红扑扑的。她画了一个眯眯笑的自己，脸上还有两朵可爱的红晕。乐乐说，如果特别开心，还会发出咯咯笑的声音，身体也会蹦蹦跳跳。除此之外，乐乐还分享了自己在寒假里快乐的趣事，这些事都是让乐乐难以忘记的。

> 乐乐说：我基本上每天都很快乐，有好多快乐的事情，我非常喜欢画画，所以我喜欢用画画的方式把发生的快乐的事情记下来。

● **我的快乐经验**

乐乐：妈妈会给我准备美味的食物，这时候我会很开心。

放假的时候我还会和爸爸妈妈出去野餐，特别开心。

有一次妈妈带我去游乐场玩了，这让我很开心。

我很喜欢做手工，所以每次做手工的时候我也很开心。

图 6-5-4　绘画"有好吃的美食"　　　　图 6-5-5　绘画"去野餐"

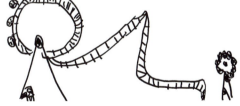

图 6-5-6　绘画"妈妈带我去游乐园"　　图 6-5-7　绘画"做手工"

乐乐用绘画的方式把能让自己感到快乐的事情记录了下来，有好吃的美食、各种各样的园内外活动。她还觉得，做自己感兴趣的事情也会觉得非常快乐。

> 乐乐说：我一个人的时候也可以保持快乐的心情，因为我可以做喜欢的事情，我觉得自己很棒；我也喜欢和爸爸妈妈在一起，也很快乐，爸爸妈妈会带我吃好吃的美食、玩好玩的游戏。

● **长大一岁的快乐**

春节假期结束，孩子们在节日中长大了一岁，也获得了更多的本领，变得更能干了。乐乐在班级也比之前更喜欢做一些力所能及的事情。

乐乐：午睡前我自己拉床，我还会帮助我的朋友拉床。

吃完点心，桌子上有些点心的碎末，我来帮忙擦桌子。

老师阿姨、爸爸妈妈都夸我变得更能干了,我感到非常开心。

图6-5-8　拉床

图6-5-9　擦桌子

当然,能干的乐乐会的还不止这些,她还介绍了在家的时候,自己也帮助爸爸妈妈干家务的事情,还将它们用"童心画语"的方式记录了下来。

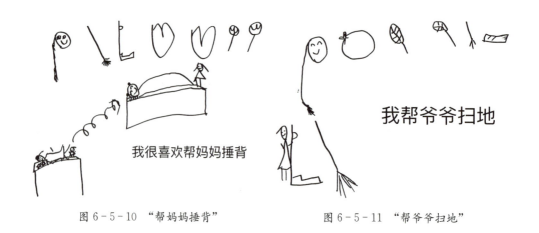

图6-5-10　"帮妈妈捶背"　　　　　图6-5-11　"帮爷爷扫地"

> 朋友鱼儿说:我觉得乐乐很能干,她会帮助小朋友,我们放学以后也会在一起玩,我很喜欢和她做朋友。

● 朋友小调查

随着年龄的增长,孩子们的人际交往能力也在逐步形成。他们关注身边的好朋友,交朋友让孩子们获得友情、收获快乐,在人际交往中获得安全感和信任感,发展自信和自尊的情感。

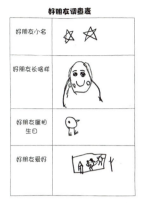
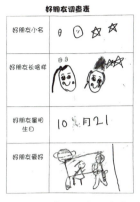

图 6-5-12 "好朋友调查表"欣欣　　　　图 6-5-13 "好朋友调查表"米粒

为了更多地了解好朋友,乐乐向自己的好朋友进行了采访,知道了好朋友在家的时候,她们的爸爸妈妈都是怎样叫她们小名的,也知道了朋友的生日,更多地了解了好朋友喜欢做的事。

乐乐说:我很喜欢和米粒、欣欣一起玩,每次和她们在一起都很快乐,我想知道更多她们喜欢什么。

● **我的表情包**

除了快乐,也有其他的情绪。而每一种情绪,对应的表情也是千变万化的。在表情的背后,也藏着许多的故事与秘密。孩子们从快乐的表情出发,继续了解其他不同的表情。

图 6-5-14 表情包"开心"　　　　图 6-5-15 表情包"难过"

图 6-5-16 表情包"生气"　　　　图 6-5-17 表情包"惊讶"

乐乐将自己知道的心情对应的表情画了下来,并且进行了模仿:难过的表情嘴角是向下的,还会流眼泪;生气的表情头发都竖起来了,眼睛快要喷火了;惊讶的表情是瞪大了眼睛、张大了嘴巴……

乐乐说:我知道除了开心以外,还有很多心情,难过的、生气的、惊恐的,我会画各种各样的表情,它们的嘴巴、眼睛、眉毛都不一样。

● **我的情绪日记**

在活动中,我们发现孩子们对情绪有了一定的辨识能力,这些都和他们的生活经验息息相关。除了高兴、开心这些积极情绪之外,也有生气和难过。为什么人的情绪会不停变化呢?

图 6-5-18　记录表"我的情绪日记"

乐乐连续记录了几次自己的情绪,并且记录了引发情绪的原因,可以看出来,乐乐的情绪整体都是非常积极的、快乐的,但是也会偶尔有难过的时候。

乐乐说:我觉得把自己的情绪画下来很有趣,还可以和我的好朋友一起分享。

● **我的开心法宝**

对孩子来说,他们已经能感知情绪的变化,并且能用具体的图画进行记录。乐乐发现绘本《哭了》中,有好多引起哭泣的事情。在生活中,我们都不可避免会产生一些负面情绪,孩子们应该怎样恰当表达和调控情绪呢?

怎样让自己变快乐呢? 乐乐有自己的办法:难过了就弹一首好听的曲子,生气了就玩会儿玩具,害怕的时候就让小熊玩偶陪着自己,紧张的时候就学着大人的样子深呼吸。

图 6-5-19 绘本《哭了》

图 6-5-20 阅读绘本

图 6-5-21 记录"不开心怎么办"

乐乐说:我遇到不开心的事情的时候,会想办法让自己快快开心起来。

● **好朋友不开心了怎么办**

中班幼儿已经渐渐从自我为中心,转变为关心身边的人。当自己不开心的时候,会想办法解决问题,保持情绪愉快,那身边的好朋友不开心了,可以怎么帮助他们呢?

图 6-5-22 聊天   图 6-5-23 拥抱

图 6-5-24 送礼物

图 6-5-25 玩秋千

乐乐想到了各种帮助朋友变快乐的办法,有了不仅要让自己保持快乐,也要努力帮助好朋友一起快乐的意识,她通过图画的形式表达了自己的想法。

乐乐说:我看到好朋友不开心了,我也会不开心,所以我希望我的朋友和我一样,每天快快乐乐的。

多元评价:

妈妈的话:

亲爱的宝贝,你知道新的一年自己又长大了一岁,你对自己说我要变得更懂事了。

听你娓娓道来学校发生的趣事,

感受你和同学互助协作的喜悦,

看你交到朋友满心欢喜的表情,

我知道,你热爱着你的校园。

放学回家后你认真画画的专注,

学习练琴时你反复琢磨的刻苦,

妈妈下班后你捏肩捶背的样子,

我知道,你热爱着你的家庭。

亲爱的宝贝,妈妈希望你能心怀感恩,快乐长大!

朋友的话:

欣欣:乐乐会画好多画,而且画得很快,我觉得乐乐就像小老师一样!

米粒:我喜欢和乐乐一起画画、做手工,她是我的好朋友,我非常喜欢她。

清清:乐乐很喜欢帮助别人,有的时候,我手工不会,我就会去请教乐乐。

贝贝:乐乐和我一样,有时候喜欢哭鼻子哈哈,但是我觉得乐乐很勇敢,她希望自己做得棒棒的,我也是,我要和乐乐一起加油。

柚柚:乐乐很喜欢做值日生,她做值日生超级认真哦,会帮我们整整齐齐地挂毛巾。

九斤:我上次摔倒了,乐乐还扶我起来了,乐乐真的很有爱心。

老师的话:

宝贝,你知道自己长大一岁了,变得越来越能干啦!你愿意帮助班级做一些力所能及的事情,并感到快乐和自豪;你能注意到别人的情绪,并关心、体贴别人,当别人有困难的时候,愿意帮助别人,当自己有困难时,也愿意向同伴求助,理解帮助别人就是帮助自己的道理。同时,你也爱爸爸妈妈、爱家人,会通过做家务、送礼物的方法给家人带来温暖。老师希望你以后遇到困难变得更勇敢、更乐观,加油宝贝!

文/王芳

《毕业季》活动中的依依

档案袋小主人：

姓名：依依

所在班级：大班

我的属相：猴

我最喜欢吃：桃子

我最喜欢的人：妈妈

我最喜欢的玩具：贴纸

图 6-6-1　依依

小主人的已有经验：

依依对毕业怀揣着憧憬与期待，她在日常生活中通过与正在上小学的哥哥的交谈、阅读绘本、观看视频等方式逐渐积累了关于毕业和小学生活的相关知识，如毕业典礼上可以和好朋友一起表演精彩的节目、小学要学更丰富的课程、可以认识更多的新同学、成为少先队员后还可以系上红领巾……这些经验为依依在这个主题的学习与探索提供了基础和起点。

小主人的兴趣需要：

"小学的一日生活是怎样的？""课间十分钟可以做些什么呢？""我的毕业典礼是怎样的？""我可以和好朋友在哪里拍毕业照呢？"……幼儿园生活已进入尾声，依依对好朋友的不舍以及对小学生活的期待之情也愈发浓厚，想用不同的方式去了解、探索、体验未知的小学一日生活，也想要在各项毕业活动中主动出谋划策，为自己和好朋友留下珍贵的毕业回忆，体验长大的快乐与自信。

档案内容掠影：

● **我好期待成为小学生呀**

依依：马上我就可以和哥哥一起上小学啦！

　　　我要上的小学叫作"三实小"。

　　　我好期待我的新同学。

到了小学我会学到更多的知识,还可以成为少先队员呢!

图 6-6-2　依依的前书写记录1

图 6-6-3　依依的前书写记录2

图 6-6-4　绘画"我的小学"

依依的哥哥正在上三年级,有时会在家中和依依分享小学里的趣事。因此依依对上小学十分期待,同时对于小学有初步的了解,如:小学要学更多丰富的课程、有上课铃和下课铃、可以认识更多的新同学、拥有自己的课桌等等。

依依说:我知道三实小就在邻里中心的旁边,我很期待上小学。

● 我了解的小学一日生活真不少

依依:上小学要和幼儿园一样不能迟到。

到了小学每天要学几节不一样的课。

下课之后还可以做眼保健操让眼睛休息一下。

小学上课下课都有铃声,提醒我们做不同的事。

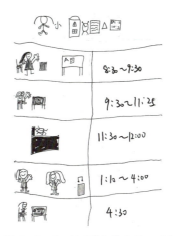

图 6-6-5 调查表1：小学知多少   图 6-6-6 绘画"小学生的一天"

经过在家中和哥哥的交流，依依了解到了许多关于小学的事情。比如她发现家的附近一般都会有学校；小学的教室也和幼儿园不同，有许多的课桌椅；小学生的一日活动安排比幼儿园更加丰富，还会有午休和大课间等等。依依十分积极地向同伴分享自己关于小学的调查内容，她还尝试用图画符号结合的图表记录来向同伴展示小学的一日时间安排。

> 同伴说：依依说得真详细，听了她的介绍我现在知道了在小学不同的时间要做不同的事情。

● **我发现幼儿园和小学有许多不同呢**

依依：幼儿园一个小组合用一张桌子，到了小学每个小朋友都会有一张桌子。

幼儿园班级里的厕所男生女生是同一间，小学男女生厕所是分开的。

在幼儿园每个小朋友有一张床可以睡觉，小学休息是趴在桌子上的。

图 6-6-7 绘画"小学的课桌椅"

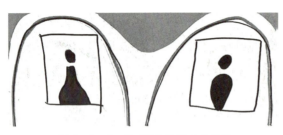

图6-6-8 绘画"小学的卫生间"

图6-6-9 绘画"小学的午休"

依依根据对小学一日活动的了解,画出了一些幼儿园与小学的不同。依依非常期待能有自己的课桌,她觉得小学的课桌有桌肚很方便,能够随时拿到自己要用的东西。

同伴说:依依对小学的了解可真多呀,听了她的介绍我也好想早点走进小学看一看!

● 我会安排"课间十分钟"

在了解小学的一日活动安排之后,小朋友们对能够自己安排活动的课间十分钟非常感兴趣。依依和好朋友们在游戏时间常常会一起玩模拟课间十分钟的小游戏。

图6-6-10 依依和同伴课间整理物品

图6-6-11 体验课间十分钟视频

图6-6-12 绘画"课间十分钟安排"

"课间十分钟"初体验让依依和同伴都感到兴奋不已,在孩子们的眼中,课间十分钟是快乐的、自由的。依依在亲身体验中也慢慢找到了适合在"课间十分钟"里做的事情,包括自我照顾、放松身体、做好课前准备等,在游戏体验的情境中,依依合理安排时间的能力也在不断提高。

同伴说：我觉得依依很会安排时间，我也可以像她一样先把书和文具盒准备好再去上厕所、玩游戏，这样就不会着急忘记了。

● **我是整理小达人**

依依在体验"课间十分钟"时发现，学会整理是很重要的一项本领，有的好朋友在整理书包时也遇到了困难，依依通过亲身示范的方式向好朋友们分享了自己整理物品的小妙招。

图 6-6-13 绘画"同伴的问题"

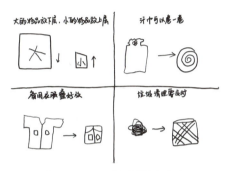

图 6-6-14 绘画"解决方法"

收纳整理习惯的形成是幼儿动作协调发展的过程，也是责任、耐心、细心等良好品质形成的过程。依依平时就有着随手整理个人物品的习惯，物品柜、抽屉里的物品都放得十分整齐。在看到同伴整理遇到困难时也会主动提供帮助，分享自己的好方法，比如大的物品放最底层、常用物品放在外面等等。依依在日常活动中不断提升着自理能力，在同伴遇到困难时也主动出主意、想办法。

同伴说：依依分享的方法真有用，不同夹层放不同东西，我找东西的时候很快就找到了。

图 6-6-15 依依分享整理小妙招

● **我来准备充满惊喜的家长会**

在形式多样的"幼小衔接"趣味活动中,依依对于即将毕业升入小学的紧张在逐渐减少,取而代之的是满满的期待。与此同时,对老师、同伴、阿姨的不舍之情也逐渐加深。在毕业之前也想邀请爸爸妈妈来到幼儿园,陪伴自己度过有趣的幼儿园时光。在家长开放日来临之前,依依也积极参与到准备中……

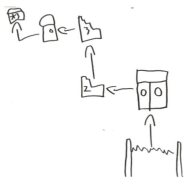

图 6-6-16 绘画"进班路线"

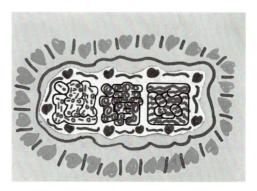

图 6-6-17 绘画"邀请函"

图 6-6-18 布置教室

图 6-6-19 妈妈看我玩游戏

依依对和好朋友一同"策划家长会"十分感兴趣,能够积极投入到布置场地、制作邀请函等活动的讨论中去,自主性、创造能力、逻辑思维能力都得到了不同程度的提升。家长们的到来也给依依关于毕业季的记忆留下了温暖的印记。

依依说:妈妈和我一起来幼儿园,看我学本领,我好开心呀!

● **我计划的毕业愿望清单真有趣**

依依:马上就要毕业了,我好舍不得我的好朋友。

我想要做一个礼物给我的好朋友。

我还想在美丽的花房和好朋友一起拍合照。

毕业前我还想和好朋友来一场跳绳比赛。

图6-6-20 绘画"制作礼物"

图6-6-21 绘画"送礼物"

图6-6-22 绘画"拍合照"

图6-6-23 制作粘土礼物

毕业不是结束,而是美好的开始。对于即将迎来的人生中的第一个毕业季,依依充满着期待与不舍,同时用图画的方式为自己罗列出了"毕业愿望清单",在区域游戏时间、户外游戏时间等逐步实现和好朋友的约定,为自己的幼儿园时光留下美好的记忆。

> 同伴说:依依做的轻黏土花瓶颜色很漂亮,我很喜欢。我会好好收藏的。

● **我的毕业照我做主**

依依:我知道大班毕业的时候会有毕业典礼,要唱毕业歌。

我想要穿着漂亮的裙子和好朋友一起拍毕业照。

幼儿园里有很多好看的地方,我们要选一选在哪里拍照。

美工区游戏的时候我可以和好朋友一起制作一些拍照道具。

图 6-6-24　绘画"毕业照造型"

图 6-6-25　讨论拍摄场地

图 6-6-26　记录单1:毕业照道具清单

　　幼儿园毕业照是孩子们人生的第一次毕业照,是依依大班毕业旅程中十分重要的一件事情,由依依自己来规划更显得意义非凡。在留下美好童年记忆的同时,依依的同伴合作、活动策划、解决问题的能力也在逐渐提高。相信依依在日后想起这一段回忆时,一定能感受到充满温情的童年小时光!

　　同伴说:我和依依一起想出的拍照造型可好玩了,好期待拍毕业照!

多元评价:

妈妈的话:

　　依依学到了很多的本领,知道了许多在上小学之前要做好的准备,在家里坚持自己的事情自己做,非常棒哦!在剩下的幼儿园时光里,依依对班集体也越来越不舍,回家后也常常和我们说放假的时候可以多和同学一起出去玩,留下了许多有趣的记忆。希望依依在这一个特别的学期,能够继续多多去观察、去探索,体验人生中第一个毕业季的快乐与温暖,爱你哦!

朋友的话：

叮当：依依平时很喜欢帮助好朋友，我用她教我的收拾书包的方法来整理，口罩、汗巾那些小物品再也不会夹在衣服里找不到了。

葵葵：她知道很多关于小学的小知识，听了依依的介绍我好期待到新班级认识新同学！

嘟嘟：我们一起看的绘本叫《迟到大王》，我们约定好上学要坚持不能迟到。

峻峻：我觉得依依设计的拍照道具清单很有趣，我想和她一起在美工区制作。

老师的话：

亲爱的宝贝，在主题中，你了解了小学与幼儿园的相同与不同，对小学生活产生好奇和向往；知道上小学需要培养良好的学习习惯和生活习惯，懂得珍惜时间和尊重他人，真是太棒了！

你对于即将到来的毕业典礼也充满着期待，能够积极参与到各项准备活动中去，但在小组或集体讨论中，表达自己想法的勇气和自信心还可以进一步加强哦！老师和好朋友都会认真聆听你的想法，望你在集体前能够更加大胆地表达自己，在最后的幼儿园时光里和好朋友们一同留下更多的温暖回忆，加油！

文/高嘉玮

第三节 对话成人，遇见更好的教育

《水精灵》活动中的菡菡

档案袋小主人：

图 6-7-1　菡菡

姓名：菡菡

所在班级：中班

我的属相：狗

我最喜欢吃：草莓

我最喜欢的人：爸爸妈妈

我最喜欢的玩具：搭积木

小主人的已有经验：

菌菌对水有着无限的好奇心，她乐于把水捧在手心、踩在脚下，反复触摸，喜欢用多种感官感知水的特性，感受大自然给自己带来的乐趣，也在玩水的过程中感受水具有流动性、无色无味的特点，菌菌喜欢照顾植物角的动物和植物，结合自己的生活经验她深深感受到水对动物、植物以及人类的重要性。

小主人的兴趣需要：

菌菌对于水有着浓厚的兴趣，也有着自己独到的想法："水可以怎么玩?""水有什么用?""水会变化吗?""怎样节约用水?"……她喜欢体验各种关于水的游戏，在观察、操作、创作等活动中进一步感受水的特性，也乐于在动手动脑中探究水形态的变化，发现不同事物在水中的沉浮情况。在体验游戏趣味的同时菌菌感受到水和人们生活的密切关系，因此她还想了解更多节水的方式，学习更多节水本领。

档案内容掠影：

● **水宝宝在哪里**

菌菌：压水泵里有水。

　　　种植园地的水缸里也有水，水里还生活着小鱼。

　　　路边的泥坑里会有水。

　　　水龙头里也有水宝宝。

图 6-7-2　水缸里的水宝宝　　　图 6-7-3　水龙头里的水宝宝

菌菌乐于寻找身边的水宝宝，在寻找幼儿园里的水在哪里时，她热情地和我们介绍自己的发现，并且联系自己的生活经验提到自己游泳的体验，不禁感叹我们的身边到处都有水。

图 6-7-4　寻找幼儿园里的水宝宝

爸爸妈妈说：菡菡回家后我们和她一起查阅资料了解到大自然里有各种各样的水，有大海、湖泊、池塘、河流……她还想进一步了解水在生活中有什么用处，孩子对于水的兴趣和探究欲望十分浓厚。

● **水宝宝的用处多**

菡菡：我喜欢喝水，因为喝水让我的身体更健康。

小花也喜欢喝水，喝水让它长高，我可以用水来浇花。

洗手也要用水，洗洗干净不生病。

小蝌蚪生活在水里，它可以在水里游来游去。

我们还可以打水仗、玩水枪！

水还能用来洗衣服，我的臭袜子也能洗得香香的！

图 6-7-5 爱喝水的我

图 6-7-6 给小花浇水

图 6-7-7 我会正确洗手

图 6-7-8 绘画"打水仗"

图 6-7-9　绘画"洗袜子"

　　菡菡在生活的点滴中真切感受水宝宝为自己带来的便利,她从自己需要喝水进而共情于身边的草木,为它们带去水的滋养。她享受给小花小草浇水,照顾植物的过程让她心生满足,正因为怀揣着对花花草草的喜爱之情,菡菡希望通过浇水它们能快快长大。

　　老师说:菡菡用质朴的语言说出水对动物、植物以及人类的重要性,我们的生活离不开水。关于水的探究兴趣也随之增长。在对话幼儿的过程中忠实记录幼儿的想法,就能从他们充满智慧的表达中发现儿童丰富而深邃的精神世界。

● **蝌蚪蝌蚪水里游**

　　菡菡很喜欢观察自然角的小蝌蚪,在观察中她细致地描述小蝌蚪的样子:"圆圆的脑袋,黑黑的身体,短短的尾巴,真可爱!"她用绘画的形式描绘小蝌蚪的模样,还骄傲地告诉我:"小蝌蚪长大后会变成小青蛙!"

图 6-7-10　观察小蝌蚪　　　　　　　图 6-7-11　绘画"小蝌蚪"

　　菡菡每天都关注小蝌蚪是否有所变化,迫不及待地想看到小蝌蚪变成青蛙的样子,她还用绘画的形式记录和描绘出小蝌蚪的成长过程。为了让小蝌蚪能更自如地在水中生活,我们使用氧气泵来保证蝌蚪的快乐生活,打开的瞬间菡菡惊奇地喊道:"小蝌蚪游得更快啦!"

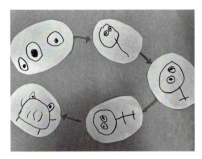

图 6-7-12 绘画"蝌蚪成长记"

图 6-7-13 氧气泵下的蝌蚪

老师说:遵循幼儿对蝌蚪的兴趣,通过观察和记录小蝌蚪的成长变化菡菡进一步了解了蝌蚪的生活环境和生活习性,也在这份成长的期待中我们一起感受水对生命的孕育,体验爱和生命的力量。

● **好玩的水宝宝**

菡菡:水宝宝滴在宣纸上竟然会变成荷叶!

原来水洒在地上还能用来画画,太神奇了!

颜料融化在水里,滴答滴答流下来就变成彩色的雨啦!

图 6-7-14 晕染"蝴蝶"

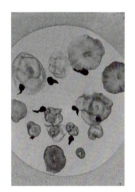

图 6-7-15 晕染画"池塘里的蝌蚪"

图 6-7-16 绘画"彩色的雨"

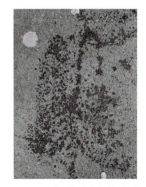

图 6-7-17 洒水画"小兔子的耳朵"

> 老师说:丰富多彩的活动形式,妙趣横生的活动内容,充分发挥孩子的创造力和想象力。在自由创作和肆意想象中菡菡感受用水作画的乐趣,也在创作中感受水流动的特性。

● **会变"魔术"的水宝宝**

菡菡:白糖放在水里它会慢慢变少,然后消失不见了!

　　　白糖溶化在水里了,水像是一名魔术师。

水不仅是孩子生活的一部分,更蕴含着无限的教育契机。关于水的科学小实验吸引了孩子们的目光,于是他们满怀好奇一起探索水的秘密,感知水溶解性的特征,也在猜想、实验、讨论的过程中发展初步的探究能力。

> 老师的话:菡菡猜测白糖在水里会变成彩色,在操作中她目不转睛地观察白糖在水里的变化,在动手操作中感受做实验的乐趣。

图 6-7-18　白糖溶化了

菡菡惊讶地表示:"水宝宝的本领可真大!我知道有的东西能在水上浮起来,我还想来做实验来验证下!"菡菡慢慢地能够主动思考问题并结合自己的已有经验,在探究中去构建属于自己的科学知识和新经验。

图 6-7-19　水果沉浮实验1

图 6-7-20　水果沉浮实验2

爸爸妈妈说:菡菡在实践中探索和发现不同水果在水中沉浮的状态,她乐于和我们分享她的探究经验,我能感受到她在探究中获得的满满的成就感。

● 会变色的水宝宝

在阅读绘本《小蓝和小黄》时,菡菡了解到小蓝和小黄抱在一起会变成绿色,她对颜色的变化充满了兴趣:蓝色和黄色在一起真的会变绿色吗? 不同的颜色在一起会有不同的变化吗? 菡菡探索的欲望十分强烈。

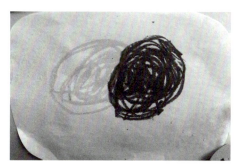

图 6-7-21　绘画"小蓝和小黄"

老师说:观察到各种有趣的颜色变化现象。她积极探索水和颜色的变化,感受不同的颜色混在一起后发生的神奇改变,不断积累自己的科学经验。

图 6-7-22　实验"颜色变变变"

图 6-7-23　观察颜色变化

菡菡在操作中分享着自己的发现:"小蓝和小黄在一起变成了绿色!"她笑着说:"太神奇了! 我还想试试其他颜色呢!"她又尝试将蓝色和红色、红色和黄色加以混合进行观察,颜色变化的那一刻她喊道:"变成紫色还有橙色啦!"

爸爸妈妈说:菡菡回家后再次和我们阅读了绘本《小黄和小蓝》,她绘声绘色地和我们讲述两个颜色宝宝游戏互动的故事情节,在颜色抱在一起变色时她咯咯大笑,真是特别的发现呢!

● 会"变身"的水宝宝

菡菡:水放在冰箱里就会变成冰块啦! 冰块摸上去是冰冰凉凉的。

我还知道冰块融化会变成水。

热水浇在冰块上它会很快融化变成水。

晒太阳也可以让冰块融化。

我用积木砸冰块它就变得碎碎的,成功"解救"了玩具宝宝。

图 6-7-24　砸冰块1

图 6-7-25　砸冰块2

图 6-7-26　热水淋冰块

图 6-7-27　晒冰块

老师说：水怎么变成冰？冰又怎么变成水？在游戏情境中菡菡满怀着科学探究的欲望，联想到冰激淋在夏天会融化的生活经验并将其迁移到冰块融化的问题情境中，想出了很多办法，在自主探索中独立思考的能力也在不断提升。

● **我是节水小卫士**

菡菡：喝水的时候喝多少倒多少，水杯里的水喝光光。

洗完手要记得及时关掉水龙头。

可以用脸盆收集雨水浇花。

洗杯子的时候先用洗洁精洗刷干净再用流水，一直开着水龙头很浪费。

图 6-7-28 按需取水

图 6-7-29 关紧水龙头

图 6-7-30 雨水浇花

图 6-7-31 清洗杯子

菡菡在探索水的过程中自主地思考、探索、行动，初步认识了水的特征，在生活的点滴中慢慢体会到水的重要性，她思考了一个个节水小妙招，将爱水、惜水、节水的行动渗透在生活的方方面面，俨然变成了一名节水小卫士。

爸爸妈妈说:菡菡在家也会提醒我们要注意节约用水,特别是奶奶做家务的时候,她会主动参与进来将自己的节水妙招运用其中,劳动能力也提高了不少呢!

● **我设计的节水标志**

菡菡:洗澡打泡泡的时候记得要关水。

　　　洗手的时候水流不要太大,洗完手记得关紧水龙头。

　　　如果只是洗袜子和洗一件衣服就手洗不需要用洗衣机哟!

　　　出去玩的时候戴上我可爱的小水杯也可以节约用水!

图 6-7-32　绘画"节水标志1"

图 6-7-33　绘画"节水标志2"

图 6-7-34　绘画"节水标志3"

图 6-7-35　绘画"节水标志4"

老师说:菡菡懂得了很多节水本领,她能够关注到生活中的细节,将珍惜水、节约水的行动渗透在点滴中。通过阅读绘本她也知道了节约用水要从身边的每一件小事做起,从自己做起。

多元评价:

妈妈的话:

菡菡越发关注生活中的水,她了解很多关于水的有趣的玩法,也更为关注身边的小动物和小植物。她会细心地照顾家里的小鱼,也会及时给种植的花草浇水,她变得更为关心身边的事物。她还了解很多关于水的科学小实验,她能认真专注地沉浸在实验操作中。

还会惊喜地和我们分享自己科学发现。生活中菡菡也更注重节约用水,会和我们分享她了解的节水小妙招。亲爱的菡菡,很高兴你能在探秘水世界的一系列活动中感受到亲水的乐趣,也很高兴看到你能养成节约用水的好习惯,妈妈为你感到骄傲!

朋友的话:

然然:菡菡会用水洒出很多好看的画,她的想法很特别!

妍妍:她会做很多关于水的科学小实验,还会和我分享,真的很有趣!

菲菲:菡菡知道很多节约用水的方法,她还知道3月22日是世界水日,提醒大家一起节约用水。

安迪:菡菡和我分享了一本很有趣的绘本《小蓝和小黄》,小黄和小蓝会变成绿色,太神奇了!

老师的话:

亲爱的菡菡,在提及水的作用时你能迁移自己的生活经验感受水和动物、植物及人类的密切关系,深深感受水的重要性;在各种有趣的玩水游戏中,你能积极主动地观察科学现象,感知水的特性,也在一步步的探究中提升自己初步的科学探究能力;你还尽情地发挥自己的想象力创作出富有创意的洒水画、滴水画等;亲爱的菡菡,希望你能继续保持认真专注的样子,保持童真,保持有趣,探索你精彩的童年世界吧!

文/姚怡

《可爱的动物》活动中的心心

档案袋小主人:

姓名:心心

所在班级:中班

我的属相:狗

我最喜欢吃:棒棒糖

我最喜欢的人:未未

我最喜欢的玩具:小兔玩偶

图6-8-1 心心

小主人的已有经验:

动物是心心最感兴趣的话题,她对于生活的周围环境有着十分浓厚的探索兴趣,尤其对于动物世界充满了好奇。在日常生活中,心心通过阅读绘本、观看电视节目、游玩动物园等方式对于一些飞行动物、陆地动物、海洋动物都有一定的了解,知道一些他们的名称。

小主人的兴趣需要:

"寄居蟹为什么每天都背着它的壳?""大雁为什么往南飞?""小松鼠是怎么储藏食物的?"心心对可爱的动物很感兴趣,有着自己的奇思妙想。心心喜欢通过观察、查阅资料、亲身照顾来了解各种动物的习性,例如动物的食物、居住环境等等。心心生活中非常爱护照顾动物,他对于一些珍稀动物也有着很强的探知欲。他想要深入地了解更多珍稀动物以及保护珍稀动物的方式。

档案内容掠影:

● **我认识的动物真多呀!**

心心:我知道喜鹊是天上飞的动物,它有彩色的羽毛。

我认识小丑鱼,小丑鱼长得很可爱。

我还认识章鱼,它有八条腿,也是海里的小动物。

猎豹和老虎都跑得很快,它们是森林动物。

小白兔和梅花鹿也跑得很快,它们非常可爱。

图 6-8-2　天上飞的动物　　　　图 6-8-3　陆地上的动物

图 6-8-4　水里游的动物

心心喜欢画小动物,天上的小动物,陆地上的小动物,水里的小动物,她都会用自己方式表现出来。在这个主题里,她通过绘画表征知道了很多海陆空小动物的特征。她最喜欢啄木鸟、小白兔和小丑鱼。

老师说:心心认识了很多的动物,但对于动物的习性还是不太了解。

● **动物的家在哪里呀?**

心心:小鸟的家在鸟巢里,鸟妈妈会保护它们。

寄居蟹的家在它的壳里,它每天都背着它的壳。

小熊的家在树洞里,大海是小鱼的家。

图 6-8-5 绘画"小鸟的家"

图 6-8-6 绘画"寄居蟹的家"

图 6-8-7 绘画"小熊的家"

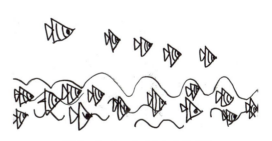

图 6-8-8 绘画"小鱼的家"

心心在这个主题认识了很多动物的家,知道了很多动物的知识,不仅认识了很多常见的动物的家,还通过各种调查知道了一些动物会把家背在自己的身上,比如寄居蟹、蜗牛等等。

妈妈说:心心知道了好多小动物的家,居然还知道寄居蟹,还要求我给她买一些动物的绘本阅读一下!

● **动物喜欢吃什么呀?**

心心:小狗喜欢吃肉骨头。

　　　小兔子喜欢吃胡萝卜。

　　　小猫喜欢吃鱼。

　　　小鸡喜欢吃虫子。

图 6-8-9　喂喂小鱼

图 6-8-10　绘画"小鸡喜欢吃虫"

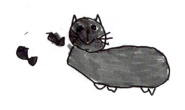

图 6-8-11　绘画"小猫喜欢吃鱼"

"动物喜欢吃什么"引起了心心的好奇,在和朋友们的讨论中,她得知班级里的小鱼喜欢吃鱼食,乌龟喜欢吃龟粮,还知道很多其他小动物爱吃的东西。心心把自己知道的都画了下来,这样其他小朋友也能从中知道动物喜欢吃什么。

妈妈说:心心很喜欢小动物,平时周末经常会去公园喂喂动物,观察小动物,她觉得小动物都是她的好朋友,但是她每次看到小香猪都会有点害怕。

● 动物是怎么过冬的呀？

心心：小松鼠是通过储藏食物过冬的。

大雁是会飞到南方过冬的。

大熊会睡整个冬天，春天才醒来。

图 6-8-12 "动物冬眠"调查 1

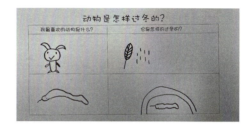

图 6-8-13 "动物冬眠"调查 2

主题开展的时候正逢冬季，幼儿对于动物是如何过冬非常的感兴趣，心心和她的小伙伴们一起通过绘本、亲子调查等等方式进一步探究小动物冬眠的方式。心心还用表征的方式把自己知道的动物过冬的方式画了出来。

老师说：心心通过调查发现了动物冬眠的方式有很多种，有迁徙、储存粮食、换毛等多种方式。

● 一起照顾自然角的动物们吧

我们的自然角里也有很多小动物，如小乌龟、小仓鼠、小金鱼等等。心心每天早上都会来给小动物们喂食、换水。她发现冬天到了，自然角里小乌龟需要冬眠，于是给小乌龟铺了很多的沙子，给它营造了一个冬眠的环境。

图 6-8-14 给小乌龟铺沙子

图 6-8-15 给小金鱼换水

图 6-8-16　观察小乌龟

　　心心在照顾小动物的过程中发现,小金鱼只要 2 到 3 天喂一次食物,乌龟冬眠了就不吃东西了。小鸟除了吃小虫之外还需要给它喂一点水。心心在实践的过程中掌握了很多喂养小动物的知识。

　　老师说:心心知道了很多照顾小动物的小秘诀,但是给小仓鼠喂食的时候会紧张。

● **一起照顾小牧场的动物们吧**

心心:小鸡是不是要给它喂虫子呢?

　　　小兔子的家需要定期清扫吧!

　　　鸽子的家是不是要高一些?

图 6-8-17　动物家装饰设计图

图 6-8-18　打扫需要准备什么

图 6-8-19　打扫小牧场

图 6-8-20　给小动物喂食

　　通过照顾自然角的小动物,心心知道了很多照顾动物的方法。我们的小牧场也有很多比自然角大一点的动物,如小兔子、小鸡、小鸟等等。对心心而言照顾它们既是一种乐趣,更是一种挑战。

　　老师说:心心很爱劳动,亲手照顾小动物很开心,就是在打扫兔笼的时候自理能力还有待提高,衣服需要大人帮忙才能穿好。

● 一起学一学动物的叫声吧

心心:小猫走路静悄悄,叫起来"喵喵喵"。

　　　小青蛙走路蹦蹦跳,叫起来"呱呱呱"。

　　　小鸭子走路摇摇摆摆,叫起来"嘎嘎嘎"。

图 6-8-21　学小动物叫

图 6-8-22　和朋友们一起律动

图 6-8-23　学小动物动作

心心发现每种动物的叫声都很特别,还运用"前书写"的方式表达了自己的想法。

老师说:通过音乐律动,心心学会了很多动物的叫声,还会用动作表现出来,在歌唱的时候还要注意一下音调哦!

图 6-8-24　心心的前书写记录1

● 一起保护动物们吧

心心:我最喜欢大熊猫了,它吃竹子的样子真可爱。

　　我最喜欢大雁,因为它可以在空中飞来飞去,像飞机一样。

　　我最喜欢恐龙,但是世界上的恐龙已经灭绝了。

　　我们要保护动物,我们要爱护我们的家园。

图 6-8-25　绘画"保护森林"

图 6-8-26　绘画"保护海洋"

图 6-8-27　绘画"保护大熊猫"

图 6-8-28　心心的前书写记录 2

心心知道世界上的很多动物都快灭绝了,还知道了大熊猫是我们中国的国宝,而且数量越来越少了。心心绘画了很多保护动物、保护自然的海报,呼吁大家一起爱护动物,保护环境。

> 阿姨说:上次一条小鱼死了心心很难过,说下次不能喂这么多食物了。

● **蓝鲸体型有多大呢?**

心心:蓝鲸是海里最大的动物吗?

蓝鲸到底有多大?

蓝鲸喜欢吃什么食物呀?

海洋里的蓝鲸已经很少了……

图 6-8-29　绘画"蓝鲸"

图 6-8-30　和蓝鲸比大小

有一天,心心和小伙伴们在书吧找到了一本关于海洋的科普绘本,里面有一条超大的蓝鲸,通过阅读绘本,他们知道了蓝鲸是世界上最大的动物,它还是一种海里的哺乳动物,它的体重相当于35头成年大象的重量。心心还和小伙伴们一起在幼儿园里观看了纪录片《蓝色星球》,了解了更多关于蓝鲸的知识。

图6-8-31　观看纪录片

图6-8-32　查阅图书

老师说:心心和小伙伴们通过阅读对蓝鲸产生了兴趣,因为蓝鲸是一种小朋友接触得比较少的海洋动物,所以心心知道的信息也比较少,不过她通过搜查资料、观看纪录片知道了一些蓝鲸的习性,对于蓝鲸看得出来她还想要继续探究下去

多元评价:

妈妈的话:

心心在这个主题认识了很多动物,不仅认识了很多天上飞的动物和地上跑的动物,还认识了很多之前关注的比较少的海洋动物。她特别喜欢和好朋友一起去自然角、小牧场照顾小动物,给小动物们喂食。在班级里也经常和好朋友们一起谈论自己喜欢的动物。我们惊奇地发现,她还知道了很多珍稀动物,还告诉了我很多关于蓝鲸的秘密,希望心心继续保持这一刻的好奇心探索更多未知的世界,加油! 宝贝!

朋友的话:

琦琦:心心会画各种各样的动物,我不会画小鸟翅膀的时候还是心心教我的。

昊昊:她每天都会提醒大家一起照顾自然角的小动物,还给小牧场的小动物们带了很多胡萝卜。

乐乐:心心带来的一本图书有好多动物冬眠的方式,要是她能够讲给大家听就好了,我还有一些看不太懂。

花花:她还知道很多海里的小动物,如海豚、海狮、海马等等,她居然认识蓝鲸,听她分享后我才知道原来蓝鲸那么大呀!

老师的话：

宝贝，在这个主题中，你不仅认识了各种各样的动物，还会用绘画、剪纸等不同的方式来表现自己喜欢的小动物。在自然角和小牧场，常常能看到你细心地照顾小动物们，给它们喂食、换水、清扫，小动物们一定也很喜欢有爱心的你。你在绘本中认识了一些濒临灭绝的海洋动物，虽然对于海洋动物的认知还是比较少，但通过这个主题的延伸也知道了一些人与海洋、人与自然和谐共处的重要性，也掌握了很多保护动物、爱护环境的方法。

文/朱桑丽

《小问号》活动中的诺诺

档案袋小主人：

姓名：诺诺

所在班级：大班

我的属相：猴

我最喜欢吃：玉米

我最喜欢的人：妹妹

我最喜欢的玩具：兔子玩偶

图 6-9-1　诺诺

小主人的已有经验：

诺诺对大自然中的风、影、电和声音等自然现象以及相关的科学知识充满了好奇。她的生活经验尤为丰富：能够清晰地描述不同的风给她带来的感受；明白有光的地方就会产生影子，而影子的长短各异；了解电在我们日常生活中的便利作用。此外，她在科学区用小木棒和瓶子尝试敲击出不同的声音，发现发出的声音各不相同。通过在科学区的实践操作以及在日常生活中不断感知各种自然现象，诺诺积累了丰富的经验。

小主人的兴趣需要：

"风是怎么形成的？""风从哪里来？""什么时候影子会变长？"诺诺对风的成因、如何判断风向、风力过大的危害、影子长短的原因等十分感兴趣。除了自然现象，她对科学规律也十分好奇:什么东西会被磁铁吸起来? 哪些东西能发电? 声音是怎么产生的? 为什么爸爸妈妈在很远的地方打电话我也能听见呢? 水果发电的方法、磁铁的秘密、声音的有趣现象,诺诺都想要在这个主题中去进一步探索和学习。

档案内容掠影:

● **我知道风的秘密有哪些**

诺诺:春天的风吹在身上暖暖的,冬天的风吹着凉飕飕。

　　　风可以让小船在水里航行。

　　　龙卷风和台风很危险。

　　　制作风向标可以知道风从哪儿来。

图 6-9-2　风带给诺诺什么样的感觉

图 6-9-3　风可以用来发电

诺诺对"风"有着强烈的兴趣,风有时候大有时候小,吹在身上带给她不一样的感觉。风还能用来发电、传播种子、帮助船航行等。但是诺诺发现,龙卷风、台风也会对人们的生命造成威胁。

图 6-9-4　龙卷风的危害音频

老师说:诺诺绘画了风带给自己的感觉,画得很形象,还能发现风的作用,动手能力也很强,能够制作风向标来判断风向,台风、龙卷风的危害表述得也十分完整。

● **我想知道影子从哪里来?**

诺诺:有阳光的时候就有影子。

　　　有的影子长,有的影子短。

　　　距离远,影子就变大变长,距离近,影子就变小变短。

图6-9-5 操作光影玩具　　　　　　　　图6-9-6 好玩的皮影戏

图6-9-7 幼儿讲述皮影戏故事视频

　　诺诺很喜欢和同伴一起玩踩影子的游戏,影子是怎么变大变小的呢? 她常常和伙伴在科探区的密室里使用手电筒探索影子的奥秘。原来距离越近的时候影子就越小、越短,利用这个发现,她很乐意在集体前展示皮影戏。

　　老师说:诺诺了解了影子产生的原因,还能利用这个发现探索影子的奥秘,讲述的皮影故事如果更完整一点就更棒了!

● **月亮为什么有这么多形状?**

　　浩瀚夜空里的月亮也能引发孩子的好奇心,月亮为什么有时候弯弯的,有时候圆圆的? 它都有哪些形状呢? 带着对这一现象的疑问,诺诺询问家长、翻阅书籍,发现了月亮不同形状的秘密。

图 6-9-8　翻阅书籍

图 6-9-9　观察月亮

图 6-9-10　绘画"月亮的形状"

经过观察、记录、查找资料,诺诺了解了月亮其实是不发光、不发热的固体星球,我们所看到的月亮的光都是来源于太阳光的反射。不同形状的月亮还有"新月""峨眉月""上弦月"等好听的名字。

妈妈说:宝贝,你已经对月亮形状掌握得很熟悉了,神秘的太空里还有很多的奥秘,等着你去探索! 加油!

● **我会让灯泡亮起来!**

诺诺:因为有电,灯泡通了电就会发光。

风、火都能产生电。

家里的电视、洗衣机、冰箱都离不开电。

我会玩电路玩具让灯泡亮起来!

图 6-9-11　进行水果发电实验

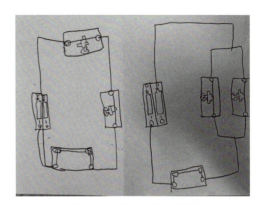

图 6-9-12　绘制电路图

为什么灯泡会发光呢？原来是电让灯泡发光了。诺诺发现生活中的很多电器都离不开电，电能够让我们的生活更方便。她还热衷于在班级科学区操作电路玩具，除了使用电池，水果也能让灯泡亮起来哦！诺诺用"前书写"的方式记录下了自己的发现。

> 诺诺说：电让我们的生活更方便了，妹妹可以看电视里的动画片，奶奶可以把菜保存在冰箱。

图 6-9-13　诺诺的前书写记录

> 爸爸说：哪些水果能够发电，哪些水果不能发电呢？希望宝贝多尝试不同的水果，发现更多科学知识。

● **黑板擦为什么可以被吸起来？**

教室里的黑板擦可以借助磁力紧紧地吸在黑板上，这一有趣的现象深深吸引了诺诺。班级的科学区里就有好玩的磁铁材料，诺诺展开了许多有趣的实验，并尝试着记录。

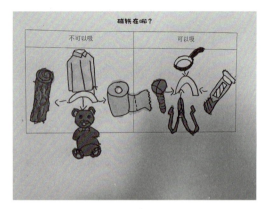

图 6-9-14　调查表1《磁铁在哪里》

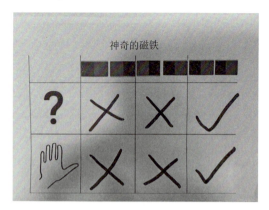

图 6-9-15　同性相斥、异性相吸

　　诺诺发现生活里的磁铁有各种形状和不同的大小,回形针、讲义夹、钥匙、剪刀等都能被磁铁吸起来,磁铁还有同性相斥、异性相吸的秘密。磁力现象在生活中的应用也很广泛,飞速行驶的磁悬浮列车就是运用了磁力哦!

　　诺诺说:原来还可以用磁铁吸出沙子里的物体!

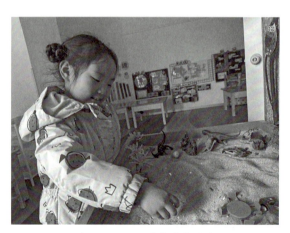

图 6-9-16　沙中寻宝游戏

　　爸爸说:诺诺,其实有的物体本身不带有磁力,但是可以通过和有磁力物体的摩擦产生磁力,这个叫做磁化现象,你可以去试试这个发现!

　　● 我想知道声音从哪里来?
　　诺诺:原来声音是由于震动产生的,我们说话就是因为声带的震动。

玻璃瓶里的水的多少发出来的音调也不一样！

小区里的声控灯让我们在晚上可以很快地看见东西！

如果分贝太响就变成噪音了。

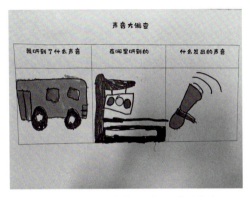

图6-9-17 调查表2《我找到的声音》

图6-9-18 传声筒玩具

图6-9-19 听到噪音的感受

在寻找声音、探究声音、制造声音的过程中，诺诺对声音的认知逐渐丰富：原来声音可以传递，相同数量的不同材料与不同数量的同种材料在同一容器里发出的声音也是不同的，分贝过高的声音会对人造成危害。声控开关、声控喷泉、声波预测地震等等，都是利用了声音的原理哦！

老师说：诺诺已经了解了声音是如何产生的，声音可以传递的特点，还能大胆表征出噪音带给自己的感受。

多元评价：

妈妈的话：

诺诺发现了很多自然的秘密以及科学知识：风是由于空气的流动形成的、风力的大小、影子是怎么产生的、月亮有哪些形状、磁力等等。有时在晚上,她会拉着妈妈说一说今天的月亮是什么形状的,还喜欢在家里关上灯用手影讲故事给妹妹听,真棒! 看到宝贝学到了这么多知识,妈妈为你感到骄傲! 希望你能够继续大胆地去探究,更有耐心、更细心,这样能学到更多本领!

朋友的话:

静静:我最喜欢和诺诺一起在科学区用传声筒说悄悄话了,真好玩!

苏苏:诺诺给我讲了月亮的很多好听的名字,原来不一样的形状有不一样的名字,好神奇!

睿睿:诺诺好厉害,她能让灯泡亮起来! 下次在科学区我想让她教教我!

瑶瑶:上次在班级听诺诺讲的皮影故事太有意思了,要是能听到更多故事就好了!

老师的话:

亲爱的宝贝,在小问号主题中,你对自然现象中风、光影是如何产生的、月亮的变化以及电、声音和磁力的秘密提出了自己的问题,能通过自主操作、求助成人、上网查阅的方法去解决这些问题,真棒! 你是个爱动脑筋、爱动手尝试、爱学习的好孩子,灯泡亮起来的活动你失败了好几次,但是一直没有放弃,最后终于成功了! 但是在讲述皮影故事时,你需要多开动脑筋、发挥想象力,自信地表达出来。希望你能够继续加油,去探索更多自然和科学的知识!

文/陈趣

参考文献

［1］教育部基础教育司组织编写.《幼儿园教育指导纲要（试行）》[M].南京：江苏教育出版社，2002.

［2］教育部基础教育司组织编写.《3—6岁儿童学习与发展指南》[M].北京：人民教育出版社，2012.

［3］霍华德.加德纳.多元智能[M].北京：新华出版社，1999.

［4］蒙台梭利.有吸收力的心灵[M].天津：天津社会科学院出版社，2010.

［5］WILSON E O. Biophilia: The human bond with other species [M]. Cambridge, MA: Harvard University Press, 1984.

［6］李子建，杨晓萍，殷洁.幼儿园园本课程开发的理论与实践[M].北京：人民教育出版社，2009.

［7］杜威.杜威教育论著选[M].上海：华东师范大学出版社，1981.

［8］蒙台梭利.童年的秘密[M].北京：人民教育出版社，1990.

［9］陈鹤琴.活教育[M].南京：南京师范大学出版社，2012.

［10］卢梭.爱弥儿——论教育[M].北京：人民教育出版社，2001.

［11］陶行知.陶行知全集[M].四川：四川教育出版社，1991.

［12］陈琦，刘儒德.当代教育心理学[M].北京：北京师范大学出版社，2009.

［13］皮亚杰.傅统先译.儿童的心理发展[M].上海：上海教育出版社，1982.

［14］联合国教科文组织.教育：财富蕴藏其中[M].北京：教育科学出版社，1996.

［15］联合国教育、科学及文化组织.一起重新构想我们共同的未来：为教育打造新的社会契约[M].北京：教育科学出版社，2022.

［16］中华人民共和国教育部.教育部关于印发《幼儿园保育教育质量评估指南》的通知[EB/OL].(2022 - 02 - 11[2023 - 07 - 06]. https://www. moe. gov. cn/srcsite/A06/s3327/202202/t20220214_599198. html.

［17］李季湄.幼儿园教育指导纲要（试行）解读[M].江苏出版社，2002.

［18］虞永平.生活化的幼儿园课程[M].北京：高等教育出版社，2010.

［19］王春燕.幼儿园课程概论[M].北京：高等教育出版社，2019.

［20］虞永平.学前课程与幸福童年[M].北京：教育科学出版社，2012.

［21］虞莉莉.浙江省幼儿园精品课程集萃[M].浙江：浙江教育出版社，2020.

[22] 孟瑾. 生活化、游戏化幼儿园课程[M]. 南京:南京师范大学出版社,2019.

[23] 唐玉萍. 经验课程在探索中生发[M]. 南京:南京师范大学出版社,2021.

[24] 罗燕. 幼儿园行走课程[M]. 南京:南京师范大学出版社,2022.

[25] 汪丽. 田野课程架构与实施[M]. 南京:南京师范大学出版社,2017.

[26] 虞永平. 园本课程建设之我见[J]. 幼儿教育,2004(9).

[27] 高健,王小禹,刘娟. 母子亲密度与幼儿创造性人格特质的关系:自然联结与亲社会性的链式中介作用[J]. 学前教育研究,2021(6).

[28] 刘倩倩,赵思婕,洪秀敏. 幼儿学习品质的测量及其特点、类型:基于对幼儿学习行为量表的本土化修订[J]. 中国健康心理学杂志,2022,30(2).

[29] 虞永平. 论幼儿园课程审议[J]. 学前教育研究,2005(1):11—13.

后记
寻觅、呵护、成长的足迹

　　《生活 生态 生长——在"三生"课程中遇见最美的你·我·他》一书是苏州工业园区翡翠幼儿园多年来教育实践和研究的结晶,也是我们对儿童成长的思考与呵护的结晶。在过去的十一年中,我们始终坚持儿童的自然成长规律和社会发展支持,关注不断发展的幼儿机体与不断变化的周边环境所形成的互动关系,提出了"立足生活、融入生态、支持生长"的课程文化理念。我们致力于为每个孩子提供适宜的成长环境,重构他们对自然的感知、与环境的对话,以及儿童哲学的思辨能力。

　　教育,如同种子在土壤中发芽生长,需要细心呵护和养分。我们的园本课程就是这样的呵护者,根植于幼儿园的社会现实背景,为每个孩子提供适宜成长的土壤。在这片土壤中,儿童开始寻觅自己的成长之路。我们清晰地记得,那些活泼的孩子在成长中的种种趣事,他们渴望自主、乐于挑战、尝试突破,而我们尽力给予他们引导、呵护与支持,让他们能够自信独立地成长。

　　在编撰梳理这本园本课程出版物的过程中,我们深入探索了幼儿园园本课程的基础、结构以及管理与保障,同时也关注儿童在幼儿园、家庭和社会中的生命成长。基于儿童本位的生活教育,我们通过融近自然的生活体验、融进社会的生活感知以及融浸自我的生活悦享,以儿童为中心,细致观察他们的生活,通过真实、客观的评价方式,提供恰当的支持和引导,让儿童在3—6岁这段美丽的生命旅程中体验成长与进步。

　　本书中呈现的"三生"课程内容来源于孩子们在课程与环境中的真实互动,他们的经验得到了支持和认可;来源于教师们在课程中的真实记录,他们的行为和思考被展现;来源于家长们在课程中的真实参与,他们的支持和关爱被体现。回顾这些寻觅、呵护和成长的足迹,都是我园"三生"课程的无限缩影。

　　经过十一年的探索和建设,我们逐渐形成了园所自然生态环境的营造、班本小微课程的探索、园本课程内涵的梳理以及园本课程深度建构的过程。这期间,我们进行了无数次的讨论、整理、分享和反思。建构、推翻、重构的过程漫长而艰辛,但却是不可或缺、必经之路。在"三生"课程的研究过程中,我们得到了南京师范大学教育科学学院教授、博士生导师虞永平的指导和支持,他帮助我们突破了许多困惑和瓶颈,为课程建设提供了宝贵的经验。借此机会,我们向虞永平教授表示真挚的感谢! 同时,我们也要衷心感谢苏州市教育科学研究院副院长戈柔教授的支持和鼓励,她在我园的课程建设和园所发展中起到了关键的推动作用,为我们的工作提供了坚实的基础。此外,我们还要特别感谢常熟理工学院学前教育系主任左瑞红教授和江苏第二师范学院张斌教授,左瑞红教授从本书的框架搭建到内容撰写,一直给予持续指导和深入跟进,为幼儿园的课程建设倾注了大量心血;张斌教授不仅为我们的课程建设提供宝贵意见,还在本书的编写上给予了专业的学术指引,使文字更加凝练精准。另外,我们要感谢南通大学教育科学学院王晓芬教授,在幼儿园开展"三生"课程的实践研究中不断给予指导和帮助,她的专业知识和热情支持为我们的工作提供了很大的帮助。在《生活 生态 生长——在"三生"课程中遇见最美的你·我·他》付梓出版之际,我们向以上专家致以诚挚的谢意!最后,我们要感谢翡翠幼儿园一线教师们的默默耕耘,感谢无条件支持并积极参与课程建设的翡翠家长,感谢所有为翡翠幼儿园做出贡献的人,以及所有为本书的创作和出版提供帮助和默默奉献的人们。正是你们的付出和支持,使这本书充满了思考和温度。谢谢你们一直陪伴着我们,一起见证着孩子们的成长。愿我们努力让教育的种子在这片土地上生根发芽,绽放出绚烂的花朵,让每个孩子都能在这片土地上遇见最美的自己。

编者

2023 年 12 月

图书在版编目(CIP)数据

生活 生态 生长:在"三生"课程中遇见最美的
你·我·他/王晓华编著.--上海:上海三联书店,
2024.4
ISBN 978-7-5426-8261-1

Ⅰ.①生… Ⅱ.①王… Ⅲ.①学前教育-教学参考资
料 Ⅳ.①G613.6

中国国家版本馆 CIP 数据核字(2023)第 190703 号

生活 生态 生长
——在"三生"课程中遇见最美的你·我·他

编 著 / 王晓华

责任编辑 / 张静乔
装帧设计 / 徐 徐
监 制 / 姚 军
责任校对 / 王凌霄

出版发行 / 上海三联书店
(200041)中国上海市静安区威海路 755 号 30 楼
邮 箱 / sdxsanlian@sina.com
联系电话 / 编辑部:021-22895517
发行部:021-22895559
印 刷 / 上海颛辉印刷厂有限公司

版 次 / 2024 年 4 月第 1 版
印 次 / 2024 年 4 月第 1 次印刷
开 本 / 787 mm × 1092 mm 1/16
字 数 / 400 千字
印 张 / 19.75
书 号 / ISBN 978-7-5426-8261-1/G·1694
定 价 / 128.00 元

敬启读者,如发现本书有印装质量问题,请与印刷厂联系 021-56152633